WELT
GESCHICHTE
Band 2

WELT GESCHICHTE

in 12 Bänden

Herausgegeben
von Heinrich Pleticha

Band 2

Im Schatten des Olymp

*Die Welt der Griechen
und des Hellenismus*

Die Autoren dieses Bandes
Prof. Dr. Dr. h. c. Winfried Böhm – Dr. Jürgen Eyssen – Manfred Firnkes –
Prof. Dr. Heinrich Pleticha – Dr. Joachim Rehork – Dietger Reinhold – Gerhard Schatt –
Prof. Dr. Georg Schreiber – Prof. Dr. Hermann Schreiber – Winfried Stadtmüller –
Dr. Gerhard Steinborn – Dr. Roland Vocke

Zeichnungen und Karten:
HTG-Werbung Tegtmeier + Grube KG, Bielefeld

Projektleitung: Erhard Bethke
Redaktion der Originalausgabe: Birgit-Kristina Seide, M. A.
Schlußredaktion: Ursula Nöll
Bildredaktion: Ursula Franz
Graphische Gestaltung: Hans Roßdeutscher
Redaktion der überarbeiteten Neuausgabe: Angelika Geese-Heinemann
Datentechnische Aufbereitung: Ernst-Jürgen Bischoff, Brigitte Hell
Herstellung: Günter Hauptmann

Druck und Verarbeitung: Elsnerdruck – Ein Mohndruck-Betrieb
Printed in Germany · ISBN 3-577-15002-5

Inhalt

Sigel
G. St. = Dr. Gerhard Steinborn

Hinter den Herrschernamen werden in der Regel die Regierungsdaten (R), hinter sonstigen Namen die Lebensdaten angegeben.

Ein Wort zu diesem Band

Dieser zweite Band der »Weltgeschichte« führt zwar den Titel »Im Schatten des Olymp – Die Welt der Griechen und des Hellenismus«, darf aber keineswegs ausschließlich als eine Darstellung griechischer Geschichte gesehen werden. Vielmehr ist er eng verbunden mit einer Reihe von Kapiteln des ersten Bandes. Wenn dort beispielsweise das 1. Kapitel von den Anfängen der Menschheitsgeschichte bis zum Ausgang der Jungsteinzeit führt, so schließt sich das 1. Kapitel dieses Bandes bewußt daran an und bietet einen Überblick über die Welt Alteuropas in der Bronze- und Eisenzeit. Damit wird zugleich die Grundlage geschaffen, auf der die Darstellung der griechischen Geschichte aufbauen kann. Zuvor aber will das 2. Kapitel eine Begegnung mit der Welt der Perser und ihrer Geschichte vermitteln. Es hätte in seinem räumlichen und zeitlichen Bezug ebensogut im vorangegangenen Band bei den Kapiteln über das alte Israel und die Phöniker stehen können. Eine Zuordnung in diesen Band schien aber sinnvoll, weil ja die Geschichte Persiens in einer wichtigen Phase schicksalhaft mit der Geschichte Griechenlands verbunden ist.
So wie die Insel Kreta zwischen den Küsten Vorderasiens und Griechenlands liegt, so bildete sie auch eine kulturelle Drehscheibe und eine Nahtstelle zwischen dem Orient und der frühgriechischen Welt. Das 3. Kapitel beschäftigt sich deshalb als eine Überleitung mit Geschichte und Kultur der dort einmal heimischen minoischen Welt; von hier aus führten dann die politischen und kulturellen Fäden hinüber zur Frühzeit Griechenlands, die wir im 4. Kapitel kennenlernen. Es setzt mit den Anfängen der Besiedlung Griechenlands ein, muß also wieder im Zusammenhang mit dem 1. Kapitel über die Welt Alteuropas gesehen und gele-

sen werden. Hier lernen wir nun die großen Wanderbewegungen kennen, an deren Ende sich die griechischen Staaten auszuformen begannen. Ist damit ein erster Schwerpunkt im Bereich der Verlaufsgeschichte gesetzt, so ein weiterer im 5. Kapitel, das sich mit der griechischen Geschichte vom Ausgang der archaischen Zeit über Perserkriege und Peloponnesischen Krieg bis zum Niedergang der Stadtstaaten beschäftigt. Es bildet sozusagen den Kern, um den sich dann die folgenden neun Kapitel gruppieren.

Da es das Ziel dieses Werkes ist, die politische Geschichte stets in enger Verbindung mit der Kultur- und Geistesgeschichte zu sehen, die in Darstellungen ähnlicher Art oft etwas vernachlässigt werden, ist ihnen ein entsprechend breiter Raum gewidmet. Das erscheint um so mehr gerechtfertigt, als ja hier die Wurzeln unserer abendländischen Kultur zu suchen sind. Wir lernen im 6. Kapitel erst einmal die Grundlagen der griechischen Gesellschaft und des sozialen Lebens kennen. Dabei spielt das Verhältnis der freien Bürger zu den Sklaven eine wichtige Rolle. Die sozialistische Geschichtsschreibung hat sich ja dieses Komplexes besonders angenommen und in ihrer historischen Terminologie den Begriff der »Sklavenhaltergesellschaft« geprägt. Tatsache bleibt, daß ohne die Sklaven als Arbeitspotential die Entwicklung der griechischen Wirtschaft nicht denkbar wäre. Mit diesem Problem setzt sich auch das 7. Kapitel auseinander. Zusammen mit dem daran anschließenden Abschnitt über das Alltagsleben wird hier ein Thema fortgesetzt, das in Band 1 mit den Kapiteln über Wirtschaft und Alltagsleben im alten Ägypten und im Zweistromland begonnen wurde und dem wir dann noch einmal in Band 3 begegnen, so daß eine zusammenhängende Übersicht über das Wirtschaftsleben in der Antike entsteht.

Am Beginn des Kapitels über die Kunst der Griechen zitiert der Autor den wichtigen Satz, daß diese stets der »Einheit von Glauben, Denken und Bilden« verpflichtet sei und auf der Religion fuße. Unter solchem Aspekt sind daher auch die drei Kapitel über Kunst, Glaube und Mythos und Dichtung zu sehen, die ihrerseits wieder in engem Zusammenhang mit den beiden Abschnitten über die Erziehung und die Philosophie stehen. Dieser gesamte kulturgeschichtliche Bereich wird abgerundet durch ein Kapitel über die frühen Entdeckungen und das Weltbild der Griechen. Wir dürfen nicht vergessen, daß kein Ort Griechenlands weiter als 90 Kilometer vom Meer entfernt liegt und sich diese Entfernung in der Peloponnes sogar auf 50 Kilometer verringert. Das Meer hat letztlich den Lebensrhythmus und die Lebenswelt der Griechen entscheidend mitgeprägt. So hatten sie auch einen gewichtigen Anteil an den frühen Entdeckungen. Von diesem Kapitel ergeben sich aber auch Querverbindungen zu dem Abschnitt über die Geschichte der Phöniker in Band 1; denn auch phönikische Seefahrer leisteten ihren wesentlichen Beitrag zur Erweiterung des geographischen Weltbildes.

Das 15. Kapitel beschäftigt sich dann wieder mit der politischen Geschichte und schließt somit unmittelbar an das 5. Kapitel an. Mit dem Niedergang der Polis und dem Aufstieg Makedoniens wandelte sich die politische Situation, aber nicht nur in Griechenland. Die Eroberungszüge Alexanders des Großen bezogen den gesamten östlichen Mittelmeerraum und Vorderasien bis zu den Grenzen des indischen Subkontinents in die makedonisch-griechische Einflußsphäre ein. Und nach dem Tode Alexanders erhielt dieser Raum eine neue politische Struktur, die bis zum Beginn der römischen Hegemonie bestehen blieb. Der Kultur dieser hellenistischen Welt, wie wir sie bezeichnen, wendet sich schließlich das letzte Kapitel zu, das damit das Erbe jener Kultur behandelt, wie wir sie in den vorangegangenen Kapiteln kennengelernt haben.

Bei den »Stätten der Geschichte« wurden drei für diese Epoche kennzeichnende Beispiele ausgewählt. Da ist einmal Persepolis, die Palast-Stadt der Perserkönige, in der die Verwaltungsfäden für ihr Großreich zusammenliefen, dann Athen, die bedeutendste der griechischen Städte in klassischer Zeit, und schließlich Alexandria, die Hauptstadt des Diadochenreiches der Ptolemaier, die eines der geistigen Zentren des Hellenismus bildete.

Herausgeber und Verlag

Monumentalbauten aus vorgeschichtlicher Zeit: Megalithgräber, *volkstümlich auch Hünengräber genannt. Sie waren in der jüngeren Phase der Jungsteinzeit über West-, Nordwest- und Nordeuropa verbreitet. Ihren Ursprung hatten sie im östlichen Mittelmeerraum. Meistens dienten sie für viele Bestattungen, doch gab es daneben auch Einzelgräber. Sie bestanden aus mehreren großen Tragsteinen und einem oder mehreren Decksteinen. Ursprünglich wurden sie von einem Erdhügel überwölbt. Hier: Megalithgrab aus Frankreich.*

Stein - Bronze - Eisen

GERHARD STEINBORN

Frühgeschichtliche Kulturkreise Alteuropas

Chalkolithische Kulturen Südosteuropas – Kupferbergwerke der Bronzezeit – Neolithische Feuersteinminen – Megalithische Steinsetzungen – Eindrucksvolle prähistorische Monumente – Bronzezeitliche Kulturen – Kykladen: metallurgisches und Handelszentrum – Viele Ausprägungen und Namen: Glockenbecher-Kultur – Schnurkeramiker – Minoische Kultur – Aunjetitzer-Kultur – Adlerberg-Kultur – Wessex-Kultur – Lausitzer-Kultur – Fürstengräber von Helmsdorf und Leubingen – Kriegerische Aristokratien – Stonehenge – »Hügelgräber-Kulturen« – Der »Nordische Kreis« – Urnenfelder-Kulturen – Einführung der Eisenbearbeitung – Nuraghen-Kultur – Sardische Bronzen – Hallstatt-Kultur.

Eine zunehmende Spezialisierung von Kulturgruppen war überall auf der Welt die Voraussetzung für einen organisierten Austausch von Waren und Dienstleistungen. Voraussetzungen für den Fernhandel waren Transportmöglichkeiten zu Lande und zu Wasser: In der Ägäis baute man seit dem 3. Jahrtausend v. Chr. seetüchtige Ruderschiffe von beachtlichen Ausmaßen. Seit der Bronzezeit gab es regelmäßige Handelsbeziehungen zwischen den Britischen Inseln, Nordeuropa und dem europäischen Festland. So wurden z.B. in North Femby am Humber fünfzehn Meter lange Boote aus dem 2. Jahrtausend v. Chr. geborgen. Wagen und Karren mit Scheibenrädern sind durch Modelle aus gebranntem Ton belegt; es sind sogar hölzerne Überreste von Karren und Rädern im Norden Hollands im Moor erhalten geblieben. Mitte des 2. Jahrtausends v. Chr. gab es im mykenischen Griechenland Speichenräder und bis zum Ende des 2. Jahrtausends v. Chr. auch in Mittel- und Westeuropa sowie Skandinavien.
Einige dynamische Gruppen gewannen und verarbeiteten Rohstoffe für den Fernhandel (Erze, Feuerstein, Obsidian, Bernstein) und dehnten auf der Grundlage ihres Reichtums und Einflusses ihren Herrschaftsbereich aus. Diese Entwicklung setzte sich in der Eisenzeit fort.
Die kupferzeitlichen (chalkolithischen) Kulturen Südosteuropas werden in die zweite Hälfte des 5. Jahrtausends v. Chr. und ins 4. Jahrtausend v. Chr. datiert. Seit den siebziger Jahren wurden die Bergwerke der Karanovo IV –, Gumelnita- und der Vinča-Kultur erforscht – insbesondere Ai Bunar bei Stara Gora und Rudna Glava (Jugoslawien nahe der rumänischen Grenze), wo man kupferführenden

Adern in Kalksteinschichten von der Erdoberfläche in die Tiefe gefolgt war. Man arbeitete mit Geweihhacken, steinernen Äxten und Hämmern, später z.T. auch mit Kupferwerkzeugen. Ein weiteres altes Kupferbergwerk ist Chinflon (Spanien). Alle anderen Minen sind jünger. Am Mitterberg in Österreich und am Mount Gabriel in Cork (Irland) baute man in der Bronzezeit Kupfer ab. Die chalkolithischen Balkan-Kulturen stellten aus geschmolzenem Kupfer große Mengen an Werkzeugen, Waffen und Schmuck her. In der Nekropole von Varna (Warna) vom Ende des 4. Jahrtausends v.Chr. fand man Goldschmuck, Häuptlingszepter und goldbemalte Keramik!
Die neolithischen Feuersteinminen bei Grimes Graves (England), Le Gran Pressigny und Saint-Michel (Frankreich), Spiennes (Belgien), Rijckholt (Holland), Hov (Dänemark), Krzemionke (Polen) und Sumeg (Tschechoslowakei) waren mit ihren Querstollen besser ausgebaut als die Kupferminen. Das holländische Feuersteinbergwerk erstreckt sich über 25 Hektar! Unbearbeitetes Rohmaterial wurde im Umkreis der Bergwerke gehandelt, Halbfertigprodukte wie Kernsteine über mittlere Distanz; in den Fernhandel gingen bearbeitete Feuersteinklingen.

MEGALITHISCHE STEINSETZUNGEN

Die organisierte Zusammenarbeit spätneolithischer Gemeinschaften hinterließ auch monumentale Spuren: megalithische Steinsetzungen, Megalith-Gräber und -Tempel sowie Wallanlagen für rituelle Zwecke (4000–3500 v.Chr. Aufbahrungsorte für Verstorbene benachbarter Gemeinschaften; einige wurden später in Verteidigungsanlagen bzw. befestigte Siedlungen umgewandelt). Im ältesten Teil der Wallanlage von Hambledon Hill fanden englische Archäologen Spuren eines Siedlungsplatzes einer kleinen privilegierten Gruppe, die die Bestattungsriten leitete. Die eingefriedeten Plätze Britanniens (causewayed camps) wurden um 3000 v.Chr. in ihrer Funktion als Kultzentren durch die Henge-Anlagen (Pfahl- und Steinkreise) abgelöst. Vermutlich waren die Organisatoren des Handelsaustausches und des Bergbaus sowie der Bautätigkeit an Kultzentren die geistig-religiösen und politischen Führer ihrer Gemeinschaften. Wenn sie diese zu sehr antrieben, kam es zum Kultur-Zusammenbruch wie gegen Ende des 4. Jahrtausends v.Chr. auf dem Balkan, dessen Chalkolithikum sich nicht in einer Bronzezeit fortsetzte, sondern in ärmlichen Kulturen (eine Sekundärprimitivität?, andere vermuten, daß sich die Balkanstämme nach einer »Kulturrevolution« nicht mehr gegen eindringende »Barbaren« behaup-

***Steinkreisanlage** beeindruckend und geheimnisvoll: Stonehenge, nördlich von Salisbury in England gelegen. Die Kultstätte ist das größte prähistorische Steindenkmal Europas. Sie besteht aus zwei Kreisen senkrecht aufgerichteter Steinblöcke, von denen je zwei durch eine waagerechte Steinplatte verbunden sind. Der innere Kreis besteht aus fünf solcher Trilithen, hufeisenförmig um einen »Altarstein« gruppiert. In der verlängerten Längsachse des Hufeisens fand man Spuren einer »Avenue«, über die bei bestimmtem Sonnenstand die Strahlen auf den Altarstein fallen. Die genaue astronomische und kultische Funktion der Anlage ist unbekannt.*

Die rätselhaften Megalithen. *Zu den eindrucksvollsten prähistorischen Monumenten gehören die Steinsetzungen von Carnac in der Bretagne und der Steinkreis von Stonehenge in Südengland. Die megalithischen Monumente wurden sagenhaften Riesen zugeschrieben oder den keltischen Druiden, später weisen Männern aus Ägypten und Babylonien. Die unterschiedlichen Grabbeigaben und sonstigen Begleitfunde zeigten, daß die Menhire, Menhir-Statuetten, Steinsetzungen, Megalithgräber und -tempel nicht nur* einer *Megalithkultur entstammten. Heute kennen wir unabhängige Entwicklungen in acht Gegenden Europas. Die Monumente lösten Holz-Bauten und Pfähle (als Markierungen von Versammlungsplätzen) ab. Die meisten Grabstätten waren Kollektivgräber eines Dorfes oder Stammes. Einige Steinsetzungen dienten astronomischen Kulten. Viele europäische Monumente sind älter als die ägyptischen Mastabas und Pyramiden! Einige der ältesten Megalithgräber der Bretagne konnten auf 4500 v. Chr. datiert werden. Die maltesischen Tempel wurden zwischen 4000 und 2000 v. Chr. erbaut, die Megalithgräber Spaniens, Portugals, Großbritanniens und Irlands zwischen 3800 und 2000 v. Chr., jene Skandinaviens zwischen 3000 und 1800 v. Chr. Stonehenges erste Bauphase dauerte von 2800–2200 v. Chr., die zweite von 2100–2000 v. Chr., die dritte von 2000 – 1100 v. Chr. Die Megalithanlagen waren eine erste »Imponier-Architektur«, mit ihnen wollten die Erbauer höheren Wesen ihre Ergebenheit und ihren Nachbarn ihre Stärke bekunden – vielleicht, um sie von Invasionen abzuschrecken, wie einige Gelehrte vermuten.*

ten konnten). Die feine Keramik wurde durch grobe Töpferware abgelöst. Die Menschen hausten in zeltartigen Hütten. Es gab keine Tonstatuetten mehr.
Auch ohne Kontakte zur Ägäis und zum Nahen Osten hätten sich in Alteuropa höher organisierte Bronze-Kulturen entwickelt. Durch die Verzahnung mit den Märkten des Ostmittelmeer-Raums wurde diese Entwicklung im Süden z. T. erheblich beschleunigt.

BRONZEZEITLICHE KULTURGRUPPEN

Das Gebiet der Ägäis (Griechenland und die westliche Türkei) erlebte zwischen 3000 und 2000 v. Chr. bemerkenswerte Veränderungen. Zu Beginn der Periode lebten bäuerliche Bevölkerungen in kleinen Dörfern, am Ende gab es auf Kreta die minoische Hochkultur und überall in der Ägäis Vorstufen echter Städte (z. T. kleine befestigte Siedlungen) als kultische Mittelpunkte und Brennpunkte der Produktion und des Handels.
In der frühen Bronzezeit waren die Kykladen ein wichtiges

Körös-Kultur. *Menschengestaltige Tongefäße aus einer bäuerlichen Kulturschicht des frühen Neolithikums (um 4000/3500 v. Chr.). Außer Tierdarstellungen wurden nur Frauendarstellungen in steatopyger Form (Betonung der Gesäßpartie) gefunden.*

Cucuteni-Kultur *aus dem späten Neolithikum Rumäniens. Die spiralförmigen Ornamente auf dem Krug kennzeichnen eine Blütezeit in der Gefäßmalerei.*

Zeittafel

4. Jt. v. Chr.	Balkan-Chalkolithikum, Feuersteinminen, früheste Megalith-Gräber und Tempel
3. Jt. v. Chr.	Chalkolithikum der Kykladen, frühe Bronzezeit der Ägäis, Ozieri-Kultur Sardiniens, frühe Metallzentren der Iberischen Halbinsel, Interaktions-Sphären
Ab ca. 2000 v. Chr.	Mittlere Bronzezeit der Ägäis, Aunjetitzer-Kultur, Wessex-Kultur, Nuraghen-Kultur I
Ab ca. 1500 v. Chr.	Mykenische Hegemonie, Nuraghen-Kultur II, Nordischer Kreis
Um 1300 v. Chr.	Beginn der Urnenfelder-Traditionen
Um 1000 v. Chr.	Beginn der Eisenzeit in Griechenland
Um 750 v. Chr.	Verwendung von Eisen in weiten Teilen Europas
750–600	Ältere (eisenzeitliche) Hallstatt-Kultur (Periode C)
600–450	Jüngere Hallstatt-Kultur (Periode D)
Um 450 v. Chr.	Beginn der La Tène-Kultur

Zentrum für Metallurgie und Handel. Aus kleinen Dörfern entwickelte sich ein gut organisierter Verbund von größeren gut befestigten Siedlungen auf Hügelkuppen. Reiche und arme Gräber deuten auf eine gesellschaftliche Differenzierung hin. Ab 2700 v. Chr. (Keros-Syros-Kultur) finden wir Hinweise auf Seeverkehr und Schiffsbau. Kontakte zu nahöstlichen Kulturen beeinflußten u. a. die Entwicklung der Marmorplastiken. Als auf Kreta die großen Paläste als Zentren des Handwerks und Handels entstanden, gerieten die Kykladen, wie die Funde von Akrotiri zeigen, in Abhängigkeit von der minoischen Kultur.

Die ägäischen Seefahrer und Prospektoren suchten im westlichen Mittelmeerraum nach Kupfer-, z. T. auch nach Silbervorkommen und vermittelten metallurgische Fertigkeiten und architektonische Muster: »Forts« mit Bastionen (z. B. im spanischen Los Millares, im portugiesischen Vila Nova de São Pedro und in Lébous in Südfrankreich). Sie gaben der eigenständigen Entwicklung (Megalith-Traditionen) neue Impulse, wobei sich Kulturelemente verschiedener Herkunft vermischten.

Die chalkolithische Frühphase der Bronzezeit Westeuropas wird gekennzeichnet durch die Verbreitung von »Glokkenbechern« vom Atlantik bis zum Rhein und zur oberen Donau (gelegentlich bis zur Weichsel), von Nordeuropa und den Britischen Inseln bis zur Iberischen Halbinsel, die man früher z. T. auf Randgruppen der iberischen Metallzentren zurückführte, die als Prospektoren und Händler – bewaffnet mit Pfeil und Bogen – Europa durchstreiften. Andere Archäologen suchten die Ursprünge dieser Kultur-

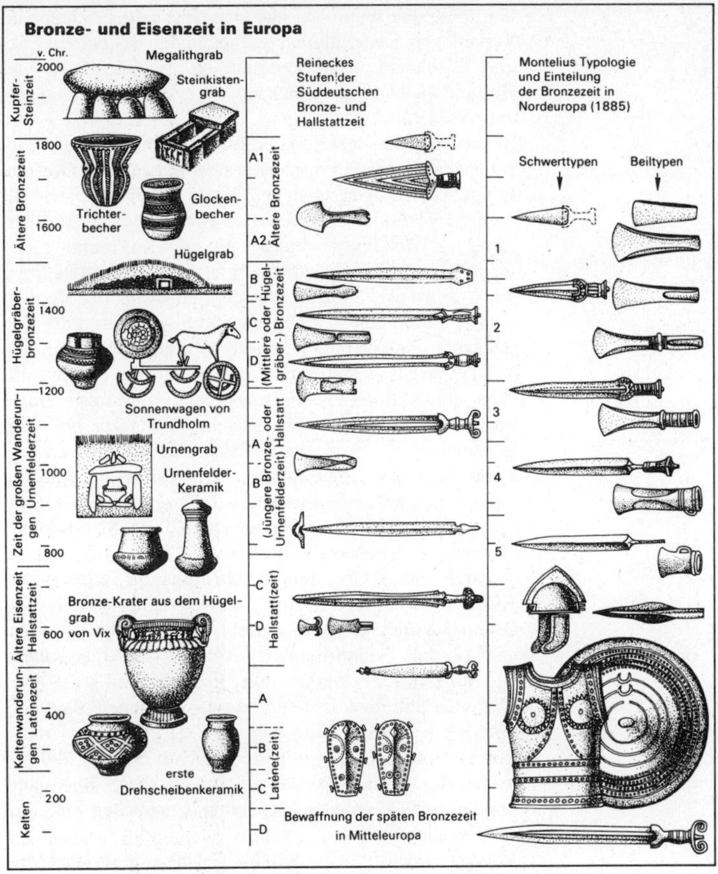

gruppe in den Niederlanden und Norddeutschland oder Südfrankreich. Eine genaue Analyse der archäologischen Befunde zeigte jedoch, daß keine Invasionen oder gar Eroberungen stattgefunden hatten. Die regionalen spätneolithischen Gruppen existierten fort; die in ihnen dominierenden Personen nahmen neue kulturelle »Moden« an (Statussymbole wie Becher für berauschende Getränke und Armschutzplatten der Bogenschützen), die auf einen weitreichenden wechselseitigen Austausch in einer zu Beginn des 2. Jahrtausends v. Chr. entstehenden westlichen Interaktions-Sphäre hinweisen, deren Einflußzone sich z. T. mit der einer etwas älteren östlichen (»Schnurkeramiker-

Gruppe«) überschnitt. Einige Gemeinschaften nahmen im Verlauf von Generationen nacheinander Schnurkeramik- und Glockenbecher-Traditionen an. In Britannien und Holland hielt sich der Glockenbecherstil weitaus länger als anderswo.

Es gab bereits in der chalkolithischen Frühphase der Bronzezeit Unterschiede zwischen armen und reichen Dörfern. Einige Archäologen sehen in ägäischen Siedlungen wie Dimini die Vorbilder der befestigten Höhensiedlungen Alteuropas mit Metallbearbeitung. Eine scharfe Trennung zwischen Bauern und Viehzüchtern läßt sich in Mitteleuropa nicht nachweisen, doch wuchs die Bedeutung der Herdenhaltung durch den zunehmenden Kahlschlag und die Verschlechterung der Böden. (Diese Umstellung trat auf dem Balkan bereits früher ein.) Zugleich wurden in der östlichen Interaktions-Sphäre folgende Neuerungen eingeführt: Gräber unter hohen Hügeln, mit Ocker bestreute Leichname, Streitäxte und mit Schnurabdrücken verzierte Keramik – die charakteristischen Kulturelemente der »Schnurkeramiker-Gruppe«. In der sogenannten Dolchzeit Skandinaviens ahmte man eingeführte Metalldolche meisterhaft in Feuerstein nach.

Etwa ab 2000 v. Chr. dominierten folgende Kulturen: im ägäischen Raum das minoische Kreta, in Mittel- und Osteuropa die Aunjetitzer-Kultur, in Spanien zwischen dem 17. und 14. Jahrhundert v. Chr. die El-Argar-Kultur. Die früheste Bronzeverarbeitung in Schottland weist Ähnlichkeiten mit den frühesten bronzezeitlichen Kulturen Mitteleuropas (Straubing und Adlerberg) auf. In Irland gibt es Hinweise auf indirekte Beziehungen der ältesten Bronzekultur (um 2000 v. Chr.) zum mittleren Rheinland und Sachsen-Thüringen. Megalithgräber blieben weiterhin in Gebrauch.

Mit dem Anwachsen des Reichtums ging eine soziale Differenzierung einher. Berühmt sind die Fürstengräber von Helmsdorf und Leubingen. In den hölzernen Grabkammern fand man Goldschmuck und Bronzeäxte. In Südengland gab es bei der Wessex-Kultur einen ausgeprägten Unterschied zwischen armen Gräbern und jenen der Führungsschicht mit Beigaben von Gold, Bernstein und Fayencen. Die Wessex-Häuptlinge, die ihren Reichtum den Zinnminen von Cornwall verdankten, unterhielten um 1500 v. Chr. weitreichende Handelsverbindungen (bis nach Mykene und Sardinien, wo um 1800 v. Chr. die Nuraghen-Kultur aufblühte). Halbmondförmige Goldbleche (Lunulae) aus Irland fanden eine weite Verbreitung. Gegenstücke zu einem Goldbecher, den man in einem Grab in Rillaton

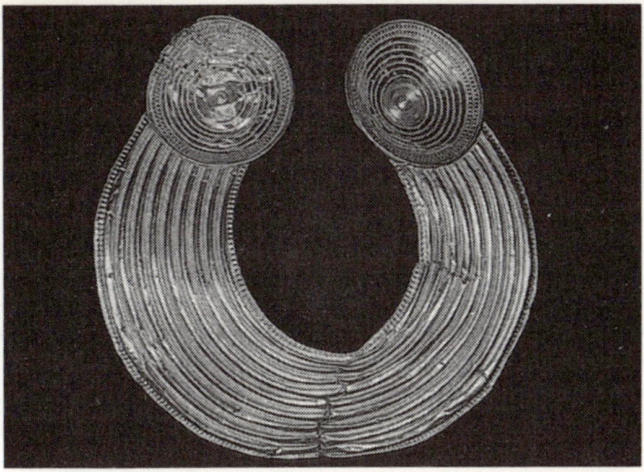

***Irische Goldschmiedekunst aus der Bronzezeit:** Der halbmondförmige Halskragen von Gleninsheen ist ein Beispiel für die sogenannten Lunulae, die damals weite Verbreitung fanden.*

(Cornwall) fand, kennt man aus Fritzdorf im Rheinland und Eschenz in der Schweiz. Zu den umfangreichsten baulichen Aktivitäten in Stonehenge kam es in der dritten Phase der frühen Bronzezeit.

Um die Mitte des 2. Jahrtausends v. Chr. wurden die Bronze-Waffen verbessert und die Streitwagentechnik – ähnlich wie im Nahen Osten, Ägypten, Griechenland und (etwas später) in China – in bronzezeitliche Kulturen integriert, die dadurch »militarisiert« wurden. Es entstanden kriegerische Aristokratien von Mykene bis Skandinavien. Mitteleuropa zerfiel in der Mittleren Bronzezeit (1600/1500–1300 v. Chr.) in viele kleinräumige »Hügelgräber-Kulturen«. In Norddeutschland und Südskandinavien entwickelte sich der »Nordische Kreis«, in Italien die Terramare- und die Apennin-Kultur. Aus dieser Zeit kennen wir die ältesten europäischen Trachten von Bildwerken und den Funden der Baumsärge. Kultureinflüsse der mykenischen Hegemonie, die von den Äolischen Inseln bis Zypern dominierte, werden in vielen Teilen Europas spürbar – u. a. in Sardinien (Nuraghen-Kultur II 1500–1200 v. Chr.). In griechischen Sagen haben mykenische Helden Kontakte zu thrakischen Fürsten mit einer ähnlichen Lebensweise und Kultur, was die Funde aus der Zeit um 1600–1200 v. Chr. bestätigten.

Das bronzezeitliche Thrakien ist das Land des »hyperboreischen« Apollon, mit dessen Priester-König Odysseus Freundschaft schloß, und die Heimat des Orpheus, dessen Großvater von Dionysos eingesetzt wurde: ein Neben- und Miteinander von Sonnenkult und ekstatischem Jenseitsglauben, verbunden mit Fruchtbarkeitsriten, das an die »Urnenfelder«-Tradition erinnert.

In Südost- und Mitteleuropa begannen sich um 1300 v. Chr. neue religiöse Vorstellungen und Kulte – verbunden mit der Brandbestattung – durchzusetzen, etwa gleichzeitig mit religiösen Erneuerungsbewegungen im Nahen Osten (Echnaton und Moses). Überall im Bereich der Urnenfelder-Kulturen finden wir Modelle von Kultwagen aus Ton oder Bronze, die mit Vögeln verziert sind. Das Keramik-Modell von Dupljaja (Jugoslawien) erinnert an Beschreibungen des Sonnenwagens des »hyperboreischen« Apollon, eine neue Variante traditioneller Kultobjekte wie des Sonnenwagens von Trundholm, hinter der neue Ideen stehen. In diesen Zusammenhang gehören auch die goldenen Sonnenkegel (»Goldhüte«). Die Lausitzer Kultur, eine nordöstliche Urnenfelder-Gruppe zwischen Elbe und Oder, brachte einen Bevölkerungsanstieg mit sich (Kanal-

Biskupin, eine hölzerne Stadt der Frühen Eisenzeit. *Händler aus dem Süden zogen entlang der Weichsel zur Ostsee und tauschten im Norden Honig, Leder und Felle gegen Luxuswaren aus dem ostalpinen Raum, Italien oder sogar Ägypten ein. Sie verbreiteten in den reicher werdenden Siedlungen der »Lausitzer Kultur«, einer nordöstlichen Gruppe der Urnenfelder-Tradition, neue Ideen und Fertigkeiten. In der Frühen Eisenzeit (Hallstatt C und D) entstanden befestigte Siedlungen, deren bekannteste der Fundort Biskupin auf einer sumpfigen Insel im Biskupiner See im heutigen Polen ist, dessen Ausgrabung 1934 begann und heute noch fortgeführt wird. Auf der Grabungsstelle wurden Befestigungen und einige Häuser rekonstruiert, es entstand ein Freilichtmuseum. Der Stadtplan von Biskupin ähnelt gleichzeitigen griechischen Kolonialsiedlungen (z. B. Smyrna in Kleinasien), allerdings waren alle Bauwerke aus Holz, das im sumpfigen Boden erhalten blieb. Direkt hinter dem Tor an der Brücke zum Festland war ein rechteckiger Versammlungsplatz, umgeben von rechtwinklig sich kreuzenden Straßen mit »Reihenhäusern«.*

Lebensgrundlage der Einwohner waren Ackerbau und Viehzucht. Man fand Tiegel und Gußformen für Werkzeuge, Waffen und Schmuck. Reich ausgestattete Gräber deuten auf eine gehobene Schicht von Stammesführern hin. Die älteste Biskupiner Siedlung wurde vermutlich bei einem Angriff der Skythen niedergebrannt und nach dem alten Plan wiederaufgebaut.

Herodot schildert in seinem vierten Buch einen Feldzug des Dareios gegen die Skythen, der diesen in das Land der Budiner führte. Er zerstörte und verbrannte dort u. a. deren hölzerne Stadt Gelonos. Durch diesen Feldzug wurde um 500 v. Chr. die Infrastruktur großer Gebiete Osteuropas zerstört und eine frühe Stadtkultur mit erstklassiger Holzarchitektur vernichtet. G. St.

bauten). Wegen der weiten Verbreitung der Urnenfelder-Traditionen bis Westeuropa und Italien nennt man die späte Bronzezeit Urnenfelderzeit, typisch für diese Epoche sind Gefäße und Rüstungen aus Bronzeblech und »Griffzungen«-Schwerter, die man auch nach Norden exportierte. Dort setzte sich die Sitte der Brandbestattung nach 1000 v. Chr. durch. Man versenkte viele Bronzegegenstände (darunter Luren, nordische Blasinstrumente) in Moore. In der Nuraghen-Kultur III (1200–900 v. Chr.) entstanden mehrteilige, stark befestigte Nuraghen als Machtzentren der Krieger-Fürsten, die ebenso wie einige Urnenfelder-Gruppen in Machtkämpfe der ostmediterranen Staaten verstrickt wurden.
Die sozialen und kulturellen Wandlungen der Bronzezeit hatten vermutlich zur Folge, daß unzählige Dialekte zu

***Biskupin,** Rekonstruktion der hölzernen Stadt aus der frühen Eisenzeit, heute Freilichtmuseum. Hier das massive Eingangstor zur Siedlung, die von einer Palisade aus Eichenpfählen und einem Wehrwall umgeben war. Man hat 106 Häuser entdeckt, die nahezu gleich groß waren, was auf eine noch kaum differenzierte Gesellschaft schließen läßt. In jedem Haus wohnte eine Familie von zehn bis zwölf Personen, so daß die Siedlung um die tausend Einwohner gezählt haben dürfte.*

»Goldener Hut« von Schifferstadt. *Der Kegelaufsatz aus getriebenem Goldblech diente als Kultgerät und gehört mit seiner überreichen Ziselierung zu einer sehr seltenen Fundgruppe.*

Verkehrssprachen verschmolzen, damit gemeinsame Unternehmungen koordiniert werden konnten. Dorfsprachen mußten sich Handels-, Kult- und Herrschaftssprachen unterordnen. Dies setzte sich in der Eisenzeit fort.

VÖLKER UND KULTUREN DER EISENZEIT

Nach dem Zusammenbruch der bronzezeitlichen Staatenwelt mußten sich deren europäische Handelspartner umstellen. Die Einführung der Eisenbearbeitung erleichterte einen neuen Aufschwung. Das Eisen wurde zuerst zusätzlich zur Bronze für die Waffenherstellung gebraucht, als es mehr davon gab auch zur Herstellung von Werkzeugen, Pferdegeschirren, Wagenrädern usw.

Bis zur Völkerwanderungszeit bildeten Sippen mit einer ruhmreichen Vergangenheit die »Traditionskerne« immer

Sardische Bronzestatuetten. *Unter den archäologischen Denkmälern Sardiniens nehmen sie aufgrund der Fülle ihrer Details eine besondere Stellung ein. Sie dienten als Votivgaben, die aufrecht am Opferplatz befestigt waren. Hier: Bärtige Hirten mit Stock und Fackel, 12 cm hoch, 7. bis 6. Jahrhundert v. Chr.*

Sardisches Bronzeschiff *aus dem 8. bis 7. Jahrhundert v. Chr. Es gehört zu einer Gruppe von Bootsnachbildungen, die in charakteristischer Weise mit verschiedenen Tiergestalten geschmückt sind und wohl als Votivlampen dienten.*

neuer Stämme, die sie aus heterogenen Gruppen zusammenfaßten und die im Tode durch besondere Grabbräuche geehrt wurden (z. B. im »Königsgrab« von Seddin). Der auf persönlicher Loyalität beruhenden Rechtsgemeinschaft der »Barbaren« stand die institutionale Rechtsordnung der »Zivilisierten« (Stadtbewohner und Staatsbürger) unvereinbar gegenüber. Auch die Griechen und Römer begannen als Barbaren! In der frühen Eisenzeit erlebten die Kykladen eine neue Blüte, ehe sie von Athen in den Schatten gestellt wurden. In Thrakien errichtete man für die Stammesführer Dolmen (Grabkammern) aus mächtigen Steinplatten. Auf der Grundlage der Villanova-Kultur entwikkelte sich unter östlichen Kultureinflüssen die Stadtkultur der Etrusker neben den Stammeskulturen der Italiker und trieb Handel mit den sardischen Fürsten (der eisenzeitlichen Nuraghen-Kultur IV 900–500 v. Chr.), die auch den Phönikern erlaubten, an der Küste Handelsniederlassungen zu errichten. Aus dieser Zeit stammen die sardischen Bronzen. Der Wettstreit der aufblühenden mediterranen Kulturen beeinflußte die Entwicklung Mitteleuropas.
Im Alpenraum hatte sich im 8. Jahrhundert v. Chr. auf der Grundlage der Urnenfelder-Tradition die Hallstatt-Kultur mit regionalen Varianten entfaltet. Auffällig sind bronzene Schöpfeimer mit Prozessions- und Kampfszenen sowie die Wagenbestattungen der Fürsten (in Hochdorf, Hohmichele, Vix usw.), in deren Burgen man Hinweise auf südliche Kultureinflüsse fand. Ebenso wie in Griechenland, Indien und China zerbrachen die Bindungen der »Gründerzeit«. Als die römischen Könige vertrieben wurden, gingen auch die Hallstatt-Burgen in Flammen auf. Aus einer vermutlich religiös begründeten Revolution erwuchs die La Tène-Kultur der Kelten, deren Dynamik sich seit 400 v. Chr. in Eroberungszügen entlud. Die um 500 v. Chr. beginnende Eisenzeit des Nordens wurde von La Tène-Vorbildern beeinflußt. Zwischen Kelten und Skythen entstanden die Germanen und wurden bald die mächtigste »Barbaren«-Gruppe.

Literatur

Harding, D.: Das prähistorische Europa, München 1980
Knauth, Perey: Die Entdeckung des Metalls, Amsterdam 1974
Paturi, Felix R.: Zeugen der Vorzeit, Düsseldorf 1976
Wingert-Uhde, Helga: Schätze und Scherben, Oldenburg 1977

***»Luristan-Bronzen« unterschiedlichster Art** aus den Hochtälern von Luristan zwischen Iran und Irak tauchten um 1930 auf dem schwarzen Markt für orientalische Altertümer in beachtlicher Menge auf. Die Bronzen stammen vom Beginn des 2. bis ins 1. vorchristliche Jahrtausend wie der Adorant und das Idol oben.*

*Folgende Seite: **Einen Bogenschützen** der königlichen Garde zeigt dieser Ausschnitt aus einem farbigen, glasierten Ziegelfries am Dareios-Palast in Susa, um 500 v. Chr. Die babylonische Technik des reliefierten Fassadenschmucks wurde von den Persern übernommen. Berlin, Staatliche Museen, Vorderasiatische Kunst.*

***Das Stierkopf-Rhyton, um 1500 v. Chr.,** aus dem kleinen Palast von Knossos ist eines der bedeutendsten Meisterwerke der Steinkunst. Aus dem mit Perlmutt, Bergkristall und Jaspis verzierten Kultgefäß wurde im Verlauf einer kultischen Feier eine entsprechende Spendenflüssigkeit aus dem Maul gegossen. Die meisten griechischen Rhyta waren nur von einfacher Art. Diesem wurde jedoch die Gestalt des wichtigsten Tieres der minoischen Religion, des Stiers, gegeben.*

Theseus tötet den stierköpfigen Minotauros, *für den Minos, in der griechischen Sage König von Kreta, durch Daidalos das Labyrinth von Knossos bauen ließ. Alle sieben bzw. neun Jahre mußten die von Minos unterworfenen Athener diesem 14 junge Menschen als Tribut senden, die er dem Minotauros zum Fraße vorwarf. Theseus tötete ihn und fand an dem auf Rat Ariadnes ausgelegten Faden wieder aus dem Labyrinth zurück. Attische schwarzfigurige Hydria des 6. Jahrhunderts v. Chr.*

JOACHIM REHORK

Die Welt Persiens

Vorläufer einer Weltmacht: Elam – Das Geheimnis der »Luristan-Bronzen« – Expansionspolitik und Regierung mittels Duldsamkeit – Monumentalinschrift liefert Schlüssel zur Entzifferung der Keilschrift – Das vielfältige Schicksal des Mederreiches – Begründung des achaimenidischen Weltreiches – Dareios I. – Der Kalliasfrieden – Erster historisch-philosophischer Erziehungsroman – »Zug der Zehntausend« – Kämpfe zwischen Ost und West, zwischen Asien und Europa – Konfrontation mit der Welt der Griechen – Persepolis, Hauptstadt des Perserreichs – Neue Gegner: die makedonischen Könige – Politik der Expansion und der Versöhnung: Alexander der Große – Beginn des Hellenismus.

Irans Geschichte beginnt im Sagros. Der Sagros – das ist der gewaltige Hochgebirgsriegel, im Kuh-e Dinar (nördlich von Schiras), 4276 m hoch, der das iranische Hochland vom Persischen Golf und dem Zweistromland (Mesopotamien) trennt. Dieses Bergland am Westrand des Iran war zumindest eines jener Gebiete, von denen vor rund 10000 Jahren die »Neolithische Revolution« ausging (siehe Band 1). Und hier entstand auch das früheste Staatsgebilde auf iranischem Boden: Elam. Zunächst von Sumer und Akkad abhängig, verband es sich nach 2400 v. Chr. mit den Völkerschaften der Guti und Lulubi gegen seine akkadischen Herren, und mit ihnen zusammen erlitt es die Niederlage, die Naram-Sin (R um 2270–2234 v. Chr.) den Bergvölkern zufügte. Später nutzte es seinen Vorteil aus den Wirren, in denen um 2150 v. Chr. Akkad zugrunde ging, und auch am Sturz der 3. Dynastie von Ur (um 1950 v. Chr.) war es beteiligt. Allerdings erntete Hammurabi von Babylon (R um 1728–1686 v. Chr.) die Früchte der elamischen Politik. Den Gipfel seiner Macht aber erreichte Elam erst im 12. Jahrhundert v. Chr. unter Shutruk-Nakhunte I. Ein um 1170 v. Chr. unternommener Plünderungszug brachte Meisterwerke altmesopotamischer Kunst nach Susa, das Elams Hauptstadt war. In dieser Glanzperiode vertrieb Elam auch die Kassiten (Kossäer) aus Babylon, ein anderes Bergvolk, das seit langem von Aqarquf (Dur-i Kurigalzu) aus Babylonien regiert wurde, und Shilhak-Inshushinak drang um 1150 v. Chr. sogar bis nach Kirkuk vor. Doch Nebukadnezar I. (R um 1128–1106 v. Chr.) von Babylon wies Elam wieder in seine Schranken. Dennoch verschwand Elam erst 639 v. Chr. von der politischen Landkarte. Elamische Bevölkerungsreste gab es

Linke Seite:
***Luristan** hat Tausende von Fundobjekten geliefert. Zu ihnen gehörten neben kunstvoll verzierten Waffen aus Bronze – Lanzen, Dolche, Äxte u. a. – auch Schmuck und Gebrauchsgegenstände. Andere Funde stehen in Verbindung mit lurischen Reitern: Deichselköpfe, Zäume oder wie hier die bronzene Zügelführung.*

freilich im Sagros noch lange, und noch im 6./5. Jahrhundert v. Chr. war das Elamisch im Perserreich Kanzleisprache.

Indoeuropäische Gruppen sind vor allem anhand von Personennamen etwa ab 1500 v. Chr. in Vorderasien nachweisbar. Welchem Volk die sogenannten »Luristan-Bronzen« zuzuschreiben sind, die im Gebiet von Kermanshah-Nehawend gefunden wurden und wohl um 1000 v. Chr. entstanden, ist nicht sicher. Denn diese Bronzearbeiten kamen meist bei »wilden« Schwarzgrabungen ans Licht. Manche Forscher weisen sie indoeuropäischen Vorfahren der späteren Meder und Perser zu.

Die Namen der Meder und Perser (Madai und Parsua) tauchen erstmals in einem Bericht aus dem Jahre 836 v. Chr. auf, der von einem Feldzug spricht, welchen der Assyrerkönig Salmanassar III. (R 858–824 v. Chr.) im Jahre 845/844 v. Chr. in die Gegend am Urmiasee (Armenien) unternommen hatte. Sargon II. (R 722–705 v. Chr.) verbannte einen gewissen Daiaukku nach Nordsyrien. Vielleicht war dieser mit Deiokes identisch, der nach Herodot (1, 93 ff.) die medischen Stämme einigte und die Mederhauptstadt Ekbatana (Hamadan) gründete. Politische Folgen hatte diese Reichsgründung allerdings erst unter Deiokes' Sohn Phraortes (Mitte des 7. Jahrhunderts v. Chr.). Die Perser wanderten unter Achaimenes (dem Begründer der Achaimenidendynastie) nach Süden, wo sie sich mit Elam verbündeten und auf elamischem Gebiet (Parsumaš) sowie östlich davon in Parsa (später Persis, heute Fars) niederließen. Achaimenes' Sohn Teispes nannte sich »König des Landes und der Stadt Anšan« (zwischen Parsumaš und Persis). Nach Teispes' Tod fiel das Reich an seine beiden Söhne: Kyros I. (R um 640–600 v. Chr.) sicherte sich Anšan, Ariaramnes erhielt Persis. Kyros sowie sein jüngerer Sohn Kambyses I. (R um 600–559 v. Chr.) unterstanden noch medischer Oberhoheit. Unter Kyaxares II. (R 623–584 v. Chr.) war das Mederreich zur Großmacht geworden. Doch schon unter Astyages (R um 584–550 v. Chr.) fiel Medien an Kyaxares' Schwiegersohn, den Achaimeniden Kyros II., den Großen (R 559–530 v. Chr.), der sich mit Babylon unter Nabonid (R 555–539 v. Chr.) verbündete, seinen Schwiegervater stürzte, aber 539 v. Chr. auch Babylon zu Fall brachte.

UMFANGREICHE EXPANSION

Schon vor dem Fall Babylons hatte Kyros II. in Kleinasien Fuß gefaßt, das Lyderreich des Königs Kroisos (Krösus, R 560–547 v. Chr.) unterworfen und auch die Griechenstädte

Dareios I., der Große, *gefolgt von zwei Dienern, die ihn vor der brennenden Sonne schützen; Relief vom Nordtor des Palastes in Persepolis. Dieser altpersische König aus einer Nebenlinie der Achaimeniden, stellte binnen weniger Jahre die Herrschaft dieses Hauses wieder her.*

Westkleinasiens erobert. Damit war der spätere Konflikt mit der Welt der Griechen vorprogrammiert. Allerdings suchte Kyros seine neuen Untertanen durch Milde zu gewinnen. So setzte er in den eroberten Gebieten Einheimische als Statthalter ein und förderte sogar die Religionen der unterworfenen Völker. Das berühmteste Beispiel seiner Duldsamkeit kennen wir aus der Bibel: Die Rückführung der von den Babyloniern verschleppten Juden in ihre Heimat und den Wiederaufbau des Tempels in Jerusalem (2. Chronik 36, 22f.; Esra 1,1 ff.). Die Bibel bezeichnet ihn dafür sogar als »Gesalbten des Herrn« (Jesaja 45,1). Kyros' Sohn Kambyses II. (R um 530–522 v. Chr.) unterwarf 525 v. Chr. Ägypten und die von Griechen bewohnte Kyrenaika (Cyrenaica). Seine Regierung überschattete sein heimlicher Mord an seinem jüngeren Bruder Bardiya (Smerdis). Wegen dieser frevelhaften Tat kam es während seines Ägypten-Aufenthaltes zum Aufstand eines »Magiers« (Priesters) namens Gaumata, der sich für Smerdis ausgab. Doch der Aufstand wurde von sieben persischen Stammesfürsten niedergeschlagen und Gaumata am 16. Oktober 521 v. Chr. von Dareios I. (R 522–486 v. Chr.) umgebracht, der aus einer Nebenlinie der Achaimeniden stammte. Von Dareios' Sieg über Gaumata kündet eine altpersische, elamische und babylonische Monumentalinschrift, die 30 Kilometer östlich von Kermanshah 60 Meter über dem Boden an der Wand des Felsmassivs von Bisutun (Behistun, altpers.: Bagastana = Gottesstätte) angebracht wurde. Sie lieferte im 19. Jahrhundert Henry C. Rawlinson den endgültigen Schlüssel zur Entzifferung der Keilschrift, und das Felsrelief über ihr ist das älteste Zeugnis persischer Kunst aus der Achaimenidenzeit. Um einen Aufstand niederzuwerfen, zog Dareios I. 519/518 v. Chr. nach Ägypten. Dort ließ er u. a. den sogenannten »Necho-Kanal« (einen Vorläufer des Suezkanals zwischen dem Roten Meer und dem Nil) vollenden (Herodot 2, 158f.; 4,39). Mit dem Bau dieses Kanals hatte schon Ramses II. (R etwa 1290–1224 v. Chr.) begonnen, Pharao Necho (R 610–595 v. Chr.) hatte ihn fortgesetzt, und noch der römische Kaiser Trajan (R 98–117 n. Chr.) ließ den Kanal ausbessern und neu eröffnen. Erst unter den Arabern verfiel das Bauwerk (um 800 n. Chr.). 512 v. Chr. stieß Dareios weit nach Europa vor und kam sogar bis Bessarabien (nördlich der Donaumündung). Thrakien und Makedonien wurden dem Perserreich angegliedert, das nun etwa vom Ohridsee bis ins indische »Fünfstromland« (Pandschab) sowie im Süden bis nach Nubien reichte. Dieses riesige Staatsgebilde war in zwanzig Verwaltungseinheiten (Satrapien) unterteilt, deren Oberhäupter

Aus der Inschrift des Königs Dareios I. auf dem Felsen von Behistun

[...] Es spricht der König Dareios: Nach dem Willen Ahura Mazdas bin ich König; Ahura Mazda übertrug mir die Herrschaft. Es spricht der König Dareios: Diese (sind) die Länder, die mir zuteil wurden; nach dem Willen Ahura Mazdas war ich ihr König: Persien, Elam, Babylon, Assyrien, Arabien, Ägypten, die des Meeres, Sardes, Jonien, Medien, Armenien, Kappadokien, Parthien, Drangiana, Areia, Chorasmien, Baktrien, Sogdiana, Gandara, Saka, Sattagydien, Arachosien, Make: im ganzen 23 Länder. Es spricht der König Dareios: Diese Länder, die mir zufielen, nach dem Willen Ahura Mazdas wurden sie mir untertänig. Sie brachten mir Tribut. Was ihnen von mir gesagt wurde – sei es bei Nacht oder bei Tage –, das taten sie. Es spricht der König Dareios: In diesen Ländern habe ich einen Mann, der umsichtig war, wohl gehalten; wer feindlich war, den habe ich streng bestraft [...] Es spricht der König Dareios: Ahura Mazda hat mir diese Herrschaft verliehen, Ahura Mazda brachte mir Hilfe, bis ich diese Herrschaft erlangte. Nach dem Willen Ahura Mazdas besitze ich diese Herrschaft. Es spricht der König Dareios: Dies (ist's), was ich tat nach dem Willen Ahura Mazdas, nachdem ich König geworden war: Einer, Namens Kambyses, des Kyros Sohn, aus unserem Geschlechte, der war hier König. Jener Kambyses hatte einen Bruder namens Smerdis, von derselben Mutter und demselben Vater wie Kambyses. Da tötete Kambyses jenen Smerdis. Als Kambyses den Smerdis getötet hatte, war es dem Volke nicht bekannt, daß Smerdis getötet worden war. Darauf zog Kambyses nach Ägypten. Als Kambyses nach Ägypten gezogen war, da wurde das Volk feindlich, und die Lüge wurde groß im Land, sowohl in Persien als auch in Medien und den übrigen Ländern.

Es spricht der König Dareios: Da war ein Mann, ein Magier, namens Gaumata, der empörte sich von einem Berge, namens Arakadrisch, aus [...] Das Volk log er also an: »Ich bin Smerdis, des Kyros Sohn, des Kambyses Bruder.« Darauf wurde das ganze Volk abtrünnig von Kambyses und ging zu jenem über, sowohl Persien als auch Medien und die übrigen Länder. Die Herrschaft ergriff er [...] Darauf starb Kambyses durch eigene Hand. Es spricht der König Dareios: Diese Herrschaft, die Gaumata der Magier dem Kambyses entrissen hatte, diese Herrschaft hatte von alters her unserem Geschlechte gehört. Dann entriß Gaumata der Magier dem Kambyses sowohl Persien als auch Medien und die übrigen Länder, brachte (sie) an sich, machte (sie) zu seinem Eigentum, er ward König. Es spricht der König Dareios: Es war niemand, weder ein Perser noch ein Meder, noch irgendeiner unseres Geschlechtes, der jenem Gaumata dem Magier die Herrschaft entrissen hätte. Das Volk fürchtete ihn sehr, er möchte viele Leute töten, die vormals Smerdis gekannt hatten; deswegen möchte er die Leute töten: »damit man mich nicht erkenne, daß ich nicht Smerdis bin, des Kyros Sohn«. Niemand wagte etwas zu sagen in betreff Gaumatas des Magiers, bis ich kam. Da flehte ich zu Ahura Mazda; Ahura Mazda brachte mir Hilfe [...]

Text der Zeit

Aus: F. H. Weißbach, Die Keilinschriften der Achämeniden, S. 9 ff.

***Farbenprächtige Kunst der Schmelzfarbenmalerei:** Geflügelter Stier, Ziegelrelief vom Dareios-Palast in Susa. Von der Vielfalt der künstlerischen Einflüsse zeugt eine Gründungsinschrift am selben Palast, die von sardischen und ionischen Steinmetzen, medischen Goldschmieden und babylonischen Ziegelmachern berichtet.*

(Satrapen) über weitgehende Vollmachten verfügten. Die jeweiligen Landessprachen blieben auch Verwaltungssprache, für den größten Teil des Reiches aber war die Amtssprache aramäisch (sogenanntes »Reichsaramäisch«), nicht altpersisch. Von der Vielfalt der Einflüsse, die die Kunst dieses Reiches verarbeitete, zeugt die Gründungsinschrift am Achaimenidenpalast in Susa: »Die Steinmetze waren Ionier und Sarder, die Goldschmiede Meder und Ägypter, die Zimmerleute waren Sarder und Ägypter, jene, welche die Ziegel schufen, waren Babylonier, jene, welche die Wände dekorierten, waren Meder und Ägypter.« Insgesamt erinnert dieser Palast stark an babylonische Vorbilder. All diese Einflüsse verarbeiteten die Perser zu einer höfisch-zeremoniösen Kunst, die etwas Feierlich-Monotones hat. Die Reliefkunst zeigt endlose Reihen von Figuren, in denen die Individualität des einzelnen untergeht. Rundskulptur ist dementsprechend sehr selten. Dem Zusammenhalt des Reiches dienten eine von Dareios geschaffene einheitliche Währung (der Golddareike) und ein weitgespanntes Straßennetz.

In einer Schwächezeit des Alten Orients hatten sich die Stadtstaaten der griechischen Welt entwickelt. Im Perserreich war jedoch der Alte Orient noch einmal erstarkt und griff wie kein orientalischer Staat zuvor auf den griechischen Raum über. Die Perser kontrollierten nicht nur den Ägyptenhandel, sondern seit 512 v. Chr. auch den Schwarzmeerhandel der Griechenstädte. Dareios' Verwaltungsreform führte zu einer Abhängigkeit dieser Städte von ihren persischen Oberherren, die man als um so drückender empfand, weil man das Nebeneinander einer zentralistischen Finanzverwaltung und einer vergleichsweise liberalen Le-

Goldschmiedekunst. *Hier ein Kleinod aus dem altpersischen Oxus-Schatz, 7.–4. Jh. v. Chr. Es stellt den Großkönig mit Rosselenker auf einem vierspännigen Streitwagen dar. Der Fundort dieses Tempelschatzes lag am Fluß Amudarja, in der Antike Oxus genannt. Heute befindet er sich im British Museum, London.*

hensverfassung nicht begriff. So kam es 500 v. Chr. zum Aufstand der ionischen Griechenstädte Westkleinasiens, den die Perser grausam niederschlugen. Die Hilfe, die Athen und Eretria (auf Euböa) den Aufständischen geleistet hatten, wird für Dareios Anlaß zum Rachezug. Ein erster Feldzug (unter Mardonios) dient der Sicherung der thrakischen Besitzungen Persiens. Doch Mardonios erleidet große Verluste. Seine Flotte scheitert im Sturm am Athos. Immerhin lassen die Perser in zahlreichen Griechenstädten Besatzungstruppen zurück und nehmen von dem wichtigen Handelszentrum Aigina Erde und Wasser (als Zeichen der Unterwerfung) entgegen.

Ein zweiter Feldzug (490 v. Chr.) führt zur Zerstörung Eretrias (auf Euböa); Eretrias Einwohner werden nach Medien verschleppt. Doch der Angriff auf Athen mißlingt. Die Perser unterliegen bei Marathon. Zu einer neuen Strafexpedition kommt es unter Dareios nicht mehr. In Ägypten bricht ein neuer Aufstand aus, und 485 v. Chr. stirbt der persische Großkönig. Man bestattet ihn in einem hoch oben in eine Felswand gehauenen Grab in Naqsh-i Rustem (6 km von Persepolis entfernt). Das Relief über dem Grabeingang zeigt den Herrscher bei der Verehrung des heiligen Feuers. Über ihm schwebt das geflügelte Symbol des zarathustrischen Gottes Ahura Mazda.

Die Religion der Achaimenidenzeit war ein von der Priesterkaste der »Magier« geprägter Zarathustrismus (allerdings erscheint der Name des Religionsstifters auf keiner einzigen Inschrift). Nach Zarathustras Lehre blieb dem Menschen nur die Wahl zwischen dem Guten, das der einzige Gott und Weltschöpfer, Ahura Mazda, verkörperte, und den daivas (Dämonen), den nun als böse Mächte ge-

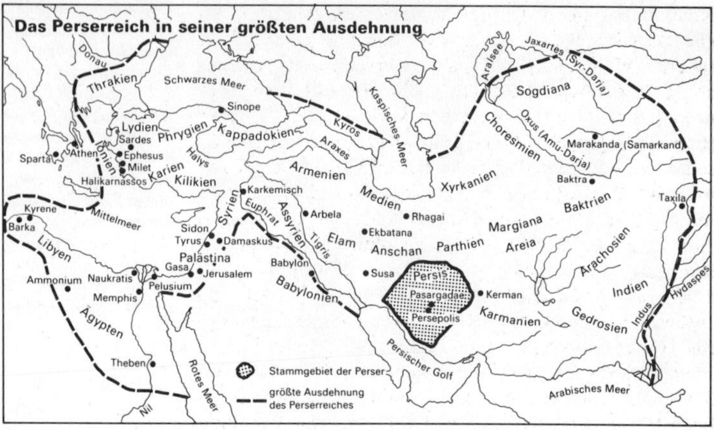

Das Perserreich in seiner größten Ausdehnung

dachten Göttern der Vorzeit. Die Auffassung, Gut und Böse seien im gesamten Universum wirkende kosmische Mächte, sowie die Erwartung eines Weltenheilandes flossen später in den Zarathustrismus ein.

BEGEGNUNG ZWISCHEN PERSER- UND GRIECHENTUM

Zu seinem Nachfolger hatte Dareios einen seiner jüngeren Söhne, Xerxes I. (R 486–465 v. Chr.), bestimmt, der mütterlicherseits ein Enkel Kyros des Großen war. Damit war der Anschluß an die Hauptlinie der Achaimenidendynastie wiederhergestellt. Xerxes war der Verlierer des großen Perserkrieges von 480/479 v. Chr. (480 v. Chr. Niederlage in der Seeschlacht bei Salamis, 479 v. Chr. Niederlage in der Landschlacht bei Plataiai, heute Plataä). Die bisher in der Verteidigung befindlichen Griechen gingen nun zum Angriff über (479 v. Chr. abermalige Niederlage der Perser bei Mykale), befreiten die ionischen Griechenstädte und stießen unter Führung Athens bei Sestos vor. Als Bauherr gestaltete Xerxes Persepolis prachtvoll aus.

Herodot, der »Vater der Geschichtsschreibung« (* um 485, † um 425 v. Chr.), schildert die Ereignisse nur bis zum Jahre 379 v. Chr., und der griechische Historiker Thukydides (* um 455, † 396 v. Chr.) faßt den Zeitraum von 477 bis 431 v. Chr. lediglich abrißartig zusammen. Charakteristisch für ihn war ein ständiger Rückgang der Persermacht, während Athen seine glanzvollste Blütezeit erlebte. Mit dem Abschluß des Kalliasfriedens, der 449/448 v. Chr. die Perserkriege beendete, war das Kampfziel der Griechen erreicht: Die Perser anerkannten die Autonomie der Griechenstädte

Kleinasiens, und als Gegenleistung verzichteten die Griechen praktisch darauf, weitere Aufstände im Perserreich zu schüren. Wohl um 445 oder 440 v. Chr. entsandte Artaxerxes I. Makrocheir (R 465–424 v. Chr.) Esra und Nehemia nach Jerusalem, um die dortigen Verhältnisse zu ordnen (Esra 7, 1 ff. [insbes. 7,6]; Nehemia, Kap. 2 ff.). Von schicksalhafter Bedeutung für das Achaimenidenreich aber blieb weiterhin die Konfrontation mit der Welt der Griechen. Allerdings hatte Persien in Griechenland nicht nur Feinde. Eine ganze Reihe griechischer Exilpolitiker suchte in Persien Zuflucht, und sogar an der Akademie Platons (* 427, † 347 v. Chr.) herrschte eine perserfreundliche Stimmung. Insbesondere imponierte die Gestalt des Perserkönigs Kyros' II., des Großen (R 559–530 v. Chr.). Sie veranlaßte den Platon nahestehenden Griechen Xenophon (* um 426, † um 355 v. Chr.), den ersten historisch-philosophischen Erziehungsroman der Weltliteratur zu schreiben: die berühmte *Kyrupädie* (»Kyros' Erziehung«). Xenophon hatte 401 v. Chr. an einem von Sparta geschürten Aufstand des jüngeren Kyros gegen Artaxerxes II. Mnemon (R 405–359 v. Chr.) teilgenommen und war einer der Anführer des »Zuges der Zehntausend«, d. h. der Truppen des bei Kunaxa (nördlich von Babylon) umgekommenen Kyros d. J., die sich nach dem Scheitern der Erhebung nach Trapezunt (am Schwarzen Meer) durchschlugen. Xenophon schildert diesen Zug in seinem Werk *Anabasis.* Für Herodot waren die

Das Herrscherhaus der Achaimeniden

Achaimenes (R um 705–675 v. Chr.)
Teispes (R um 675–645 v. Chr.)
Kyros I. (R um 640–um 600 v. Chr.)
Kambyses I. (R um 600–559 v. Chr.)
Kyros II., d. Gr. (R ca. 559–530 v. Chr.)
Kambyses II. (R ca. 530–522 v. Chr.)
Ariaramnes (R um 650–590 v. Chr.)
Arsames (R um 590–559 v. Chr.)
Hystaspes (?)
Dareios I., d. Gr. (R 522–486 v. Chr.)
Xerxes I. (R 486–465 v. Chr.)
Artaxerxes I. Makrocheir (R 465–424 v. Chr.)
Dareios II. Nothos (R 423–405 v. Chr.)
Artaxerxes II. Mnemon (R 405–359 v. Chr.)
Artaxerxes III. Ochos (R 358–337 v. Chr.)
Arses (R 338–336 v. Chr.)
Dareios III. Kodomannos (R 335–330 v. Chr.)

Kriege der Griechen mit dem Perserreich Teil eines seit alter Zeit währenden Kampfes zwischen Ost und West, zwischen Asien und Europa, der einst mit dem Trojanischen Krieg begonnen hatte. Offensichtlich wirkte dieses Denken nach. Denn als 396 v. Chr. König Agesilaos II. von Sparta nach Kleinasien übersetzte, um den dort bedrohten Griechenstädten zu Hilfe zu eilen, begann er seinen Feldzug mit einem Opfer in Aulis, das die Erinnerung an die sagenumwobenen Helden der homerischen Epen wachrief, und als der Makedonenkönig Philipp II. (R 359–336 v. Chr.) das griechische »Mutterland« unterworfen hatte, versuchte er sofort den Gedanken eines Rachekrieges gegen das unter Artaxerxes III. Ochos (R 358–337 v. Chr.) wiedererstarkte Persien neu zu beleben. Dies war mehr als eine geschickte Geste, um die Griechen vom Widerstand gegen ihn abzulenken. Denn als sein Sohn, Alexander III., der Große (R 336–323 v. Chr.), 334 v. Chr. begann, den von seinem Vater geplanten Rachezug durchzuführen, bekränzte er an der überlieferten Stätte des homerischen Ilion das dort gezeigte »Grab des Achill«. Zur panhellenischen (allgriechischen) Stimmungsmache gesellte sich hier wohl echte Überzeugung; denn schon als Kind hatte Alexander Homers Helden nachgeeifert, und als König führte er stets eine von seinem Lehrer Aristoteles (*384, †322 v. Chr.) angefertigte Ausgabe der *Ilias* Homers mit sich. Sie galt ihm als Lehrbuch der Kriegskunst. Doch nach dem Sieg über Dareios III. (R 335–330 v. Chr.) betrieb Alexander eine Politik der Versöhnung und des Ausgleichs. Hauptstadt des von ihm geschaffenen Vielvölkerreiches sollte das alte Babylon werden. Alexanders früher Tod (am 13. Juni 323 v. Chr.) verhinderte die Durchführung seiner Pläne. Aus der Begegnung zwischen Perser- und Griechentum aber entsprang ein neues Zeitalter – das Zeitalter des Hellenismus.

Literatur

Christensen, Arthur: Die Iranier, München 1933
Osten, Hans Henning von der: Die Welt der Perser, 1962
Scharff, Alexander/Moortgat, Anton: Ägypten und Vorderasien im Altertum, München 1962

HEINRICH PLETICHA

Persepolis

Es ist sehr wenig, was wir über Parsa, die Hauptstadt des Perserreiches, wissen, die von den Griechen später Persepolis genannt wurde. Bei antiken Autoren wie Diodoros (Mitte des ersten vorchristlichen Jahrhunderts) finden sich ein paar dürftige Hinweise, aber auch Archäologen können uns nicht weiterhelfen; denn ein ausgedehntes Gebiet rund um die große Terrasse mit ihren Kultbauten ist archäologisch noch unerforscht. Man vermutet die Stadt Parsa sieben Kilometer nördlich der Terrasse. Doch sie hat existiert, hätte sonst Alexander der Große von der »verabscheuungswürdigsten Stadt Asiens« sprechen können? Hätte sonst Arrian vermerkt: »Persepolis war die reichste Stadt unter der Sonne, und die Wohnhäuser waren seit Jahren mit jeder Annehmlichkeit ausgestattet worden. Die Makedonier schlachteten die Bevölkerung ab und plünderten deren Häuser, die, obgleich meist Eigentum von Durchschnittsbürgern, voll schöner Möbel und Ziergegenstände waren, Mengen von Silber wurden weggeschleppt und nicht wenig Gold ...«

Das Motiv des ein Pferd reißenden Löwen *befindet sich als Relief am außen geschmückten Treppenaufgang, der zu der Apadana, der Audienzhalle, des Großkönigs Dareios I. im Palast zu Persepolis führt. Da sich rund 150 Jahre nach dem Bau ein junger Makedonier namens Alexander, der später der Große genannt wurde, für den Brand Athens rächen wollte, ließ er Persepolis anzünden.*

Nur noch Ruinen zeugen von Pracht und Größe

Nichts blieb von diesen Häusern, nur die Ruinen der Zitadelle und des königlichen Palastes haben die Jahrtausende überdauert und zeugen heute noch von erstaunlicher Pracht und Größe.

König Dareios I. hatte die Stadt um 510 v. Chr. gegründet. Sein Vorgänger Kyros hatte noch in Passargadai in einem Palast residiert, der an der Stelle seines großen Sieges über die Meder lag. Für das Machtstreben und das Selbstverständnis des Dareios mochte diese Residenz zu klein gewesen sein. So wählte er einen neuen Platz etwa achtzig Kilometer südlich davon in der damals ungemein fruchtbaren Ebene von Merdascht am Fuße eines Berges. Ein dem Berg vorgelagertes breites Felsplateau bot den idealen Baugrund, um auf ihm einen prachtvollen Palast zu errichten. Es sollte allerdings drei Generationen dauern, bis diese Anlage in der uns heute bekannten Form fertiggestellt worden war. Schon Dareios ließ dieses Plateau mit einer Befestigungsmauer umgeben. Davor muß dann in der Ebene selbst die eigentliche Stadt gelegen sein; denn es ist undenkbar, daß die Könige mit ihrem ausgedehnten Hofstaat und den zahlreichen Truppen sich auf den Palast allein hätten beschränken können. Es scheint jedoch durchaus möglich, daß sich am Rande der eigentlichen Stadt auch noch eine ausgedehnte Zeltsiedlung von wechselnder Größe erstreckte. Über Befestigungsanlagen scheint die Stadt allerdings nicht verfügt zu haben.

Unten: ***Überblick über Persepolis.*** *Rechte Seite: Persische und medische Gäste kommen zum Neujahrsfest.*

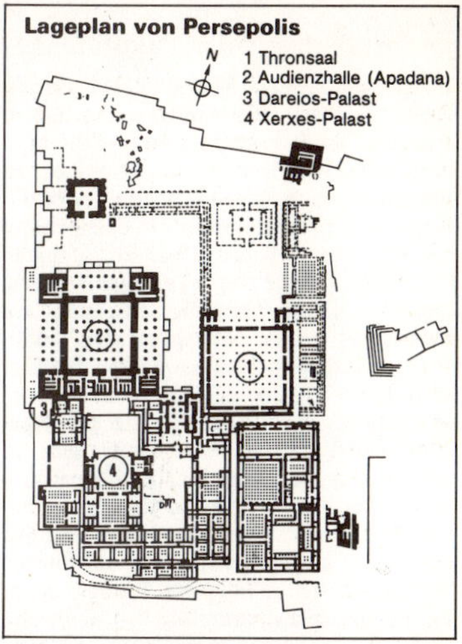
Lageplan von Persepolis
N
1 Thronsaal
2 Audienzhalle (Apadana)
3 Dareios-Palast
4 Xerxes-Palast
1
2
3
4

Die Architektur der Palastanlage

Ewiges großartiges Symbol des Perserreiches – gleichermaßen sein Herz und Gehirn – aber ist die Palastanlage auf der vierhundertfünfzig mal dreihundert Meter messenden Felsterrasse. Eine breite Freitreppe bildete von der Stadtseite her den einzigen Zugang zu diesem Palast. Über sie gelangten die Ankömmlinge zum »Tor aller Völker«. Gewaltige Fabelwesen, die den geflügelten menschenköpfigen Stieren an den asiatischen Palästen glichen, bewachten den Eingang und schüchterten die Besucher ein, die von hier aus nur wenige Schritte zur »Apadana«, dem Großen Palast des Dareios, zu gehen hatten. Er stand innerhalb eines großen Hofes auf einer knapp drei Meter hohen Plattform, zu der von Nord und Ost doppelläufige Freitreppen hinaufführten. Es war die Thronhalle des Königs, deren Decke von sechsunddreißig fast neunzehn Meter hohen Säulen getragen wurde. Mag dieser Bau schon die Bewunderung der Besucher erregt haben, so mußte die nördlich davon gelegene Hundert-Säulen-Halle diese Bewunderung noch erhöhen; denn hier war alles ins Gigantische gesteigert. Das Dach wurde, wie schon der Name sagt, von insgesamt hundert Säulen getragen. Die Archäologen vermuten heute, daß dieser wohl von Xerxes errichtete Bau entweder ebenfalls als Große Audienzhalle diente oder aber möglicherweise ein Aufbewahrungs- und Ausstellungsraum königlicher Schätze, also eine Art Museum, war.

Nach Süden schließen sich an diese beiden Hallen die eigentlichen Wohnbauten an, eine Vielzahl von Gebäuden mit einem kleinen Palast des Dareios und einem weit größeren des Königs Xerxes, in dem auch dessen Bibliothek untergebracht war, von der man über 30000 Keilschrifttäfelchen gefunden hat. Den Abschluß nach Osten bildete noch einmal ein großes Gebäude, das ursprünglich wohl das Frauenhaus, der Harem der Könige, war, später nach verschiedenen Umbauten auch als Schatzhaus diente.

Lebendige Szenen der Reliefdarstellungen

Sie leben seit zweieinhalb Jahrtausenden nicht mehr, die Menschen, die diese Palaststadt einst bevölkerten, und doch sind sie auch heute noch gegenwärtig, begegnen uns sozusagen auf Schritt und Tritt. Denn die Künstler, die alle Bauten auf das prächtigste ausschmückten, hatten überall Reliefs angebracht, die den König, seine Beamten, sein Gefolge, seine Leibwachen und die Tribut und Geschenke bringenden Untertanen in zahlreichen Einzelszenen zeigen. Nur scheinbar und auf den ersten Blick wirken sie, ähnlich wie manche assyrischen Reliefs, starr und statisch, in Wirklichkeit bilden sie ein geradezu unerschöpfliches, lebendiges Bilderbuch. Mehrfach begegnen wir dem König selbst. Da steht er in der Ratshalle, gefolgt von zwei Dienern, die Fliegenwedel und Schirm über seinem Haupt halten, oder wir sehen ihn auf dem Thron sitzend und hinter ihm den Kronprinzen. Ein Relief in der Hundert-Säulen-Halle zeigt ihn ebenfalls auf dem Thron, während sich ihm in medischer Tracht der Hazarapatich (von den Griechen Chiliarch genannt), der Kommandant der Leibwache und Chef der Geheimpolizei, naht. In seinem Privatpalast wiederum kämpft er gerade, ähnlich wie die assyrischen Heroen auf den Siegelbildern, mit einem furchterregenden Fabelwesen.

Überall an den Aufgängen der Freitreppen stehen seine Soldaten. Deutlich kann man die Leibgarde im Innendienst von den Soldaten des Außendienstes an ihren unterschiedlichen Uniformen unterscheiden, sogar abgesessene Reiter sind vertreten, die man an ihren kurzen Leibröcken, den Stiefeln und typischen Kurzschwertern erkennt. Das schönste aber ist die Neujahrsprozession an der großen Freitreppe, die zur Apadana hinaufführt. Da schreiten durch ein Spalier der Gardetruppen die Großen des Reiches, die Generäle und Offiziere, da kommen Deputationen aller Völker des Reiches mit Geschenken, die sie zum Neujahrsfest dem König als Tribut bringen, da werden die königlichen Streitwagen zur Parade vorgeführt. In diesen Reliefs lebt der Palast von Persepolis nach mehr als zweitausend Jahren immer noch, wenn er auch schon 330 v. Chr. durch Alexander niedergebrannt wurde.

JOACHIM REHORK

Kreta und die Welt des Minos

Grundzüge der kretischen Frühgeschichte – Der sagenumwobene König Minos – Thera und die Kultur der Minoer – Archäologische Fundgrube dank des Vulkanismus – Evans als Entdecker einer der glanzvollsten Kulturen Europas – Unterscheidungsmerkmale der einzelnen minoischen Phasen – Keramiken – Einführung der Töpferscheibe – Erste große Paläste und ihre Bedeutung – Katastrophe und glanzvoller Neubeginn – »Palaststil« und »Meeresstil« – Der Lebensstil der Minoer – Linear-A und Linear-B-Schrift – Niedergang der minoischen Welt – Vulkanausbruch auf der Insel Thera – Freilegung eines »neuen Zentrums der ägäischen Kultur« – Erinnerung an eine gemeinsame mittelmeerische Kultur.

In antiken Schriften ist Minos der Name eines legendenumwobenen Königs von Kreta. Sogar der griechische Geschichtsschreiber Thukydides (* ca. 455, † 396 v. Chr.), der sonst alten Überlieferungen sehr kritisch gegenübersteht, betrachtet Minos als einen Namen: Für ihn war Minos der erste Herrscher, der eine Seemacht errichtete (Thukydides, 1,4). Moderne Gelehrte sind demgegenüber eher der Auffassung, daß »Minos« ein Herrschertitel war – der Titel, den Alt-Kretas Könige während der Bronzezeit führten. Doch gleich, ob Name oder Titel – in der Neuzeit wurde das Wort namensgebend für das »Minoische Zeitalter«, die Spanne der kretischen Frühgeschichte zwischen 2600 und 1150 v. Chr. Wir pflegen diesen Zeitraum noch in verschiedene Phasen zu untergliedern, die ihrerseits aufgrund der archäologischen Befunde jeweils in weitere Subperioden unterteilt werden (siehe Kästchen, Seite 58). Bei den Griechen des Altertums spiegelte sich diese Zeit in Sagen voll düsteren, blutigen Glanzes. Da war die Minostochter Phaidra, die in ihrer Liebesraserei vor der Anstiftung der Götter zum Mord an Hippolytos nicht zurückschreckte (der Meergott Poseidon ließ einen »Stier aus dem Meere« die Untat begehen). Und da gab es das geheimnisvolle Labyrinth, bewohnt von einem unheimlichen, menschenvertilgenden Zwitterwesen, halb Stier, halb Mensch: dem Minotauros – Ergebnis einer Mesalliance der Minos-Gattin Pasiphaë mit einem Stier, dem Symbol strotzender Manneskraft. Athens Jugendblüte wurde, der Sage nach, diesem widerwärtigen Mischwesen geopfert, bis schließlich Theseus, der am sprichwörtlich gewordenen Faden seiner Geliebten Ariadne im Labyrinth Orientierung fand, dem Schrecken ein Ende bereitete. In dieses düstere Bild fügte

Linke Seite:
Knossos, Zentrum minoischer Kultur.
Auf einem Areal von 10 000 m² bezeugt diese imposanteste Anlage Kretas komfortablen Wohn- und prunkvollen Repräsentationsstil, ein Zeichen hoher Kulturblüte. Die abgebildete Säulenhalle im Nordwesten der Palastanlage vermittelt einen Eindruck von der monumentalen Architektur der Anlage.

sich vortrefflich, daß der schöpferische Geist Daidalos vom Minos-Hof fliehen mußte, und zwar – wie es ihm, dem Erfindungsreichen, zukam – als erster Mensch auf dem Luftwege!

Heute sehen wir all diese Sagen in einem anderen Licht. Es sind griechische Sagen. Sagen von Griechen erfunden. Und wenn auch die Griechen Minos und dessen Enkel Idomeneus ihrem Kulturkreis einverleibten – sie hatten immerhin Grund, der mit dem Namen Minos verbundenen Welt gram zu sein: Wahrscheinlich war Griechenland in sehr früher Zeit einmal von Minos-Leuten unterworfen worden und hatte Tribute zu entrichten, und wahrscheinlich ist es einfach dieser Zustand, den das durchaus nicht ungetrübt-freundliche Bild der Minos-Welt in der griechischen Überlieferung spiegelt. Auf eine geradezu schicksalhaft zu bezeichnende Weise war die Kultur der Minoer mit der Insel Thera (Santorin) verbunden, dem südlichsten Eckpfeiler der Kykladen. Thera ist eine Vulkan-Insel, und aller Wahrscheinlichkeit nach griff der Insel-Vulkan mit einem Ausbruch von unvorstellbarer Gewalt im 15. Jahrhundert v. Chr. tief in die Geschichte der Minoer ein. Aber gerade der Vulkanismus Theras war es auch, der in der Neuzeit zu den ersten archäologischen Funden aus der Minoerzeit führte. Das heutige Thera besteht aus ungeheuren Mengen vulkanischen Auswurfmaterials, das einen vorzüglichen, rasch abbindenden und gegen Seewasser äußerst widerstandsfähigen Zement liefert. Riesige Massen dieses wertvollen Rohstoffs wurden abgebaut, als man 1859 bis 1869

Kreta: Knossos, Grundriß

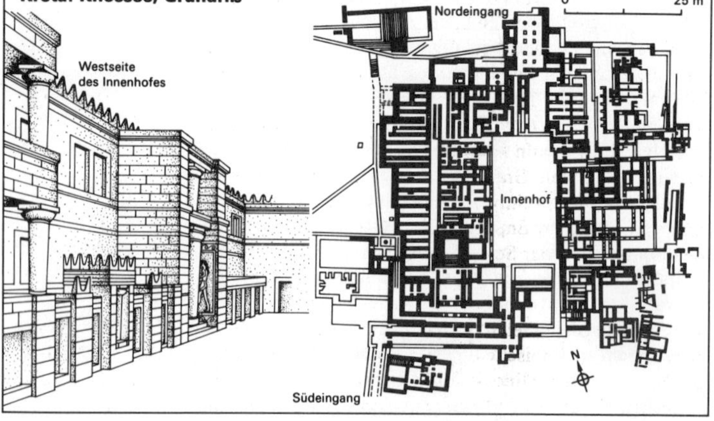

***Der deutsche Archäologe Heinrich Schliemann** (links) entdeckte zwar nicht das Troja des Priamos, dafür jedoch die mykenische Kultur. Zum führenden Archäologen wurde in Griechenland der Engländer **Arthur Evans** (rechts), der seine großartigen Funde aus Knossos zudem meisterhaft interpretierte.*

einen uralten Menschheitstraum verwirklichte und den Suezkanal schuf. Unter den mächtigen Schichten des begehrten Bimssteins stieß man schon damals auf die ersten Überreste einer minoischen Ansiedlung. Doch keiner der geladenen Gäste, die 1871 mit der Premiere von Verdis »Aida« in Kairo die Eröffnung des Suezkanals nachfeierten, ahnte etwas von der Bedeutung dieser archäologischen Entdeckung. Denn noch wußte man die Funde von Thera nicht einzuordnen. Die eigentliche Entdeckung der minoischen Welt durch Arthur Evans (* 1851, † 1941), der am 23. März 1900 in Knossos auf Kreta den Spaten ansetzte, stand ja erst noch bevor.

Evans bewunderte Heinrich Schliemann (* 1822, † 1890), mit dem er 1883 in Griechenland zusammengetroffen war. Schliemann selbst war als Ausgräber den Spuren altgriechischer Überlieferungen nachgegangen und hatte die Mykenische Kultur entdeckt. Was lag näher für ihn, als nun auch dem nachzuspüren, was die alten Griechen über Minos' Welt berichteten? Tatsächlich hatte er die Absicht, nach Troja und Mykene (Mykenai, Mykenä) auch Knossos auszugraben. Doch dann konnte er sich mit dem Besitzer der ins Auge gefaßten Grabungsstätte nicht über den Kaufpreis des Geländes einigen. Evans dagegen kaufte, grub – und wurde so zum Entdecker einer der glanzvollsten frühen Kulturen an der Schwelle Europas.

DIE PHASEN DER MINOISCHEN KULTUR

Inzwischen haben Gelehrte aus vielen Ländern an der Erforschung der Minoischen Kultur gearbeitet und ein detailreiches Bild der Minos-Welt entworfen, das allerdings noch immer viele Fragen offenläßt. Eines jedoch steht fest:

Zeittafel

2600 v. Chr. bis 2500 v. Chr.	Frühminoisch I	Vorpalastzeit
2200 v. Chr.	Frühminoisch II	
2000 v. Chr.	Frühminoisch III	
1900 v. Chr.	Mittelminoisch I	Ältere Palastzeit
1700 v. Chr.	Mittelminoisch II	Zerstörungsschicht
1600 v. Chr.	Mittelminoisch III	Jüngere Palastzeit (Linear-A-Schrift)
1550 v. Chr.	Spätminoisch I A	
1500 v. Chr.	Spätminoisch I B	Höhepunkt der kretischen Macht. Palastzerstörung (durch Thera-Katastrophe?) Um 1450 v. Chr. Wiederaufbau nur in Knossos Linear-B-Schrift Mykener in Knossos
1400 v. Chr.	Spätminoisch II	Palast von Knossos um 1400 v. Chr. ausgebrannt
1300 v. Chr.	Spätminoisch III A	Ab 1300 v. Chr. (Spätminoisch III A): Nach-Palastzeit
1200 v. Chr.	Spätminoisch III B	
1150 v. Chr.	Spätminoisch III C	
1000 v. Chr.	Subminoisch	

Im Gegensatz zu dem etwas düsteren Bild, das griechische Sagen vom Alt-Kreta zeichnen, ist dieses Bild der modernen Archäologen voller Heiterkeit – ja man hat die Minoische Kultur geradezu als »Kultur der Seligkeit« bezeichnet. Wichtigstes Unterscheidungsmerkmal der einzelnen Phasen, in die man die Minoische Kultur unterteilt, ist die Keramik. So gab es in der Frühminoischen Periode (2600–2000 v. Chr.) polychrom (mehrfarbig) bemalte Gefäße, die sich deutlich von älteren, jungsteinzeitlichen unterscheiden. Später stellte man dann Gefäße her, die auf dunklem Grund weiße Muster trugen (z. B. Band- und Spiralmuster). Um 2500 v. Chr. kamen Schnabelkannen mit geflammtem Dekor auf. Neben dieser Tonware verwendete man Gefäße aus geädertem Kalkstein sowie aus Tropfstein (Stalaktit). Auch kostbaren, kunstvoll gearbeiteten Goldschmuck gab es bereits. Den Toten, die man gemeinsam in großen Rundgräbern zu bestatten pflegte, gab man unter anderem Tongefäße in Tierform mit ins Grab. Während manche dieser Tierfiguren darauf hindeuten, daß es einen Stierkult gab, lassen weibliche Kultfiguren aus Mar-

mor auf die Verehrung einer weiblichen Gottheit schließen. Gegen 2000 v. Chr. tauchen auf Siegeln, die zuvor nur abstrakte Muster trugen, erste Zeichen auf, bei denen es sich möglicherweise um eine Bilderschrift handelt. Die Siedlungen dieser Frühphase lagen überwiegend in Ostkreta.
Die Mittelminoische Phase (ca. zwischen 2000 und 1600 v. Chr.) ist durch bedeutende Neuerungen gekennzeichnet: die Einführung der Töpferscheibe, die Erfindung der Spritztüte, mit der man feingeschlämmten Ton auf die Gefäßwandungen auftrug, die Schaffung der wegen ihrer Dünnwandigkeit auch als »Eierschalenware« bezeichneten Kamareskeramik (so benannt nach ihrer Hauptfundstätte in einer Kulthöhle des Ida-Massivs), das Auftauchen der ersten großen Paläste (kurz nach 2000) sowie die Entwicklung der sogenannten Linear-A-Schrift (im 17. Jahrhundert v. Chr.). Palastanlagen gab es nicht nur in Knossos (südlich

Palastwirtschaft. *Während der Palastzeit wurden Überschüsse aus der Landwirtschaft in einem komplizierten Netzwerk wirtschaftlicher und gesellschaftlicher Abhängigkeiten und wechselseitiger Verpflichtungen erfaßt und gespeichert. Der Handel verband seit etwa 2000 v. Chr. die minoische Kultur und Gesellschaft mit dem griechischen Festland, Troja, Zypern, der Levante und Ägypten. Wir kennen mittelbronzezeitliche nahöstliche Keramik aus Thera, Rollsiegel des altbabylonischen Stils aus Kreta. Auf der Insel Kythera wurde ein Stein mit einem Keilschrifttext entdeckt, der einen Herrscher von Eschnunna aus der Zeit der 1. Dynastie von Babylonien nennt. Besonders eindrucksvoll sind die Funde von Ras Schamra/Ugarit, wo es einen minoischen Stadtteil gab. Das Motiv der kretischen Stierspringer wurde auf syrischen Siegeln dargestellt (z. B. in Tell Atschana/Alalach). Die Ägypter nannten die Importe aus der Ägäis Keftiu-Waren, die Keftiu-Leute auf ägyptischen Wandmalereien sind typische Kreter.*
Für den Groß- und Außenhandel benutzte man Kupferbarren als Zahlungsmittel, für den Binnenhandel vermutlich Öl und Getreide, die in großen Vorratsgefäßen gespeichert wurden. Die typischen Keftiu-Barren des »Kissentyps« mit einem Gewicht von 24 Kilogramm fand man in großer Zahl in den Palästen von Kato Zakro und Hagia Triada, ferner kennen wir sie aus Keos, Euboia und neuerdings aus Cherkovo (Südbulgarien) sowie den Keftiu-Bildern. Etwas jüngere Varianten dieser Barren (»Vierzungentyp«) aus der Zeit der mykenischen Hegemonie waren von Zypern über Mykene bis Sardinien und Sizilien im Umlauf. Man fand sie auf einem vor Kap Gelidonya gesunkenen bronzezeitlichen Schiff und sogar im Hafen von Falmouth in Cornwall!
G. St.

***Kretische Gefäße aus der mittleren Bronzezeit** (2000–1500 v. Chr.). Links: Ein großer Ausgußkrug aus Phaistos. Er ist zweifarbig mit Laufspiralen und Schraffuren bemalt. Rechts: Vase in Form eines Flaschenkürbis mit der Darstellung eines Tintenfisches mit Saugarmen und weit aufgerissenen Augen. Dieser »Meeresstil« zeigt u. a. noch Abbildungen von Seetang und Muscheln.*

von Iraklion, im nördlichen Mittel-Kreta), sondern auch in Gurnia (Ostkreta), Hagia Triada (Südkreta), Kato Zakro (Ostkreta), Mallia (nordöstliches Mittelkreta) und Phaistos (Südkreta). Diese Paläste waren nicht nur Mittelpunkte städtischer Ansiedlungen, sondern auch selbst regelrechte Städte mit Repräsentationsräumen, Kultstätten, Magazinen, Werkstätten und Wohnflügeln. Zweifellos besaßen diese Paläste dementsprechend eine Vielfalt unterschiedlicher Funktionen. Sie dienten wohl nicht nur als Residenzen und Verwaltungszentren, sondern auch als Stätten der Kultpflege und Mittelpunkte des Wirtschaftslebens. Hier organisierte man offensichtlich die Lebensmittelproduktion, desgleichen aber auch die Verteilung von Nahrung, Rohmaterialien und Fertigprodukten, die hohes technisches und künstlerisches Leistungsniveau unter Beweis stellten. Um 1700 v. Chr. setzte eine Naturkatastrophe (ein Erdbeben?) der sogenannten »Älteren Palastzeit« ein Ende. Jedenfalls sind die Phasen Mittelminoisch II und III durch eine Trümmerschicht voneinander getrennt. Doch die verwüsteten Paläste erstanden viel glanzvoller als zuvor aufs neue. Knossos wurde erheblich erweitert. In der Keramik blühte hier der sogenannte »Palaststil«, der durch die Wiedergabe von Architekturmotiven, Rosetten, Girlanden, Doppeläxten und Papyrusstauden gekennzeichnet war. In Spätminoischer Zeit (etwa zwischen 1600 und 1150 v. Chr.) kam zu diesem »Palaststil (der in und um Knossos weiterhin in Mode blieb) der sogenannte »Meeresstil« hinzu. Die Vasendekoration dieses Stils besteht unter anderem aus Darstellungen stilisierter Muscheln sowie Abbildungen von Seetang und Tintenfischen (Oktopoden) mit langen Saugarmen (Tentakeln) und weit aufgerissenen Augen.

Letzte Zeugen vergangener Größe: die Ruinenfelder Kretas.
Oben: Säulenreste, Mauern, Bänke und originäre Pflasterung des minoischen Palastes von Kato Zakro. Links: Treppen und Grundmauern des einstigen, in L-Form angelegten minoischen Palastes von Hagia Triada (16. Jh. v. Chr.) an der Südküste Kretas.

Das wohl vollkommenste minoische Fresko, *das bis heute erhalten geblieben ist, füllte einst die Wand eines Raumes im Ostflügel des Palastes von Knossos und stellt die Stierspringerspiele dar. Hier: Der Todessprung eines Jünglings über den Rücken des Stieres.*

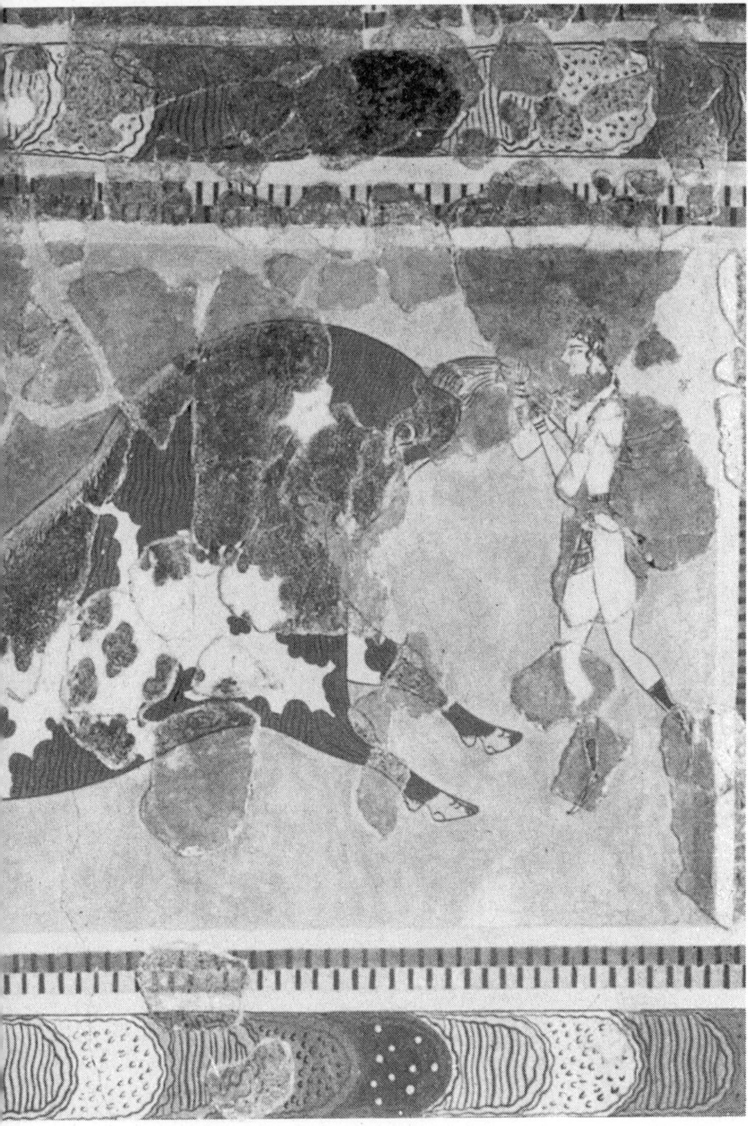

Die minoische Mode *zur Zeit der Neuen Paläste zeigt in hervorragender Weise diese Fayence-Statuette der Erdgöttin mit den Schlangen (Rekonstruktion). Sie wurde im Zentralheiligtum im Palast von Knossos gefunden. Die Taille eng geschnürt, die Brüste entblößt, ein weit fallender Rock mit Rüschen und einer Schürze.*

Prachtvolle, farbenfrohe Malereien zieren nun auch die Palastwände. Beliebte Motive sind Frauen, Priester, Tänzer, (unblutige) Stierkämpfe (Stierspringer) sowie ebenfalls Meeresszenen. Beispielsweise erblickt man fliegende Fische, springende Delphine, Tintenfische und andere Meerestiere.

In der seit einigen Jahren auf Thera (Santorin) ausgegrabenen minoischen Ansiedlung sieht man unter anderem auch eine in einen Hafen einlaufende Flotte. All diese Szenen zeugen von tiefer Naturverbundenheit und haben etwas außerordentlich Bewegtes. Kultszenen sowie Figürchen barbrüstiger Schlangentänzerinnen (Schlangengöttinnen?) in weiten, gefältelten Röcken lassen Rückschlüsse auf die Religion der Minoer (aber auch auf die Kleidung minoischer Hofdamen) zu.

DER LEBENSSTIL DER MINOER ZUR ZEIT DER HOCHBLÜTE

In ihrer Glanzzeit wohnten die Minoer in zwei- bis dreistöckigen Häusern mit Fenstern von vier, ja sogar sechs Scheiben, mit einer Art von Spülklosetts und Springbrunnen, mit Blumentöpfen und Gartenterrassen sowie mit Flügeltüren, die man schließen konnte, um der heißen kretischen Mittagssonne den Zugang zu verwehren, und dann wieder öffnete, um die kühlende Abendbrise einzulassen. Das minoische Kreta war eine Welt voller Lebensfreude, die Archäologen ins Schwärmen brachte - eine Welt sanftäugiger Frauen, Göttinnen, Priesterinnen und Tänzerinnen, eine Welt urbanen Geschmacks und maßvoller Eleganz, eine Welt zierlicher Dekorornamente und reizvoller Keramik. Vor allem war es eine Welt ohne Festungsmauern, und die Stierhornsymbole, die sich auf den ersten Blick wie wehrhafte Zinnen ausnahmen, erwiesen sich bei genauerem Hinsehen als monumentaler Architekturzierat voll kultischem Sinngehalt. Zwar spielte auch in dieser heiteren Welt (ebenso wie in den düsteren Sagen, die sich um Minos ranken) der Stier mit seiner erdhaften Kraft eine Rolle, doch setzte man sich beim Stierspringen seinem Ungestüm eher mit einer Art waghalsiger Verspieltheit aus. Sicherlich geht ein ebenso gelehrter wie zweifellos scharfsinniger Außenseiter fehl, wenn er die Ansicht vertritt, die prachtvollen minoischen Paläste seien nichts als Totenhäuser, die anmutig dekorierten Badewannen durchweg nichts als Sarkophage, die zierlichen, barbrüstigen Frauen nichts als Klageweiber und die Spiele, von denen die Fresken berichten, nichts als Leichenspiele. Denn wenn all dies nur Totengepränge war, wo blieben dann die Häuser, Frauen und Spiele der Lebenden?

ZERSTÖRUNG DER PALÄSTE

Dann änderte sich der Lebensstil, die Dekorformen degenerierten, und es war, als ob Daidalos, der Kunstfertige, tatsächlich die Insel verlassen habe. Und schließlich fielen nach Ausweis der archäologischen Funde Kretas Paläste alle gleichzeitig der Zerstörung anheim. Verwüstet und für immer verlassen wurden Siedlungen wie Gurnia, Psyra, Palaikastro und Kato Zakro, zerstört das sogenannte »Tempelgrab« von Knossos, ja sogar die Decke einer Grotte in Arkalochori stürzte herab und begrub die in der Höhe lagernden Metallschätze unter sich. Was war geschehen? Hatte wieder ein Erdbeben Kreta heimgesucht? Oder hatte eine Invasionsarmee die Insel verheert? Tatsächlich erholte sich einzig und allein der Palast von Knossos von der allgemeinen Katastrophe, und hier schrieb man nun - im Gegensatz zur Linear-A-Schrift der Mittelminoischen Zeit

– eine neue Schrift (Linear B), mit der man, wie Michael Ventris (* 1922, † 1956) im Jahre 1952 überzeugend darlegte, eine Form des Frühgriechischen festhielt. Man bediente sich mithin in Knossos nun nicht mehr der vorindoeuropäischen Sprache der Minoer, sondern offensichtlich schon des Griechischen. Der britische Historiker und Geschichtsphilosoph Arnold Toynbee siedelte den Niedergang der minoischen Welt daher im Vorfeld jener »Menschenlawine« an, jener großen Wanderbewegung, deren Auswirkungen Ende des 2. Jahrtausends v. Chr. die Gebiete der südlichen Balkanhalbinsel sowie die Küsten der Ägäis zu spüren bekamen. Doch Kretas Paläste sanken um die Mitte des 15. Jahrhunderts v. Chr. in Trümmer, und bis zur Auslösung jener »Menschenlawine« vergingen damals noch immer einige Jahrhunderte. Außerdem läßt

keine »Menschenlawine« Höhlendecken einstürzen, versetzt keine Mauern und bedeckt keine Trümmer, vor allem aber nicht weite Gebiete des östlichen Mittelmeerraumes mit vulkanischem Auswurf. Und Wanderbewegungen bewirken in der Regel auch nicht, daß man Werkzeuge, Kochgeräte und Gefäße herumstehen oder -liegen läßt, wie sie lagen und standen, daß man Geschirr ungespült sich selbst überläßt und, Hals über Kopf fliehend, nur gerade noch seine persönliche Habe zusammenrafft. Genau dies aber ist das Bild, das sich beispielsweise im ostkretischen Kato Zakro bietet. Dies alles gab den Ausschlag, daß Archäologen, Frühgeschichtler und Naturwissenschaftler schließlich den furchtbaren Ausbruch des Vulkans der Insel Thera (Santorin) und die diesen Ausbruch begleitenden Seebebenwogen für das Desaster der kretischen Paläste verantwortlich

Höhepunkt minoischer Architektur. *Das sogenannte Labyrinth von Knossos (in der antiken Vorstellung), der »Palast des Minos«, ist die bedeutendste und größte minoische Anlage. Eine ältere entstand um 2000 v. Chr., eine jüngere im 16. Jahrhundert v. Chr. Oben: Südterrasse mit dem minoischen Kult-Symbol der Stierhörner.*

machten, bei dem im 15. Jahrhundert vor unserer Zeitrechnung das alte Thera (Santorin) regelrecht in die Luft gesprengt wurde, so daß nur die heute noch vorhandenen (wenn auch grandiosen) »Inselstümpfe« zurückblieben. Vor allem verfocht diese Hypothese der griechische Archäologe Spyridon Marinatos, der auf Thera selbst unter Bimsstein- und Aschenschichten ein, wie er selbst es nannte, »neues Zentrum der ägäischen Kultur« freilegte, das zumindest viele enge Beziehungen zur Minoischen Kultur aufweist. Beim heutigen Dorf Akrotiri kamen Häuser, Plätze und Straßen zum Vorschein – Wandfresken mit Frühlingsszenen, mit boxenden Kindern, Antilopen, Seelilien, mit Frauen bei Kulthandlungen, Fischern, Landschaften sowie mit Hafen- und Kampfszenen. An Keramik fanden sich Schnabelkannen, Kannen mit Augen, mit Brustwarzen, Lilien und Vögeln, Amphoren, und schließlich kam ein Opfertisch aus Kalkmischung (stucco) mit einem aufgemalten Seestück zum Vorschein: Delphine tummeln sich und zeugen vom Einfluß des »Meeresstils« minoisch-kretischer Keramik, von dem bereits oben die Rede war. Sämtliche Funde aus dem bronzezeitlichen, der Minoischen Kultur nahen Thera stammen aus der Zeit um 1500 v. Chr. Sie repräsentieren damit die Zeit unmittelbar vor der Katastrophe. Skelette fanden sich nicht. Die Bewohner des bronzezeitlichen Akrotiri müssen also – ebenso wie die Bewohner der zerstörten Paläste auf Kreta – sich in Sicherheit zu bringen und wenigstens ihr Leben zu retten vermocht haben, bevor Bimssteinregen und Aschenfall die Ansiedlung zuschütteten. Verschiedenen Anzeichen zufolge muß auch ein Erdbeben den Vulkanausbruch begleitet haben. Allerdings war es wohl nicht allzu heftig, denn die Mauern mancher Gebäude blieben noch bis hinauf zum dritten Stock stehen. Aus stilistischen Gründen hat man schließlich wohl anzunehmen, daß die Ansiedlung bei Akrotiri auf Thera schon eine Generation früher zerstört wurde, bevor jener furchtbare Ausbruch stattfand, dem schließlich Kretas Paläste (und damit die Minoische Kultur) zum Opfer fielen.

UNTERGANG DER MINOISCHEN KULTUR

Die weiteren Ereignisse lassen sich wie folgt rekonstruieren: Durch das Thera-Desaster war im Bereich des ehemals minoischen Seereichs ein Machtvakuum entstanden. Wahrscheinlich drangen in dieses Vakuum nun Festlandsbewohner ein: Mykener – sei es, daß sie sich gegen ihre früheren minoischen Herren erhoben, sei es, daß sie selbst erst von Kreta aus zur Unterwerfung ihrer mykenischen Vettern

***Ein Meisterwerk früher Keramik** aus Griechenland ist die zwei Meter hohe Diphylon-Vase, 8. Jahrhundert v. Chr. Typisch für die Gattung der attisch-geometrischen Amphoren ist die Vielfalt an Mäanderformen und die Darstellung der Totenaufbewahrung. Das Gefäß (1,55 Meter hoch) diente wohl als Grabdenkmal.*

Oben: ***Der goldene Trinkbecher aus Vaphio*** *(Höhe etwa 8,9 Zentimeter) mit Stierrelief ist eines der herausragenden Stücke kretisch-mykenischer Goldschmiedekunst, um 1500 v. Chr. So auch rechts:* ***Goldener Anhänger aus Mallia*** *in Form zweier Bienen, um 1600 v. Chr. Die Biene war das Symbol für den Schutz vor Krankheiten.*

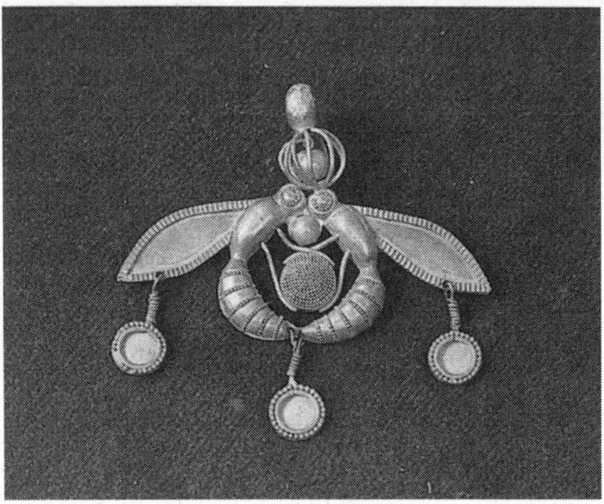

Bronzefiguren von Riace. *Neuere Forschungen identifizieren die 1972 aus dem Meer geborgenen, im 5. Jahrhundert v. Chr. auf Samos gearbeiteten Skulpturen als Olympia-Sieger Euthimos, der als athletischer Jüngling (links) und, gleichermaßen ästhetisch, als älterer Mann (rechts) nachgebildet wurde. Heutiger Standort: Museo Archeologico, Reggio Calabria.*

Folgende Seite:

Griechischer Krieger *auf einer Grabstele. Zur Rüstung gehörten Panzer, Beinschienen, Helm, Schild und Lanze. Der Panzer reicht wie ein kurzes Wams bis zur Hüfte und endet in einer Doppelreihe herabhängender Lederstreifen, deren Funktion es war, den Leib zu schützen.*

auf dem Festland schritten, so daß vielleicht »Minos« und sein Enkel Idomeneus tatsächlich - wie die griechische Sage es will - schon Griechen und gar keine Minoer mehr waren . . .

Obwohl also nun Mykener den Palast von Knossos noch einmal aufbauten, bezeichnet man auch die folgenden Phasen der altkretischen Kultur nach wie vor als »spätminoisch«. Archäologisch endete das »Minoische Zeitalter« erst um 1150 v. Chr. Dann brach die Eisenzeit an und mit ihr das »dunkle (im Sinne von ›wenig bekannte‹) Zeitalter des Subminoikums«. Aber schon um 1400 v. Chr. war der »Minospalast« von Knossos ausgebrannt. Die Ursache dieser Brandkatastrophe kennen wir nicht. Nur noch wenige seiner Räume wurden noch eine Zeitlang benutzt. Der Glanz der »Kultur der Seligkeit« war erloschen.

Die Minoische Kultur war keine Schöpfung von Griechen. Vielmehr gehört sie zu den faszinierendsten Leistungen der vorindoeuropäischen Bevölkerung des Mittelmeerraumes. In der Zeit ihrer Hochblüte strahlte sie bis nach Ägypten aus, wo die Kunst der Amarna-Periode (die Zeit Echnatons, Nofretetes und Tutanchamuns) von ihr beeinflußt wurde.

Literatur

Hood, Sinclair: The Minoans, New York/London 1971

Horwitz, Sylvia L.: Knossos. Sir Arthur Evans auf den Spuren des Königs Minos. Aus dem Englischen übertragen von Joachim Rehork, Bergisch Gladbach 1983

Luce, John V.: Atlantis, Bergisch Gladbach 1980

Marinatos, Spyridon: Kreta, Thera und das Mykenische Hellas, München 1976

***Der Parthenon – mächtigster Bau der Akropolis.** Für diesen der Athene geweihten Tempel wurden außer Pheidias die Baumeister Iktinos und Kallikrates verpflichtet, die ihn im dorischen Stil errichteten. Der Bau, zu dem eine Ringhalle von 8 mal 17 Säulen gehört, ist der größte dorische Tempel der Griechen.*

Die griechische Welt

GEORG SCHREIBER

Die Frühzeit Griechenlands

Früheste Zeugnisse der helladischen Kultur – Die Siedlungstätigkeit der Frühgriechen – Bildung eines Kriegeradels – Burgen als mykenische Herrschaftssitze – Das Leben im Bereich der Burgen – Körperliche und geistige Ertüchtigungen – Erziehung der Knaben und Mädchen – Die Amme und die Schafferin – Der Prinzenerzieher und der Waffenmeister – Sänger als Berichterstatter – Schacht- und Kuppelgräber – Die Burg als Zufluchtsort – »Sieben gegen Theben« – Wanderbewegungen – Verbreitung phönikischer Buchstaben – Olympische Spiele – Das Leben der Bauern – Grundzüge der frühgriechischen Kunst- und Kulturgeschichte – Aus »dunklen Jahrhunderten« zu einer neuen Blütezeit.

Nur dürftige Zeugnisse sprechen dafür, daß schon gegen Ende der Altsteinzeit Menschen in Griechenland lebten. Vielleicht gelang ihnen von selbst der große Schritt zur Kultur der Jungsteinzeit, doch eher ist anzunehmen, daß der Zuwachs an geistigen und materiellen Gütern im 5. und 4. Jahrtausend vor Christus Einwanderern aus dem Vorderen Orient zu verdanken ist. Diese Leute, wer immer sie auch gewesen sein mögen, sind durch die Reste ihrer Tongefäße nachweisbar; zwar wanderten sie zum Teil noch mit ihren Schafherden, doch sie bebauten auch den Boden. Im 3. Jahrtausend v. Chr. bewohnten sie schon rechteckige Häuser mit einem Herd im Innern, und es dauerte nicht mehr lange, bis sich auf dem Hügel von Tiryns die erste Festungsmauer erhob. Die Bevölkerung Griechenlands war gewiß nicht einheitlich, doch nennt man sie allgemein »ägäisch«, ihre Kultur »helladisch«. Aus ihrer Sprache haben sich geographische Namen erhalten, die der Orte Tiryns und Korinth z. B., der Insel Zakynthos, der Flüsse Kephisos und Ilissos. Burgen waren allerdings noch selten, Städte gab es überhaupt nicht, nur kleine Siedlungen in natürlich geschützter Lage.

DIE HELLENEN BESIEDELN GRIECHENLAND

In diese bäuerliche Kultur brachen im 2. Jahrtausend v. Chr., diesmal aus dem Norden, neue Zuwanderer ein, die zur großen indogermanischen Völkerfamilie gehörten: die Hellenen. Sie kamen wahrscheinlich nicht in großem Heereszug etwa in der Art, wie um vieles später die Kelten, dann die Goten in Griechenland eindrangen, sondern in kleinen Stammesgemeinschaften, in Gruppen oder Sippen

***Der königliche Friedhof von Mykene,** das sogenannte »Gräberrund A«. Heinrich Schliemann fand hier in dem von einer doppelten Reihe Steinplatten umgebenen Kreis fünf Fürstengräber und den wohl überwältigendsten und reichsten Schatz, der je auf europäischem Boden gefunden wurde.*

***Mauerwall der Akropolis von Tiryns.** Die Zyklopen, die von den Griechen zu Hilfe gerufen wurden, sollen sie um 1300 v. Chr. errichtet haben. Riesige, ungleichmäßige, kaum bearbeitete Felsblöcke wurden zusammengefügt und mit kleinen Steinen und feuchter Tonerde gefüllt. Entdeckt wurde Tiryns von Schliemann und Dörpfeld.*

nacheinander im Laufe vieler Jahrzehnte. Fanden sie unbebautes Land, blieben sie dort und zogen erst weiter, wenn der Boden – sie wußten noch nichts von Düngung – nur mehr schwache Ernten ergab. Griechenland war noch nicht dicht besiedelt, die höheren Bergzüge noch ganz unbewohnt. Nur an den günstigen Stellen hatte zunächst eine einzelne Familie ihr Haus erbaut, dann die Söhne ihre Wohnstätten errichtet, so daß erst nach einigen Generationen ein Dorf entstanden war. Das sagt auch Aristoteles (Politik 1,2): »Das Dorf scheint hauptsächlich sich aus einer natürlichen Ansiedlung einer Familie gebildet zu haben, und manche Leute nennen die Mitglieder desselben Dorfes ›Milchbrüder‹ und ›Kindeskinder‹.« Man konnte also noch leicht einander ausweichen, und Weidehänge für das Vieh gab es genug. Zum Kampf kam es nur, wenn Ein-

***Achill verbindet eine Wunde** am Arm seines Freundes Patroklos. Achill wurde in dieser Szene auf der attischen Schale, um 500 v. Chr., meisterhaft in das Rund der Schale des Sosias eingepaßt. Im Gegensatz zu anderen Malereien ist Achill mit jugendlichem Aussehen dargestellt. Patroklos wendet seinen Kopf von dem offensichtlich schmerzhaften Vorgang ab.*

wanderer auf gutes Ackerland oder an eine Quelle kamen, die schon jemandem gehörte, oder wenn sie Herdenvieh raubten; dann stritten die Hellenen gegen die Urbevölkerung oder auch untereinander. Der Sieger behauptete den Platz, der Unterliegende mußte weichen. Sicherlich kannte man auch friedliche Einigung; die Ankömmlinge lebten dann als Nachbarn der Einheimischen, lernten von ihnen bessere Geräte, schönere Gewebe und Töpferwaren kennen, sie beteten gemeinsam zu den Naturgottheiten, heirateten untereinander und wehrten mitsammen fremde, später einwandernde Gruppen ab.

Körperkraft und Gewandtheit im Gebrauch der Waffen sicherte den Hellenen in vielen Fällen eine gewisse Vormacht vor der ägäischen Bevölkerung. Mitunter nahmen junge Hellenen Dienst als Leibwache eines Burgherren, und dann kam es vor, daß die Burg in ihren Besitz überging, sei es durch Gewalt, sei es durch Heirat mit der Erbtochter. Die hellenische Sprache setzte sich allmählich durch, nahm aber Begriffe feinerer Lebensart aus der ägäischen Sprache auf. Das bekannteste Beispiel dafür ist »asaminthos«, die Badewanne, doch ist nicht sicher, wann und wo (auf dem Festland oder auf Kreta) die Hellenen den Gegenstand und seine Bezeichnung kennenlernten.

Um die Mitte des 16. Jahrhunderts v. Chr. bildete sich, vor allem in Mittelgriechenland und auf der Peloponnes, ein Kriegeradel aus, vielleicht verstärkt durch den Zuzug neuer Einwanderer. Wie die kriegerische Herrscherschicht von Vorderasien bis Indien und Unterägypten, so kannten auch sie den zweirädrigen Streitwagen, vor den zwei Pferde gespannt wurden, die jedoch mit einer Höhe von nur 130 cm viel kleiner waren als die heutigen. Mit ihnen fuhr der Adelige zur Jagd oder in den Kampf, alle anderen Leute gingen zu Fuß, im Krieg wie im Frieden und sogar auf weite Strekken; das Reiten war noch nicht üblich und wurde es bei den Griechen auch später längst nicht in dem Maße wie etwa bei den nördlichen Nachbarn, den Thrakern. Als die Landschaft Argolis den Beinamen »rossenährend« erhielt, bezog sich das wieder nur auf den Adel. (Lebensweise und Sozialordnung des bronzezeitlichen Adels spiegeln sich in Sagen und Funden wider. Ähnliche Verhältnisse sind aus dem Hethiter-Reich bezeugt.)

WIE LEBTEN DIE BURGHERREN?

Mit ungeheurem Arbeitsaufwand von kriegsgefangenen Sklaven und der bäuerlichen Untertanen bauten die Fürsten ihre Burgen, manchmal auf mäßigen Hügeln nahe dem Meer wie Tiryns, Asine und das messenische Pylos, häufiger auf schwer zugänglicher Höhe wie Akrokorinth, Argos und Mykene. Diese letztgenannte Burg, wahrscheinlich die größte und reichste, hat einer ganzen Kulturepoche den Namen gegeben, unterteilt in Frühmykenisch (etwa 1580–1500 v. Chr.) über Mittelmykenisch (bis 1400 v. Chr.) und Spätmykenisch (etwa 1400–1225 v. Chr.) bis zu einer submykenischen Phase (etwa 1225–1050 v. Chr.). Der Reichtum wurde im Krieg oder durch Seeraub errungen; die vielen Kostbarkeiten kretischen Ursprungs können Beutestücke sein, Tribut oder Lohn für geleistete Waffenhilfe.

Der Burgherr herrschte patriarchalisch und unumschränkt. In der Regel war er mit der Tochter eines Nachbarfürsten verheiratet, deren Kinder allein erbberechtigt waren, während die Kinder von Nebenfrauen keinen Anspruch hatten, oft aber mit den vollbürtigen (erstrangigen, legitimen) gemeinsam erzogen wurden. Unterricht wurde nur mündlich erteilt, die Knaben mußten alles dem Gedächtnis einprägen, Gebete und Opferriten, Rechtssatzungen, Kunde von den Vorfahren, Geographie, Regeln für Landwirtschaft und Seefahrt. Die körperliche Ausbildung bezog sich auf die Notwendigkeiten im Kampf, also Speer- und Steinwurf, den Gebrauch von Stoßlanze und Schwert, ferner

Burgenwirtschaft. *Während wir es bei der Palastwirtschaft mit einem komplexen System zu tun haben, lassen die gleichzeitigen Funde auf dem Festland auf einfachere Strukturen mit zentraler Planung und Tributen schließen. Eine Vorstufe der Palast- wie der Burgenwirtschaft wird seit 1975 in Assyros Toumba (Makedonien) erforscht: einerseits hoben dort Einzelfamilien Getreide für sich auf, andererseits verwaltete eine Gemeinschaft überschüssige Erträge in drei Räumen eines großen Speicherkomplexes, in denen man unterschiedliche Pflanzenarten fand. Eine gemeinschaftliche Speicherung eines großen Teils der Ernte des Dorfes glich die Vorratswirtschaft der einzelnen Haushalte aus und ergänzte sie. In einem solchen Speicherungs- und Umverteilungsverband nahmen Häuptlinge Güter und Dienstleistungen in Anspruch und hatten dafür den Bedarf an Lebensmitteln und an Rohstoffen zu decken. Sie organisierten kultische Feste und sorgten z. T. auch für den militärischen Schutz. Es handelte sich um ein System gegenseitiger Verpflichtungen, das durch Sitten und Gebräuche geregelt war und einen Güter- und Leistungsaustausch ohne Tausch und Verrechnung ermöglichte.*

Der Schritt zur Entwicklung einer Burgenwirtschaft erfolgte vermutlich bei der Organisation von Gemeinschaftsarbeiten und der Gewinnung von Neuland (z. B. durch Trockenlegung des Kopaïs-Sees bei Orchomenos). Es entstand eine Gesellschaft, die von den Fürsten an der Spitze bis zu den Sklaven hierarchisch gegliedert war. Diese Hierarchie fand ihren Ausdruck in den großen Tholos-Gräbern der Herrscherfamilien und den einfachen Kammergräbern der einfachen Familien.

In der Burgenwirtschaft dienten neben Kupferbarren vermutlich auch Bronzeringe mit genormtem Gewicht als Währung, sie wa-

Laufen, Springen und Schwimmen, Ring- und Faustkampf. Die Reigentänze erlernte der Jüngling in der Gemeinschaft der Gleichaltrigen, die Taktik und vielleicht auch gewisse Regeln der Strategie in der Praxis, wenn er seinen Vater auf Kriegszügen begleitete. Ob er auch lesen und schreiben lernte, ist ungewiß. Man schrieb wohl griechische Worte in der aus Kreta übernommenen Silbenschrift (Linear B), aber die Tontafeln, die in Pylos gefunden worden sind, enthalten nur Abrechnungen und Listen, Inventare, Übersichten zugewiesener Arbeiten und Quittungen über Abgaben; damit beschäftigte sich eher der Verwalter als der Herr selbst. Mädchen lernten an der Seite der Mutter was sie dereinst können sollten, wenn der Vater sie (natürlich ohne nach ihrem Einverständnis zu fragen) einem standesgemäßen Freier zur Frau gab.

Da sich der Fürst nur selten um alle wirtschaftlichen Fra-

ren zugleich Schmuck und Ehrengabe. Ihr Gewicht richtete sich nach der ägyptischen Einheit 1 Kite = 9,1 Gramm. In Mykene gefundene Bleigewichte waren 18,2 Gramm schwer (2 Kite). In Opolyi fand man zwei Bronzeringe mit einem Gewicht von 45,5 Gramm (5 Kite) und 18 Bronzeringe von 54,6 Gramm (6 Kite). Ringe gleicher Gewichtsgruppen tragen häufig das gleiche Muster (zur Kennzeichnung der Gewichtseinheit?).

Die Reichtümer mußten verteidigt werden. Die Militarisierung der Gesellschaft beschleunigte sich mit der Einführung des Streitwagens. Ab ca. 1600 v. Chr. gelangte Mykene zu großem Reichtum, wie die Funde im Gräberrund A zeigen, zu dieser Zeit wurden Palast und Burg erbaut. Im Unterschied zu den kretischen Palästen waren die mykenischen Herrensitze auf natürlichen Erhebungen oberhalb der Siedlungen erbaut und durch mächtige Mauern und Bastionen geschützte Machtzentren von Kriegerkönigen kleiner Staaten. Die meisten erhaltenen Baureste Mykenes stammen aus dem 14. und 13. Jahrhundert v. Chr. Diese kriegerische Kultur konnte nur bestehen und sich immer mächtiger entfalten, wie sich noch wirtschaftliche und militärische Expansionsräume fanden. Die Tatsache, daß im 13. Jahrhundert v. Chr. fast alle mykenischen Burgen mit neuen bis zu zehn Meter dicken Mauern geschützt wurden, weist nach Renfrew darauf hin, daß sich die mykenischen Zentren in Rivalitätskämpfen selbst vernichtet haben, als sich die Expansion nicht fortsetzen ließ.

Auch auf Sardinien entwickelte sich eine Burgenwirtschaft, welche die Zeit des wirtschaftlichen und politischen Zusammenbruchs im östlichen Mittelmeerraum überdauerte und mit den Phönikern zusammenarbeitete (Nuraghen-Kultur, siehe Kapitel 1). *G. St.*

gen kümmerte, brauchte er einen Verwalter, doch der erscheint nur auf den Tontafeln, nicht in Sagen und Heldenliedern. Diese kennen dafür die Schafferin, die für die Vorräte sorgte, die Mägde beaufsichtigte und alle Hausarbeit leitete. Sie genoß hohes Ansehen, ebenso wie die Amme und spätere Vertraute der Herrin und ihre männliche Entsprechung, der Prinzenerzieher und Waffenmeister. Ein Sänger als gelegentlicher Gast auf der Burg ist nicht sicher nachzuweisen, doch die Wahrscheinlichkeit spricht dafür, daß die ältesten Elemente der Ilias schon in mykenischer Zeit entstanden. Was der Sänger zum Klang eines Saiteninstruments, der Phorminx, in der Halle des Fürsten vortrug, war – im Gegensatz zu späteren Epochen – wohl weniger Sage von längst Vergangenem als vielmehr Bericht von damals gegenwärtigem Geschehen, nur dichterisch ausgeschmückt, übersteigert und religiös motiviert. Wenn ein

Oben: ***Ein mykenisches Kuppelgrab*** *(frühes 13. Jahrhundert v. Chr.), das sogenannte »Schatzhaus des Minyas« brachten Ausgrabungen im böotischen Orchomenos zutage. Es handelt sich um eine hohe Grabkammer in Form eines »falschen Gewölbes«. Pausanias rühmte dieses »Schatzhaus . . .« als ein Wunderwerk.*
Rechts: ***Eine aus Gold getriebene Maske,*** *vermutlich eines Fürsten von Mykene. Heinrich Schliemann hielt sie für die des Agamemnon.*

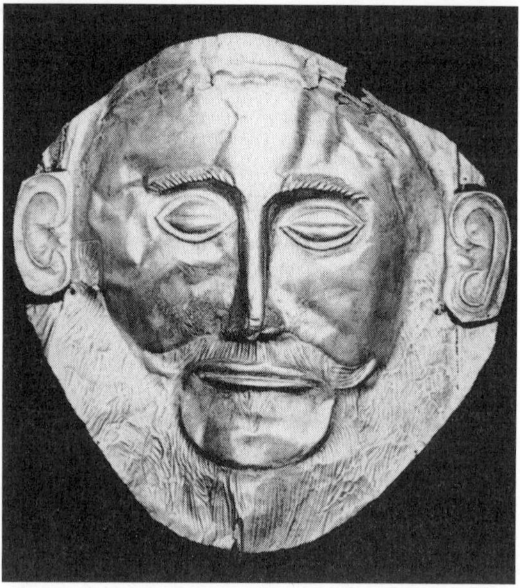

***Ein weiteres Beispiel vollendeter Goldschmiedekunst** stellt dieser Siegelring dar. Nicht nur wegen der Idee und der Natürlichkeit der Darstellung handelt es sich um ein Meisterwerk, sondern auch wegen der bewundernswerten Ausführung. Besonders beachtenswert ist dabei die winzige Granulation.*

Fürst die Umgebung seiner Burg von Berglöwen und anderen wilden Tieren säuberte, tat er es im Auftrag eines Gottes, wenn eine Fürstenfamilie ihre Kinder durch eine ansteckende Krankheit verlor, strafte ein Gott damit die Überheblichkeit der Mutter. So können wir uns den Ursprung der Sagen von den Taten des Herakles und von der unglücklichen Niobe vorstellen, zugleich als aktuelle Nachricht und warnendes Beispiel.

Wenn der Fürst gestorben war, wurde er mit reichen Beigaben in einem Schachtgrab beigesetzt. In mittelmykenischer Zeit kam die Sitte des Kuppelgrabes auf; bei Mykene, Pylos, Orchomenos und vielen anderen Orten sind solche Gräber gefunden worden.

Die Burg diente im Notfall als Zufluchtsort für die Bauern der Umgebung und die Handwerker, die in unbefestigter Siedlung am Fuße des Burgberges wohnten. Das erste ausgeprägte Handwerk befaßte sich mit dem Metall, der Erzgießer behandelte es, der Schmied und der kunstverständige Goldschmied. Es folgten Baumeister, Schiffszimmerleute und Töpfer, während Gewebe und Lederarbeiten noch lange Zeit im eigenen Hause hergestellt wurden. Vermutlich war auch der Handwerker nebenbei Bauer, zumindest besaß er Wein- und Gemüsegarten und hielt ein paar Stück Vieh für den eigenen Bedarf. Wieweit die Handwerker und Bauern frei waren, läßt sich kaum feststellen; schon ihr Bedürfnis nach Schutz machte sie in gewissem Maße abhängig vom nächsten Fürsten. Für diesen arbeiteten außerdem seine Sklaven, hauptsächlich Kriegsgefangene.

Die einzelnen Fürsten fanden sich gelegentlich zu einem Heereszug zusammen, wie ihn die Sage der »Sieben gegen

***Fresko aus dem Palast von Tiryns.** Frauenkopf aus dem farbigen Prozessionsfries, 1300 v. Chr.*

Theben« darstellt, sonst herrschten sie gewöhnlich unabhängig voneinander. Die Ilias nennt sie insgesamt »Achaier«. Auf der Insel Euboia (Euböa), in Attika und Teilen der Peloponnes lebten, von der Heldensage zunächst weniger berücksichtigt, die Ionier, und zweifellos hatten sich in den weniger zugänglichen Berggegenden noch Reste der Urbevölkerung erhalten.

WANDERBEWEGUNGEN IM MITTELMEERRAUM

Im Laufe des 15. Jahrhunderts v. Chr. gewannen die Achaier (Achäer) die Herrschaft über Kreta und traten das Erbe der kretischen Seemacht an. Ihre Schiffe brachten Beute ein, befuhren aber auch die Routen des früheren kretischen Seehandels und beförderten Waren in fremde Länder, im Osten bis Syrien und Ägypten, im Westen bis Sizilien, wie es die Funde mykenischer Keramik bezeugen. Die Gefäße, von denen die Scherben stammen, wurden als kunstvolle Töpferware exportiert oder enthielten Wein und Olivenöl, das sowohl zur Nahrung diente wie auch als Grundstoff für Salben und Parfums. Der nunmehr enge Kontakt mit Kreta verstärkte den Einfluß der minoischen Kultur auf die mykenische. Das deutlichste Beispiel dafür geben die Wandfresken von Tiryns und die schon erwähnte Linear-B-Schrift, mit der die griechische Sprache in Zeichen geschrieben wurde, die aus Kreta stammen.

Die großen Wanderbewegungen, die um 1200 v. Chr. den gesamten östlichen Mittelmeerraum erschütterten, verschonten auch Griechenland nicht. Von anderen Völkern gedrängt, untermischt mit thrakischen und illyrischen Stämmen, zogen die Dorer in Griechenland ein, außerdem Phoker, Lokrer, Aitoler und andere, die man gemeinsam »Nordwestgriechen« nennt. Die achaischen Fürsten verstärkten und erweiterten noch einmal ihre gewaltigen Burgen und setzten sich zur Wehr, aber auf die Dauer konnten sie der Übermacht der Eindringlinge nicht widerstehen. Nur Athen dürfte sich erfolgreich behauptet haben, genauer gesagt: die Akropolis – eine größere Stadt bestand noch nicht. Mit der sogenannten »Dorischen Wanderung« begannen für Griechenland die dunklen Jahrhunderte. Die Keramikfunde lassen noch eine bescheidene submykenische Epoche erkennen, aber die Zeit des hohen Kulturniveaus war vorläufig abgeschlossen.

Die Ionier behielten ihr Siedlungsgebiet in Attika und erhielten noch Zuzug von Stammesgenossen, die aus anderen Gegenden vertrieben wurden. Im übrigen Mittelgriechenland bildeten die Einwanderer ihre Stammesstaaten, auf der Peloponnes aber brauchten die Dorer noch Jahrhunderte, bis sie ihre Herrschaft gefestigt hatten. Die Achaier zogen sich ins Bergland Arkadiens zurück, teils wichen sie auf die Inseln des Ägäischen Meeres und an die Küste von Kleinasien aus, die sie schon vorher, freilich in viel geringerem Umfang, besiedelt hatten. Das fruchtbare Küstenland lockte auch andere Griechen an; Ionier kamen in größerer Zahl, schließlich stießen die Dorer in den Süwesten Kleinasiens, nach Karien, vor und eroberten Kreta, die südlichen Kykladen und Sporaden-Inseln.

DIE KULTUR DER FRÜHGRIECHEN

Die Seeherrschaft war jedoch für einige Jahrhunderte verloren; als Seeräuber und Händler mit sehr geschätzten Waren befuhren Phöniker das gesamte östliche Mittelmeer. Ihnen verdankten die Griechen die vielleicht wertvollste Er-

Eine Weiterentwicklung des geometrischen Stils *stellt die hier abgebildete Amphora (um 800–700 v. Chr.) von dem Dipylon-Gräberfeld im Nordwesten des alten Athen dar. Das Hauptmotiv früherer Amphoren, das Mäander, ist auch hier am Hals vorhanden, aber die Krieger auf ihren Wagen und die mit ihren Schilden stehen gleichberechtigt daneben.*

rungenschaft jener Zeit: die Buchstabenschrift. Die Linear-B-Silbenschrift war nur in sehr beschränktem Maße gebraucht worden und zusammen mit den mykenischen Herrschersitzen zugrunde gegangen; nun verbreiteten sich ab dem 9. Jahrhundert die phönikischen Buchstaben, die in mehrfacher Abwandlung (griechisch, lateinisch, kyrillisch) bis heute üblich geblieben sind. Diese Schrift diente nicht mehr nur wirtschaftlichen Notizen; da sie viel einfacher anzuwenden war, verbreitete sich ihre Kenntnis rasch. Als im Jahre 776 v. Chr. zum erstenmal die Olympischen Spiele und der damit verbundene Gottesfrieden aufgezeichnet wurden, bildete dieses Datum den Beginn der griechischen Zeitrechnung. Festspiele mit Wettkämpfen und einem Zeuskult gab es dort schon früher; über sein Alter herrschen unter den Gelehrten sehr verschiedene Meinungen.

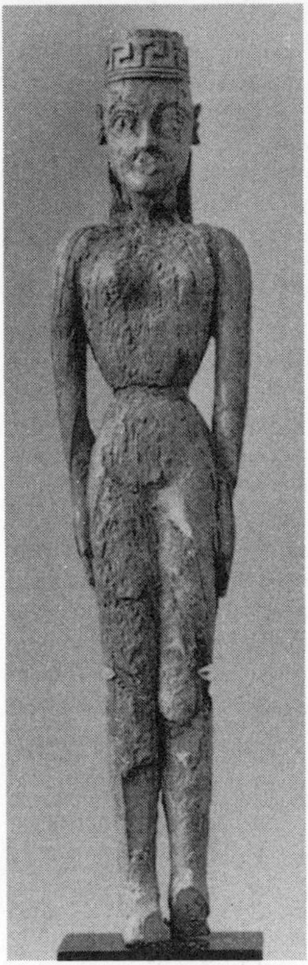

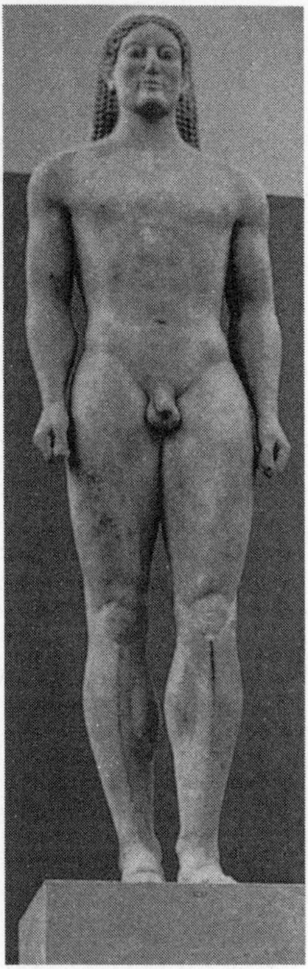

Links: ***Die »nackte Göttin«**, 750–725 v. Chr., weist allein schon durch das verwendete Material Elfenbein auf die Beziehung zum Orient hin. Der Aufbau der Gestalt dagegen verrät eindeutig einen griechischen Künstler, ebenso wie das Mäander an der Götterkrone, der Polos.*
Rechts: ***Überlebensgroßer Kouros.** Eine Weihegabe für den Poseidontempel von Sunion war dieser Monumentaljüngling.*

Das Leben der Bauern wurde vom Ackerboden und seinen Bedingungen sowie dem Weideland der Herden im Wechsel der Jahreszeiten bestimmt; für ihn änderte sich nicht viel, ob ein selbständiger Fürst über ihn herrschte oder ein Adeliger, der selbst wieder einem Stammeskönig untertan war. Wer die Macht hatte, Abgaben einzuheben, der tat es, und dem Bauern blieb nichts übrig, als einen Teil seines Ernteertrages abzuliefern. Das Lehrgedicht »Werke und Tage« des Hesiod, das in der Mitte des 7. Jahrhunderts v. Chr. entstand, hat die bäuerliche Arbeit mit all ihrer Mühsal zum Thema, die Epen Homers erwähnen sie und erzählen auch vom Leben der Adeligen. Diese gönnten sich manchen Luxus, den der Bauer nicht kannte, aber zumeist waren sie doch Grundbesitzer, Großbauern, und die Fürstentochter ging mit den Mägden zum Fluß, die Wäsche zu waschen. Der wesentlichste Unterschied zu früheren Jahrhunderten bestand in einem neuen Metall, dem Eisen, für Werkzeuge und Waffen.

Die Kunstgeschichte verzeichnet dagegen genaue Unterschiede der Epochen. Mochte der Pflug gleich bleiben, die Tongefäße änderten sich in Form und Verzierung. Der Geschmack der mykenischen Epoche war längst vergessen, man bemalte die Gefäße in einem streng geometrischen Stil, der bis ins 8. Jahrhundert v. Chr. abstrakt blieb und alles Figürliche vermied; erst das 8. Jahrhundert v. Chr. nahm Menschen- und Tierfiguren in das Ornament auf. Ein wenig älter sind die ersten plastischen Darstellungen aus Ton oder Bronze, erst Tiere, dann die menschliche Gestalt.

Den Göttern waren nach alter indogermanischer Sitte heilige Bezirke und Haine geweiht; noch im 8., spätestens im 7. Jahrhundert v. Chr. erbauten die Griechen die ersten Tempel. Vorläufig bestanden diese noch aus Holz und Lehmziegeln, aus Stein war nur der Sockel, der die hölzernen Säulen trug, aber die Voraussetzungen für die späteren großartigen Leistungen der Architektur waren schon gegeben. So zeigten sich nach den »dunklen Jahrhunderten« auf vielen Gebieten die Anfänge einer neuen Blütezeit. Das Wort für Anfang lautet griechisch »arché«, die Kultur heißt demnach die archaische.

Literatur

Bengtson, Hermann: Griechische Geschichte, München 1982
Finley, Moses I.: Die Welt des Odysseus, München 1979
Kerschensteiner, Jula: Die mykenische Welt in ihren schriftlichen Zeugnissen, München 1970
Matz, Friedrich: Kreta/Mykene/Troja, Stuttgart 1962
Schachermeyr, Fritz: Die ältesten Kulturen Griechenlands, Stuttgart 1955

MANFRED FIRNKES

Griechenland von der Blütezeit der Polis bis zum Niedergang

Der »Griechische Weltkrieg« – Selbstzerfleischung der Großmächte Sparta–Athen – Das politisch-kulturelle Leben der Polis – »Griechische Kolonisation« – Handel und Gewerbe – Beginn der Geldwirtschaft – Verlust der Vorherrschaft des Adels – Wesenszüge der Reform Solons – Aufkommen der Tyrannis – Lebensform der Spartaner – Athen: Kulturstätte Griechenlands – Die Phylenreform – Das Scherbengericht – Die Griechen trotzen der Weltmacht Persien – Spannungen zwischen Athen und Sparta – Der Krieg um die Vorherrschaft in Griechenland – Verlust der Großmachtstellung Spartas – Zersplitterung und »Vielstaaterei« – Ohnmacht des Hellenenbundes – Sieg der Makedonen unter Alexander.

Mit dem gefühlsbetonten Satz »In ganz Europa gehen die Lichter aus, wir werden sie nie wieder leuchten sehen«, kommentierte der englische Außenminister im August 1914 den Ausbruch des Ersten Weltkrieges und das Ende des alten Europa. Wesentlich nüchterner analysierte eine ebenso furchtbare wie folgenreiche Erschütterung der antiken Welt einer der größten Historiker dieser Erde, der griechische Geschichtsschreiber Thukydides, und notierte beim Ausbruch des griechischen Weltkrieges, des Peloponnesischen Krieges (431–404 v. Chr.): »Thukydides aus Athen hat den Krieg der Peloponnesier und Athener, den sie gegeneinander führten, aufgezeichnet. Er begann damit gleich beim Ausbruch, weil er glaubte, der Krieg werde denkwürdiger als alle vorherigen. Das schloß er daraus, daß beide auf voller Höhe ihrer Rüstung in den Kampf eintraten und daß er das gesamte übrige Griechentum Partei ergreifen sah, teils sofort, teils nach einigem Zögern. Es war bei weitem die gewaltigste Erschütterung für die Griechen, ja unter den Menschen überhaupt.« Dem scharfen Auge des schreibenden Ex-Generals aus Athen war von Anfang an also nicht die neue, andersartige Dimension dieses Krieges unter früher nie gekannten, bis heute unveränderten Begleitumständen entgangen: Selten ist ein 27jähriger Krieg, der in seiner erstmals faßbaren Totalität alle Griechen einbezog und in ein spartanisches bzw. athenisches Lager spaltete, ohne Neutralitäten zuzulassen, sind Massaker, Vertreibung, Seuchen, Revolutionen und Entartung des Menschen mit so beklemmender Eindringlichkeit literarisch gestaltet und als Menetekel für Jahrtausende festgehalten worden.

Linke Seite:
***Achilleus, den schönsten und tapfersten Helden** vor Troja, zeigt diese rotfigurige attische Amphora aus der zweiten Hälfte des 5. Jahrhunderts v. Chr. Er ist als Hoplit dargestellt, trägt einen Chiton, über dem sich ein Harnisch mit Schulterstücken befindet. Auf der Brust die Maske einer Gorgo.*

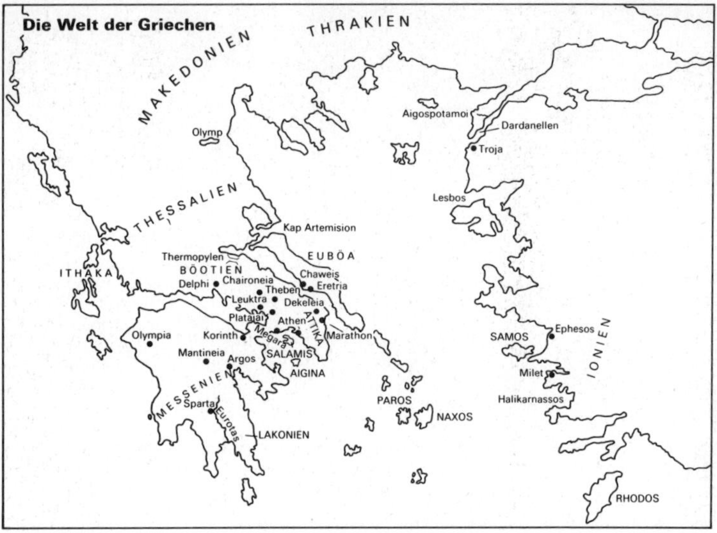

Die Folgen dieses ersten Weltkrieges der Antike waren für die griechische Welt katastrophal. Die Selbstzerfleischung der beiden Großmächte Sparta–Athen samt ihrer Verbündeten beendete die dynamischste Epoche griechischen Geistes, die hohe Zeit der »Klassik« (450–400 v. Chr.), veränderte Moral und Glauben, ruinierte die Wirtschaft, entzog aber vor allem der griechischen Lebens- und Staatsform, der »Polis«, ihr Fundament, denn der ehedem politisch engagierte Bürger, Träger der Polis, wollte nach dieser Katastrophe von Politik nichts mehr wissen, flüchtete in seine heilen »vier Wände« und den »Ohne-mich-Standpunkt«. Die außenpolitischen Fernwirkungen wurden gar erst nach etwa siebzig Jahren deutlich: Nach der verlorenen Schlacht gegen die Makedonen 338 v. Chr. bei Chaironeia in Mittelgriechenland folgte dem inneren Zerfall der Polis der Verlust der außenpolitischen Unabhängigkeit, über den auch nicht der geistige Siegeszug Griechenlands in der nun einsetzenden griechischen »Weltkultur« hinwegtröstete.

DIE POLIS

Spricht man von Griechenland, darf man eine grundlegende Voraussetzung nicht außer acht lassen: Die Einheit der Griechen bestand nur in der Gemeinschaft der Sprache, Sitte, der Religion und der Spiele; politisch war ihre Landkarte so bunt wie ihre Landschaft. Wir Deutsche ha-

Treffpunkt von Händlern und Politikern. Die von den Amerikanern wiedererrichtete Stoa des Attalos, Begrenzung des Athener Marktes, der Agora. Der alte Markt bestand schon zu Solons Zeiten, Anfang des 6. Jahrhunderts v. Chr.

ben den Nationalstaat spät geschaffen (1871) und schnell verloren (1945). Die Griechen brachten es in der Antike nie fertig, ihre unzähligen Staatsgebilde, die Poleis, zentralen Organen zu unterwerfen, dazu waren Individualismus und Freiheitsdrang neben landsmannschaftlichen Verschiedenheiten zu ausgeprägt. Griechenland war die Summe mehr oder weniger großer Poleis, unabhängiger, selbständiger »Staaten« mit eigener Außen- und Innenpolitik, eigenen Gesetzen, Maßen, Gewichten, Münzen und mit möglichst unabhängiger Wirtschaft, die jeweils – so die Philosophen Platon und Aristoteles – nicht mehr als 10000 Politen (Bürger) aus Gründen direkter Selbstverwaltung haben sollte. Jeder der Politen war ein entscheidendes Rädchen im Getriebe der Polis, wenn er auf dem Markt (Agora) in der Volksversammlung sich zu Wort meldete, diskutierte, abstimmte, »Politik« betrieb. Die Agora war politisch-weltlicher Mittelpunkt dieser städtischen Siedlung, der einzigen innerhalb des Polisgebietes. »Polis« war also mehr als eine Stadt und weniger als ein heutiger Flächenstaat mit vielen Großstädten, sie bestand aus einer kleinen Stadt mit Umland, dessen Bewohner, wollten sie Politik machen, in die Stadt kommen mußten. Kein Wunder, daß sich die Polis nach ihren Bürgern definierte und einen Personenverband darstellte. Die Engräumigkeit ist das wohl auffälligste Merkmal der Polis, dafür aber konnte sie in einem überschaubaren Bereich alle Kräfte des politisch-kulturellen Lebens konzentrieren. Vom spartanischen und athenischen Staatsverband einmal abgesehen, die beide in ihrer Weiträumigkeit die Ausnahme darstellten (Sparta war so groß wie Schleswig-Holstein, Athen wie das Saarland): Selbst Argos mit 1400 Quadratkilometern oder Korinth, mit 800 Quadratkilometern von der Größe Hamburgs, galten als große Poleis. Auf der Insel Kreta gab es über hundert solcher unabhängiger Kleinstaaten! So unterschiedlich die Sonderentwicklung dieser Einzelpolis an der griechisch-kleinasiatischen Küste, auf den Ägäisinseln, im Mutterland und in den Kolonisationsgebieten Siziliens und Unteritaliens auch verlief, spätestens seit dem Ende des 5. Jahrhunderts v. Chr. waren sie alle in den Sog der athenisch-spartanischen Auseinandersetzung geraten, die nach Thukydides die gesamte griechische Welt in zwei Lager spaltete. Nicht von ungefähr hatten sich gerade diese beiden Polis, Sparta und Athen, als Exponenten einer bestimmten Seite griechischen Wesens herausgebildet und jeweils alle übrigen Polis, darunter so bedeutende wie Korinth, Argos, Aigina (Ägina), Megara, Theben, Chalkis und Eretria auf der Insel Euböa, Paros, Naxos oder Ephesos, Milet und Halikarnassos in Kleinasien, in ihrer politisch-kulturellen Überlegenheit in ihren Bann geschlagen.

WANDLUNGEN DES 8.–6. JAHRHUNDERTS v. CHR. (»ARCHAISCHE ZEIT«)

Nach dem Abschluß der Landnahme durch die griechischen Stämme der Dorier (Dorer) war dem gesamten Siedlungsraum eine lange Periode äußeren Friedens beschieden, der das Zusammenleben der Neuankömmlinge mit den Unterworfenen erleichterte und die Grundlagen schuf, auf denen die folgenschweren kommenden Veränderungen beruhten: Die ursprüngliche Organisationsform der Einwanderer in »Stammesverbänden« zerfiel, sie erhielt sich nur noch in den »Stammesstaaten« (ohne städtischen Mittelpunkt) Nord-West-Griechenlands, während die übrige Bevölkerung sich in einem städtischen Zentrum mit dazugehörigem Gemeindeland zusammenfand. Weil man nach der Seßhaftwerdung eine straffe Führung durch einen König nicht mehr brauchte, hatte die Monarchie der Herrschaft der Adeligen (Aristokratie) Platz gemacht. Diese nannten sich Aristoi, Beste, Reichste, denn sie stützten sich auf großen Grundbesitz, hielten eine reiche Gefolgschaft abhängiger Bauern und verbrachten ihr Leben mit Jagden, Turnieren, Wagenrennen und Gelagen. In ihren Händen allein befanden sich alle wichtigen politischen, militärischen und religiösen Ämter, die der König noch in seiner

Zeittafel

I. ARCHAISCHE ZEIT 900–500 v. Chr.
Zerfall der Stammesverbände
Ablösung der Monarchie (Königsherrschaft) durch die Aristokratie (Adelsherrschaft)
Zeitalter der Kolonisation (um 750–550 v. Chr.)
Homer und Hesiod (um 740/700 v. Chr.)
Aufkommen der Geldwirtschaft (um 700 v. Chr.)
Soziale Spannungen zwischen Adel und »Bürgertum«

546–510 v. Chr.	Tyrannis der Peisistratiden in Athen
509–508 v. Chr.	Phylenreform des Kleisthenes in Athen

II. KLASSISCHE ZEIT 500–323 v. Chr. (Tod Alexanders d. Großen)

500–494 v. Chr.	Ionischer Aufstand endet mit der Zerstörung Milets
492 v. Chr.	1. Perserzug unter Mardonius
490 v. Chr.	2. Perserzug unter Datis und Artaphernes (Marathon)
487–481 v. Chr.	Themistokles setzt in Athen den Flottenbau durch
480 v. Chr.	3. Perserzug unter dem Großkönig Xerxes (Thermopylen und Salamis)
479 v. Chr.	Sieg der Griechen über die Perser zu Land bei Plataiai
477 v. Chr.	Gründung des Delisch-Attischen Seebundes unter Führung Athens
470 v. Chr.	Ostrakisierung des Themistokles, der spartafreundliche Kimon bestimmt die Politik Athens bis 461 v. Chr.
451 v. Chr.	Fünfjähriger Waffenstillstand zwischen Athen und Sparta
488 v. Chr.	Friede (Kalliasfriede) zwischen Persien und Athen
446 v. Chr.	Dreißigjähriger Friede zwischen Athen und Sparta
443–429 v. Chr.	Perikleisches Zeitalter: Höhepunkt athenischer Macht und Kultur
431–404 v. Chr.	Der griechische Weltkrieg, der Peloponnesische Krieg
399 v. Chr.	Verurteilung des Sokrates zum Tode wegen Verführung der Jugend und der Einführung neuer Götter
371 v. Chr.	Schlacht bei Leuktra
362 v. Chr.	Schlacht bei Mantineia
338 v. Chr.	Schlacht bei Chaironeia: Ende der politischen Unabhängigheit der griechischen Poleis

Person vereinigt hatte. Als »Wenige« (Oligoi) übten sie, gemessen an der Überzahl der Freien, Halbfreien und Sklaven, in einer »Oligarchie« die Herrschaft aus. Zwischen diesen »Wenigen« und den »Vielen« oder zwischen diesen Reichen und den Armen blieben soziale Spannungen nicht aus, solange die Minderheit ihren Willen absolut setzte und »spendengefräßige Herrscher voll betrüblicher Bosheit durch falsche Urteile anderswohin das Recht verderben«, so der Dichter Hesiod. Der schnelle Rückgang der freien Bauern und ihr Weg in die volle Abhängigkeit von den adeligen Großgrundbesitzern sowie die gleichzeitige Bevölkerungszunahme und fehlende Vergrößerungsmöglichkeit

Dekadrachme von Athen, *nach 470 v. Chr. Vorderseite: Athenakopf mit dem attischen Helm. Ein Beweis auch dafür, daß die Griechen mit Vorliebe die Hauptgottheiten der prägenden Städte wählten. Rechts die Rückseite: Das Wappentier Athens, die Eule.*

fruchtbaren Bodens führten zu krassen sozialen Nöten. Als Ventil blieb vielen Griechen die Auswanderung über den gesamten Mittelmeerraum hinweg. Dieser Vorgang, als »Griechische Kolonisation« (750–550 v. Chr.) bezeichnet, trug bald durch unmittelbare Rückwirkungen im Mutterland zu schneller Veränderung des gesellschaftlichen, wirtschaftlichen und geistigen Lebens bei. Bisher hatte man alle Gebrauchsgüter im eigenen Haus (oikos) hergestellt. Dieser Kreislauf der »Oikoswirtschaft« wurde jetzt durch Handel und Gewerbe durchbrochen, das Schwergewicht verlagerte sich auf die Marktwirtschaft. Kennzeichnend für die zunehmende Bedeutung von Gewerbe und Handel war neben dem Aufkommen der Sklaverei, die den Gewerbebetrieben billige Arbeitskräfte zuführte, der Beginn der Geldwirtschaft, der der primitive Tauschhandel früherer Zeiten durch die Erfindung der Münzprägung im kleinasiatischen Lydien um 650 v. Chr. weichen mußte. Die griechischen Poleis bauten nun schnell ihre Münzhoheit aus und versahen die kleinen Gold-, Silber- oder Elektronblättchen mit ihren Hoheitszeichen, die Athener mit Eule und Göttin Athene, die Inselbewohner von Aigina mit der Schildkröte. Gerade diese beiden Münzsysteme fanden bald Verbreitung in der Welt der Griechen und förderten den Warenaustausch. Die alten bäuerlichen Landstriche Thessalien, Böotien oder Lakonien gerieten dagegen im Vergleich zu den Insel- und Seestädten immer mehr ins Hintertreffen. Reich gewordene Händler, Schiffseigner, Kaufleute und Handwerker bildeten in diesen Städten eine neue Mittelschicht, die sich den »Aristoi« ebenbürtig zu fühlen begann, ohne indes politisch gleiche Rechte beanspruchen zu können.

So trat dem Geburtsadel nun ein neues Konfliktpotential der Reichen gegenüber, ergänzt um die Masse der Bauern, die der Konkurrenzdruck, die allmähliche Abwendung vom Ackerbau und die zögernd in Angriff genommene

Griechisches Heerwesen. *Den Eindruck kriegerischer Zeiten haben griechische Künstler vorbildlich in ihren Malereien auf den links abgebildeten Gefäßen wiedergegeben. Oben: Die attische Schale, um 540 v. Chr., zeigt Poseidon von Kriegern umgeben. Darunter links: Ein Vorratsgefäß, um 400 v. Chr., mit dem Abschied eines Kriegers. Daneben: Ein »Kriegerkrater«. Soldaten marschieren zum Kampf.*

Umstellung auf rentablere Produkte wie Wein oder Olivenöl in Verschuldung und totale Abhängigkeit getrieben hatten. Der Vorrang des alten Adels war also im 7. und 6. Jahrhundert v. Chr. nicht mehr unbestritten. Auch seine militärische Sonderstellung sank nun, weil nicht mehr ritterliche Einzelkämpfe die Schlacht entschieden, sondern Kampfkraft und Masse der freien Männer, die als »Hopliten« (Waffenträger), ausgerüstet mit Helm, Panzer, Beinschienen, Schild, Schwert und Lanze, den Feind in breiter Front wie eine Walze (Phalanx) niederrollten. Verständlich, daß mit dieser Verlagerung von der Adelsreiterei zur Infanterie auch die politische Machtverschiebung gefordert wurde. Einer der ersten Erfolge war die schriftliche Aufzeichnung des bislang vom Adel ohne irgendeine Kontrolle ausgeübten Gewohnheitsrechtes. Erst nach langen Kämpfen gab der Adel nach, so in Athen, wo Drakon um 624 v. Chr. eine Rechtsaufzeichnung mit »drakonischen« Maßnahmen durchführte, ohne die politische Vorherrschaft des Adels anzutasten. Das tat erst Solon rund dreißig Jahre später, als er die wirtschaftlichen Probleme und die Zersplitterung Adel–Volk durch eine ausgleichende Verfassung auf friedlichem Wege zu entschärfen suchte. Dieser Adelige aus altem Königsgeschlecht ist für uns der erste historisch greifbare Staatsmann Griechenlands und Europas. Mit ihm beginnt sich das Dunkel über der Entwicklung Athens zu lichten und gibt den Blick frei auf eine Persönlichkeit, in der sich Scharfsinn und literarische Begabung ideal ergänzten, verbreitete er doch seine politischen Ideen im Volk mit Hilfe zündender Gedichte (Elegien)! Als er 594/593 v. Chr. – das erste sichere Datum Athens – zum obersten Beamten und »Versöhner« gewählt war, besaß er diktatorische Vollmacht zur Lösung der Wirtschaftskrise und zur Anpassung der Polisstruktur an die veränderten Verhältnisse. Die Aufgabe schien unlösbar. Der Adel beharrte auf seinem Vorrang, die Radikalen forderten eine Bodenreform, eine Neuaufteilung des Landes zu gleichen Teilen. Solons erster Schritt galt der Beseitigung der sozialen Not der Bauern. Alle persönliche Haftung in Form der Leibeigenschaft wurde abgeschafft, alle Schulden wurden erlassen. Das war fortschrittlich, bedenkt man, daß die Bauernbefreiung in Europa erst im 19. Jahrhundert erfolgte. Diese bahnbrechende Revolution verhinderte aber nicht neue Verschuldung und weitere Abhängigkeit der Bauern vom Adel. Durch Festsetzung einer Höchstgrenze für den Grundbesitz löste Solon auch dieses Problem. Die politischen Forderungen des Volkes nach Mitbestimmung befriedigte er und brachte das Kunststück fertig, unter Beibehaltung früherer Verhältnisse trotzdem eine souveräne Bürgerschaft zu bilden, deren Rechte und Pflichten jetzt durch den Besitz und nicht mehr ausschließlich durch adelige Abstammung bestimmt waren.

DIE VERFASSUNG DES ATHENERS SOLON

Solon teilte alle freien Bürger, Adelige wie Nichtadelige, in vier abgestufte Vermögensklassen und wies ihnen entsprechend politische Aufgaben zu. Allen Bürgern über zwanzig Jahren (nicht den Frauen, Kindern, Sklaven und ortsansässigen Fremden) gestand er ohne Rücksicht auf die Höhe des Besitzes gleiche politische Grundrechte zu, Teilnahme und gleiches Stimmrecht in der Volksversammlung, aktives und passives Wahlrecht für die Gerichte (Heliaia), für die Beamten (das passive besaß nur die 1. Klasse) und den neugeschaffenen Rat (Bulé). Dieser Rat, dem die Vorbereitung der Volksversammlung mit dem Aufstellen der Tagesordnung, der Formulierung der Gesetzesvorlagen und anderen Formalien oblag, war als Gegengewicht zum alten Adelsrat (Areopag) gedacht. Da die höchsten Beamten, die Archonten, nur aus der 1. Klasse gewählt wurden, blieb hier die führende Stellung des Adels erhalten, war aber zugleich eingeschränkt durch die Kontrolle der Gerichte und die

Text der Zeit

Die Solonischen Reformen

An Beredsamkeit und persönlichem Ansehen konnte Solon es mit den ersten Männern im Lande aufnehmen, aber nach Herkunft und Vermögen gehörte er nur dem Mittelstande an, wie er es, abgesehen von anderen unbestrittenen Belegen, in folgenden Versen selbst bezeugt, in denen er die Reichen ermahnt, ihre Stellung nicht über Gebühr auszunutzen:

Die ihr im Schoße des Glücks des Guten so reichlich genossen,
Reicht zum Frieden die Hand, fort mit dem törichten Stolz.
Zähmt den begehrlichen Sinn! Maßlos die Wünsche zu nähren,
Frommt euch selbst nicht, und wir, glaubt es, wir geben nicht nach.

Überhaupt schiebt er die Schuld an dem Zwist der Parteien stets den Reichen in die Schuhe, und gleich zu Anfang des Gedichtes bezeichnet er die Geldgier und den Übermut als Quelle allen Haders. Als Solon von den Parteien unumschränkte Vollmacht bekommen hatte, wurde er der Gesetzgeber seines Volkes und der Befreier des gemeinen Mannes, indem er für jetzt und alle Zeit die Schuldsklaverei abschaffte. Zudem verfügte er einen allgemeinen Schuldenerlaß, eine Entlastung, wie man es euphemistisch nannte (Seisachtheia), die in gleichem Maße die privaten wie die Staatsschuldner traf. Aber gerade diese Maßnahme nutzten manche, um Solon zu verdächtigen. Bevor nämlich der Schuldenerlaß zur Ausführung kam, sprach Solon mit einigen Freunden davon. Diese benutzten die Mitteilung zu einer Manipulation, die den guten Absichten Solons durchaus zuwiderlief. Sie borgten Geld und kauften eine große Menge Landes auf, so daß sie, als gleich darauf der Schuldenerlaß sie der Rückzahlung überhob, reiche Leute waren. Das sind, wie es heißt, die Vorfahren der Familien, die in späterer Zeit auf ihren altererbten Reichtum pochten. So lautet die demokratisch gefärbte Version. Die Gegner fügen gehässig hinzu, Solon selbst habe sich an dem ungerechten Gewinn beteiligt. Eine Verfassung hat Solon dem Staate gegeben und sie auf neue Gesetze gegründet. Die Satzungen des Drakon, mit Ausnahme der Blutgesetze, traten außer Kraft. Die neuen Gesetze ließ die Gemeinde auf Holzpfeiler schreiben und in der Königshalle aufstellen. Dann mußten alle schwören, die Gesetze zu halten. Die neun Archonten, die den Eid am Stein auf dem Markte leisteten, verpflichteten sich zudem, falls sie ein Gesetz überträten, den Göttern ein goldenes Bild zu weihen. Denselben Eid schwören die Archonten noch heute.

Aus: Aristoteles, Der Staat der Athener, Kap. 5 ff. Übers. v. Kaibel u. Kießling

freie Wahlmöglichkeit der Volksversammlung. Eine Reihe von Gesetzen zur Förderung des Handels und Gewerbes ergänzte die Reformen Solons und hob die Polis auf eine neue Verfassungsstufe: Dies war keine reine Aristokratie mehr, aber auch noch keine Demokratie (ein Begriff, den Solon noch gar nicht kannte), eher eine in der Mitte stehende Verfassung auf Vermögensbasis, eine »Timokratie«;

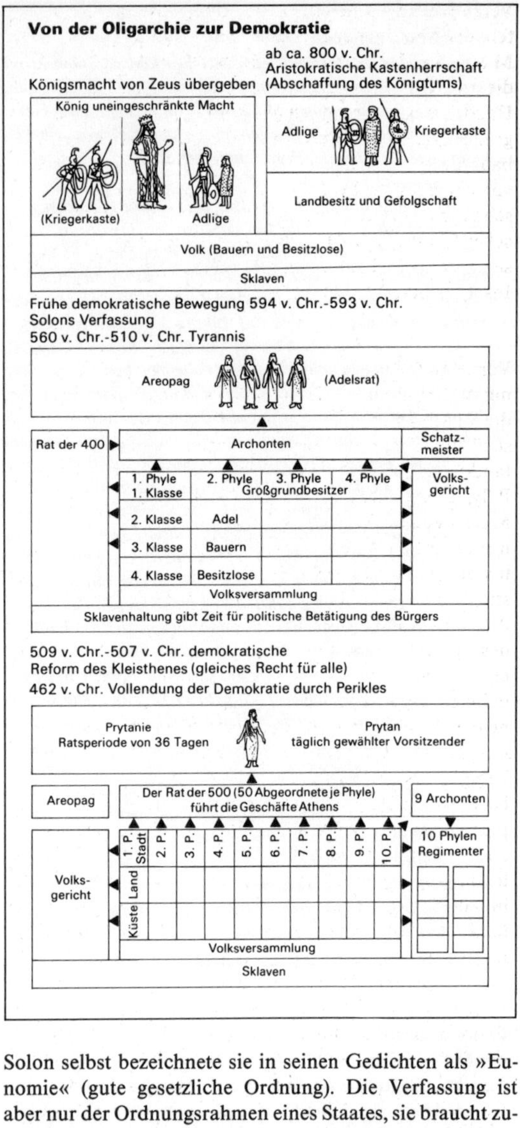

Solon selbst bezeichnete sie in seinen Gedichten als »Eunomie« (gute gesetzliche Ordnung). Die Verfassung ist aber nur der Ordnungsrahmen eines Staates, sie braucht zusätzlich die entsprechende Einsicht der Bürger, persönliche Handlungen am Allgemeinwohl auszurichten. Gerade an dieser von Solon immer wieder geforderten Einsicht und

Verantwortung scheiterte das reibungslose Ineinandergreifen der verschiedenen politischen Institutionen. Ab der Mitte des 6. Jahrhunderts standen sich in Athen und Attika die Interessengruppen wieder spinnefeind gegenüber, die Handel treibenden Küstenbewohner, die adeligen Großgrundbesitzer des Binnenlandes und die radikalen Kleinbauern des Gebirges. Trotzdem blieb Solons Verfassungsvorschlag ein vielbeachteter »Wurf« zur Lösung der politischen und wirtschaftlichen Probleme auch anderer griechischer Poleis: Ähnliche Wege wie er gingen vor allem Gesetzgeber in Sizilien und Unteritalien oder Pittakos von der Insel Lesbos, wie Solon einer der »Sieben Weisen«.

***Solon**, athenischer Gesetzgeber, »befreite« die Bauern.*

DAS AUFKOMMEN DER TYRANNIS

Vornehmlich in Handelsstädten am Meer oder auf Inseln nutzten kraftvolle Führerpersönlichkeiten aus dem Adel die Krisensituation aus, um mit Hilfe des Volkes eine ungesetzliche Alleinherrschaft zu errichten. Solche »Tyrannen« fanden sich zunächst im ionischen Milet, auf Samos, wo Polykrates bis 522 v.Chr. die Tyrannis ausübte, dann im Mutterland, in Korinth, in Megara und auch im nachsolonischen Athen. Hier hatten die »Peisistratiden« (Peisistratos und seine Söhne Hippias und Hipparchos) mit Unterstützung der Kleinbürger und Kleinbauern 546 v.Chr. die Alleinherrschaft endgültig gewonnen. Als »Vorkämpfer des Volkes« haben alle diese Tyrannen die Vorrechte ihrer eigenen Standesgenossen eingeschränkt und viele Maßnahmen zugunsten des Volkes getroffen: Stärkung der neuen Mittelschicht durch Förderung von Handel und Koloniegründungen, Aufteilung des Großgrundbesitzes mißliebiger Adeliger und Aufteilung unter Besitzlose, Arbeitsbeschaffungsprogramme für die unteren Schichten (Tempelbauten) und großzügiges Mäzenatentum gegenüber Literaten und Künstlern waren nicht nur Ersatz für die fehlende gesetzliche Grundlage solcher Herrschaft, sondern brachten tatsächlich auch relativen Wohlstand. Wenn letzten Endes trotzdem ein negativer Beigeschmack an den Tyrannen haften blieb, dann deswegen, weil sie allmählich der Versuchung der Macht erlagen, sich dem Volk durch selbstherrliche Entscheidungen entfremdeten und allesamt darauf aus waren, ihren Familien diese Vorzugsstellung zu erhalten. Da war es nur normal, daß ihre Herrschaft die erste Generation oft nicht überdauerte, die zweite nur in Ausnahmefällen. In Athen war das Ende der Tyrannis 510 v.Chr. gekommen: Hippias wurde gewaltsam vertrieben, sein anderer Bruder war schon vorher einem Attentat zum Opfer gefallen. In mehrfacher Hinsicht bestimmten die

Umstände des Tyrannensturzes den weiteren Weg Athens und Gesamtgriechenlands. Das geringste Kopfzerbrechen bereitete den Athenern Hippias' Flucht zu den Persern und die Gefahr diplomatischer Verwicklungen zwischen einer Weltmacht und einer kleinen Polis. Schwerwiegender waren da schon die Folgen der gern in Anspruch genommenen Hilfe Spartas, den lästigen Tyrannen loszuwerden. Denn die stärkste Militärmacht Griechenlands hatte über den Umweg einer Demonstration ihrer Stärke gegenüber einem vermeintlich Unterlegenen ihren Anspruch auf Vorherrschaft über die Peloponnes hinaus nun auch in Attika geltend gemacht. Daß nämlich die Unterstützung nicht aus reiner Menschenfreundlichkeit erfolgte, konnte der Athener leicht aus Spartas bisheriger Außenpolitik und seiner ganz anders verlaufenden Verfassungs- und Gesellschaftsentwicklung ablesen.

DER ADELS- UND MILITÄRSTAAT SPARTA

Für einen athenischen Adeligen war Sparta eine Ideal-Aristokratie, ohne Aufteilung der Bevölkerung in Adel–Nichtadel, folglich auch ohne politische, soziale oder wirtschaftliche Spannungen, waren doch alle Vollbürger Spartas, die Politik betrieben, die »Spartiaten«, identisch mit dem Adel, während alle anderen Bewohner Lakoniens, so hieß die Landschaft, die umwohnenden Freien (Periöken) und erst recht die Staatssklaven (Heloten, grch. Heiloten), überhaupt kein Mitbestimmungsrecht besaßen. Den Heloten, der unterworfenen Vorbevölkerung und den später hinzugekommenen besiegten Messeniern, oblag in völliger Schutzlosigkeit die Bebauung des jeweils gleich großen Akkerlandes der Spartiaten im Eurotastal und in Messenien, so daß die adeligen Herren in Sparta Zeit hatten für ein Leben, das vom siebenten bis zum sechzigsten Lebensjahr nur der militärischen Ausbildung diente. Die Erziehung war hart, die Lebensführung »spartanisch« schlicht. Körperlich schwache Kinder wurden ausgesetzt, die anderen lebten ab dem siebenten Lebensjahr in »Zeltgemeinschaften« wie in einer Kaserne, aßen zusammen ihre berüchtigte Blutsuppe, trainierten von früh bis spät im »Dauermanöver«, redeten miteinander nur das Nötigste in »lakonischer Kürze«. Geißelungen am Altar der Göttin Artemis sollten an klagloses Ertragen von Schmerzen gewöhnen. Traten die volljährigen Krieger mit 20 Jahren in der Volksversammlung (Apella) zusammen, stimmten sie durch lautes Schreien ab. Privatleben gab es keines, Kunst und Wissenschaft verkümmerten ab dem 7. Jahrhundert völlig, ein Spartiat mußte es in Armen und Beinen haben, nicht im

***Blick vom Philopappos-Hügel auf die Akropolis von Athen.** Der seit mykenischer Zeit befestigte Burgberg wurde nach dem Einfall der Perser im Jahre 480 v. Chr. verwüstet. Unter Kimon und Perikles wurde er mit neuen Mauern befestigt und war etwa seit 450 v. Chr. ausschließlich »Heiligtum«. Aus zahlreichen Heiligtümern hob sich seit 580 v. Chr. der »alte Athena-Tempel« heraus. Zu damaliger Zeit entstandene Prachtbauten bestimmten das Bild der Akropolis, überragt vom Parthenon.*

Der Tempel der Athena Nike, der siegverleihenden Athena, *entstand gegen Ende des 5. Jahrhunderts v. Chr. als letzter der klassischen Tempel auf der Akropolis von Athen. Dieses ionische Meisterwerk hat der Architekt Kallikrates noch vor dem Parthenon entworfen, wurde aber erst nach ihm zur Erinnerung an den Friedensschluß im Jahre 421 v. Chr. gebaut. Die Türken brachen das Tempelchen 1686 völlig ab, und es wurde erst zu Beginn dieses Jahrhunderts originalgetreu rekonstruiert.*

Fragmente einer Ölpresse und Reste steinerner Mörser *aus einer Kammer des minoischen Palastes von Phaistos, ältere Palastzeit, um 1800 v. Chr. Dieser Palast wurde seit 1900 von italienischen Archäologen ausgegraben. Paläste galten durch ihre Einrichtungen als Zentren des damaligen Lebens. Sie stellten sowohl das soziale als auch politische und wirtschaftliche Gefüge in seiner Gesamtheit dar. Mallia, Phaistos und Knossos waren die bekanntesten Palastzentren.*

Einen Blick auf die Arbeit in einer griechischen Metallgießerei *ermöglicht die Darstellung auf einer attischen Rotfigurenschale aus dem 5. Jahrhundert v. Chr. Der Ausschnitt oben zeigt einen Arbeiter an einem hohen Schmelzofen; an der Wand hängen einige Entwürfe. Hervorragendes in der Metallverarbeitung leisteten die Griechen auf künstlerischem Gebiet, wobei zuerst Bronzeplastiken zu nennen sind. Kleine Figürchen goß man bereits zu mykenischer Zeit.*

Kopf. So sah also das Leben einer Kriegerkaste aus, deren Phalanx für 300 Jahre der Ruf der Unbesiegbarkeit vorauseilte, die auf der Peloponnes den »Peloponnesischen Bund« als Instrument ihrer Vorherrschaft einsetzte. Mochten die athenischen Adeligen eine solch unbestrittene Adelsherrschaft sympathisch finden, gar ideal, wenn man damit zusätzlich die Annehmlichkeiten des Lebens verbinden konnte, die erträumte Lebensweise der meisten anderen Griechen war das nicht. Rund 80 Jahre später formulierte sie für Athen ein adeliger »Vorkämpfer« des Volkes, zog der spartanischen Lebensform die Maske des Verklärten, Nachahmenswerten ab und enthüllte den erstarrten Totalitätsanspruch anhand des athenischen Gegenbildes individueller Entfaltung und selbstverantworteter Respektierung der Gesetze. Das Totengedenken des Perikles für die athenischen Gefallenen des ersten Kriegsjahres im Peloponnesischen Krieg, überliefert bei Thukydides (II,34–46), war eine Generalabrechnung mit dem Feind an der ideologischen Front, großartiger Entwurf eines Menschenbildes im Spannungsverhältnis zwischen Individuum und Gesellschaft, Freiheit und Bindung. Hinter solchem Überlegenheitsanspruch stand die athenische Wirklichkeit des »klassischen perikleischen Zeitalters«, standen die sichtbaren kulturellen Leistungen bekannter und namenloser Athener, die die demokratische Staatsform zur vollen Entfaltung ihrer Leistungsfähigkeit herausgefordert hatte.

Spartanischer Krieger *mit korinthischem Helm.*

DEMOKRATIE IN ATHEN

Wer zum ersten Mal in spannungsvoller Erwartung den alten Prozessionsweg zur Akropolis hochgepilgert ist, nach dem zierlichen Niketempelchen zur Rechten die gewaltigen Eingangstore der Propyläen durchschritten und einen ersten Blick auf den monumentalen Parthenon geworfen hat, dessen architektonische Feinheiten sich nur dem wissenden Auge enthüllen, von hier weiter hinübersieht zum Erechtheion, diesem dreifachen Kultgebäude an der Stelle des alten mykenischen Königspalastes, wer dann endlich, seiner nicht mehr zügelbaren Phantasie nachgebend, alle Männer, die das geistig-kulturelle Leben Athens und Europas prägten, über dieses Felsplateau ziehen läßt, Vasenkünstler wie Euphronios, Duris, den Maler Polygnot, die Tragödiendichter Aischylos, Sophokles und Euripides, Aristophanes, den bekanntesten sarkastischen Komödiendichter, Pheidias, den Künstler des zwölf Meter hohen Goldelfenbeinstandbildes der »jungfräulichen« Athene »Parthenos« (er fertigte auch das kolossale Zeusbild in Olympia), den Erzgießer Myron, die Intellektuellen um Pe-

***Athena**, helmtragende Kriegs- und Friedensgöttin.*

rikles, die Geschichtsschreiber Herodot und Thukydides, Aufklärer wie Anaxagoras, die Sophisten Protagoras oder Gorgias und deren große Gegenspieler, allen voran Sokrates, dann seinen Schüler Platon, den Begründer der Akademie, Aristoteles, Haupt der peripatetischen Philosophenschule – die Reihe ließe sich noch lange fortsetzen –, der versteht angesichts der steingewordenen Zeugen und literarischen Überreste die stolzen Sätze des Perikles: »Wir lieben das Schöne in Schlichtheit, lieben Wissen und Bildung frei von Weichlichkeit [. . .] im Ganzen ist unsere Stadt Athen die hohe Schule Griechenlands, im einzelnen aber will mir scheinen, daß sich jeder bei uns gleichzeitig den verschiedensten Gebieten in Anmut und mit vollendeter Sicherheit als ganzer, auf sich selbst gestellter Mann erweisen mag. Daß dieses der Dinge wahres Abbild ist, dafür gibt die Macht der Stadt, die wir aus diesem Geiste uns errungen haben, selber den Beweis« (Übersetzung nach K. Gaiser). In dieser Polis verwirklichte sich eine Lebensform, die allen individuellen Anlagen des Menschen Raum bot für größtmögliche Entfaltung, ohne auf militärische Stärke verzichten zu müssen. Die Demokratie, unter Perikles vollendet, ermöglichte es jedem Athener, an seiner Vaterstadt mitzubauen. Solons Reformen waren ein erster wichtiger Schritt weg von der alten Adelsherrschaft gewesen. Den zweiten Schritt tat schon zwei Jahre nach der Vertreibung des Hippias der Alkmeonide Kleisthenes, als er durch eine »Phylenreform« den zwar nicht mehr politisch, aber durch Verwandtschaft, Beziehungen und Abhängigkeitsverhältnisse immer noch einflußreichen Adel zurückdrängte. Die Gesamtbevölkerung Attikas wurde nämlich in dreißig Bezirke eingeteilt und aus je drei willkürlich ausgelosten neu in je zehn Phylen zusammengefaßt. Jede Phyle stellte einen General (Strategen) mit einem Aufgebot von hundert Hopliten und entsandte fünfzig Vertreter in den Rat, in dem diese jeweils für eine Ratsperiode von 36 Tagen im täglichen Wechsel die Staatsgeschäfte erledigten. Alle Einrichtungen Solons blieben bestehen: Die Volksversammlung war weiter zuständig für die Verabschiedung der Gesetze, für Beamtenwahl und Vertragsschlüsse. Im Geschworenengericht (Heliaia) wurden die Zivil-Strafprozesse und Verfassungsklagen entschieden, und die Beamten vollzogen die im Zusammenspiel von Volksversammlung und Rat zustande gekommenen Beschlüsse. Wenngleich diese Beamten weiterhin aus der ersten Vermögensklasse gewählt wurden, lag das Schwergewicht der politischen Entscheidung zweifellos bei der Volksversammlung, in der die Stimme des Ärmsten genausoviel zählte wie die des Reichsten. In

Rechtsentscheidungen fällten die etwa 6000 Geschworenen aus allen vier Vermögensklassen, in Einzelkammern aufgeteilt, ihre Urteile, und der Rat, der als einzige politische Institution organisatorischen Einfluß auf die Volksversammlung nehmen konnte, bestand aus Angehörigen der ersten drei Vermögensklassen. Eine entscheidende politische Einflußnahme des Adels war seit Kleisthenes kaum mehr möglich, denn die Gleichheit aller vor dem Gesetz, die faktisch vollzogene Gewaltenteilung und die Mehrheitsentscheidungen kamen ja ausschließlich der Mehrheit der nichtadeligen Bevölkerung zugute, die ihrerseits aus der Masse des niederen Volkes, des »demos«, bestand. Diese soziale Komponente der »direkten Demokratie« barg Risiken, wenn z. B. eine radikale Mehrheit des »demos« die anderen majorisierte. Das kam oft in Krisensituationen vor, oder wenn rhetorisch geschickte Mitbürger die wankelmütige Masse mitrissen. Wer überzeugend, begeisternd reden konnte, ein Gespür für die Stimmung in der Volksversammlung entwickelte, konnte zum »Volksführer« (demagogos) oder auch zum »Volksverführer« werden, aber auch tief stürzen, wenn er zuviel Erfolg hatte. Selbst hochverdiente Männer traf dann schonungslos die Laune der Masse. Ihre Namen wurden auf Gefäßscherben eingeritzt, und bei Stimmenmehrheit mußten sie für zehn Jahre die Polis verlassen, ohne Vermögensverlust, aber politisch »kaltgestellt«. Erlauchte Namen finden sich als Opfer dieses »Scherbengerichts« (Ostrakismus): Aristides der Gerechte, Themistokles, Kimon, Miltiades, der Marathonsieger, oder Thukydides, der innenpolitische Gegner des Perikles (nicht identisch mit dem Historiker). Neid, Furcht vor autoritärer Führung oder irrationale Lust auf Veränderung eines allzu

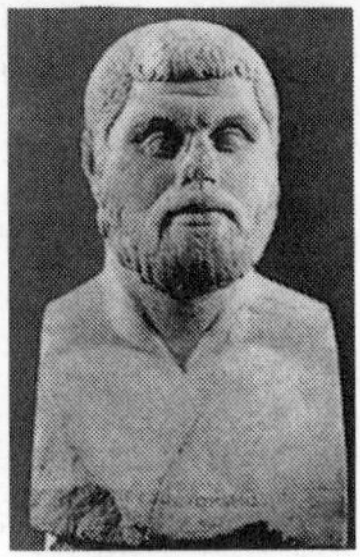

Themistokles,
Opfer eines Scherbengerichts.

*Links: **Scherbengericht.** Diese Tonscherben, Ostraka, entschieden bei den Volksversammlungen über die Zukunft gefährlicher, manchmal aber auch nur mißliebiger Bürger. Mit ihnen wurde über ihre Verbannung für zehn Jahre entschieden, wenn sie für die athenische Demokratie eine Gefahr bedeuteten.*

Text der Zeit

Perikles über die Verfassung der Athener

»Wir haben eine Verfassung, die nicht den Satzungen unserer Nachbarn nachgebildet ist. Viel eher sind wir selbst für andere ein Muster, als daß wir andere nachahmten. Mit Namen heißt sie, weil sie nicht Sache weniger, sondern der großen Mehrzahl ist, Volksherrschaft. Und in der Tat sind vor dem Gesetz hinsichtlich ihrer persönlichen Belange alle Bürger gleich. Was aber die öffentliche Geltung, das Ansehen des einzelnen meine ich, betrifft, so gibt nicht Zugehörigkeit zu einer höheren Schicht, sondern nur persönliche Tüchtigkeit den Vorzug im Gemeinwesen, wie auch Armut und bescheidene Herkunft einen leistungsfähigen Bürger nicht vom politischen Erfolg ausschließen.

In freiem Geist ordnen wir das Gemeinwesen und ebenso die Mißhelligkeiten, wie sie der tägliche Verkehr miteinander bringt, indem wir uns nicht über den Nachbarn erbosen, wenn er sich einmal ein Vergnügen erlaubt, und auch nicht gleich Strafbestimmungen erlassen, die zwar keinen Schaden anrichten, aber sich ärgerlich ausnehmen. Wie wir unseren persönlichen Verkehr ohne Lästigkeit gestalten, so hüten wir uns im öffentlichen Leben vor Rechtsbruch, hauptsächlich aus heiliger Scheu, da wir auf die jeweilige Obrigkeit und auf die Gesetze hören, am meisten auf die, die zu Nutz und Frommen der Bedrückten gegeben sind, sowie auf jene ungeschriebenen, deren Übertretung nach allgemeinem Urteil Schande bringt.

Weiter! Auch für geistige Ausspannung nach des Tages Last haben wir reichlich gesorgt durch öffentliche Spiele und religiöse Feste, wie sie das ganze Jahr hindurch Brauch sind, aber auch durch angemessene häusliche Veranstaltungen, die den Alltag erheitern und Trübsal verscheuchen. Obendrein zieht die Großstadt aus aller Welt, was es Schönes gibt, herein, und die Erzeugnisse der Fremde stehen uns zum Genuß daheim ebenso bequem zur Verfügung wie die Früchte des eigenen Landes ...

Aber unsere Stadt verdient noch in anderer Beziehung Bewunderung. Wir lieben die Kunst und wahren das Maß, wir lieben die Wissenschaft und verlieren nicht den Halt. Reichtum dient uns zum Wirken und Schaffen, nicht zum Prunken und Raffen. Armut braucht man nicht zu verbergen; sie schändet nicht. Wohl aber bringt es Schande, wenn einer sie nicht durch der Hände Arbeit zu überwinden trachtet. Die gleiche Sorge gilt bei uns dem Hauswesen und dem Gemeinwesen, und wenn einer seine Berufsgeschäfte betreibt, so läßt er darum die Politik nicht aus dem Auge. Wir sind nämlich die einzigen, die den, der gar keinen politischen Anteil nimmt, nicht für einen Unnutz, sondern für einen Nichtsnutz halten. Die sachliche Entscheidung über die politischen Fragen treffen wir selbst, wie wir sie auch selbständig durchdenken. Denn nicht schadet nach unserer Überzeugung das Wort der Tat, im Gegenteil bringt es Schaden, wenn man ohne klärende Aussprache zur notwendigen Tat schreitet.«

Aus: Thukydides, Der große Krieg, S. 2 u. 37 f., Alfred Kröner Verlag, Stuttgart
Übers. v. Heinrich Weinstock

vertrauten Zustandes waren Triebfedern für die sprichwörtliche Undankbarkeit der Athener. Um so erstaunlicher, daß Perikles fünfzehn Jahre lang »nicht der von der Volksmasse Geführte war, sondern sie selber führte und sich dabei nur rechtschaffener Mittel bediente, ohne dem Volk nach dem Mund zu reden« (Thukydides II,65). Echte Führerqualitäten und Zielstrebigkeit zeichneten diesen »Vollblutpolitiker« aus, dessen »Akropolis-Bauprogramm« Manifestation athenischer und natürlich auch eigener Macht und Größe sein sollte. Zu seiner Zeit war Athens Führungsrolle in großen Teilen Griechenlands unbestritten. An dieser Stadt hatten alle demokratisch Denkenden ihren starken Rückhalt, wie andererseits alle oligarchisch-aristokratisch ausgerichteten Poleis mit Sparta sympathisierten. Grundlage der weiträumigen Herrschaft Athens war die Flotte, entstanden und gegen starken Widerstand aristokratischer Vorstellungen vor einem Ausbau des Heeres durchgesetzt vom »Tirpitz« Athens, Themistokles, Neokles' Sohn. Im Hintergrund dieser innenpolitisch-militärischen Auseinandersetzungen zu Beginn des 5. Jahrhunderts stand drohend die Weltmacht Persien, die sich 546 nach dem Sieg über den letzten Lyderkönig Krösus an der kleinasiatisch-griechischen Küste festgesetzt und in den dortigen Poleis ein autoritäres Regiment eingerichtet hatte.

DIE PERSERKRIEGE (492–449/448 v. CHR.)

Die verschiedenen Auffassungen von Freiheit und Selbstbestimmung auf griechischer und verordnetem Zentralismus, Despotie und Mißachtung des Individuums auf »barbarischer« Seite fanden auch nach 46 Jahren keinen Ausgleich und entluden sich 500 v. Chr. im »Ionischen Aufstand«, der von der Stadt Milet ausging. Sechs Jahre brauchten die Perser, bis sie den Widerstand gebrochen und Milet erobert hatten. Die Uneinigkeit der Griechen und die fehlende Unterstützung des Mutterlandes ließen den Aufstand zusammenbrechen. Nur Athen und Eretria, eine Stadt auf der Insel Euböa, hatten zusammen 15 Schiffe geschickt, für den Perserkönig Dareios (Darius) eine provokative Einmischung zweier politischer Zwerge, höchst willkommen, um aus »Sicherheitsgründen«, zum Schutz der Westflanke, in Griechenland einzumarschieren. Ein erster Feldzug unter Mardonios galt der Sicherung der nördlichen Gebiete Thrakien und Makedonien, an einen Angriff Griechenlands war wohl noch nicht gedacht. Dareios versuchte daneben, mit diplomatischer Einschüchterung zum Erfolg zu kommen. In Sparta und Athen blieb ihm der

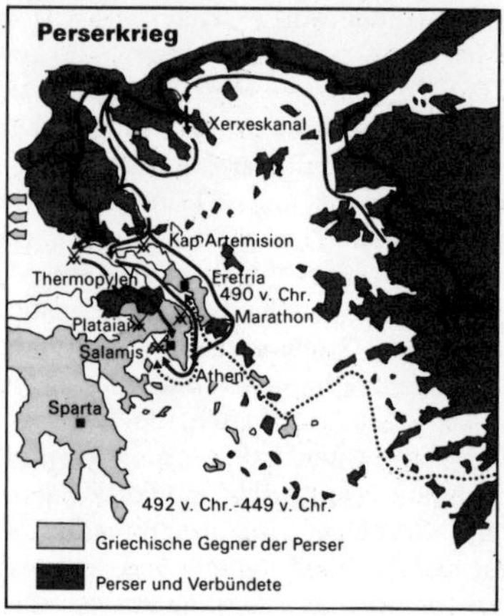

Erfolg versagt, das Verhalten Athens war sogar eine weitere Provokation: Als die persischen Unterhändler, so der Geschichtsschreiber Herodot, Wasser und Erde als Zeichen der Unterwerfung forderten, warfen die Athener sie kurzerhand in einen Brunnen, sich dort zu bedienen. Ein zweiter Feldzug, 490 v. Chr., war die Folge. Die Weltmacht ging militärisch gegen Athen und Eretria vor, als Vorwand diente die »Einmischung« im Ionischen Aufstand. Eretria wurde erobert, dem Erdboden gleichgemacht, die Bevölkerung versklavt. Die Athener wußten also, was sie erwartete, als die Perser auf Anraten des Hippias, des Sohnes des Tyrannen Peisistratos, der als Tyrann von Persiens Gnaden für seine Vaterstadt ausersehen war, am flachen Strand von Marathon landeten. Die Athener versteckten sich keineswegs hinter ihren Mauern, mit dem Hoplitenaufgebot der zehn Phylen ergriffen sie die Initiative und schlugen unter Führung des Strategen Miltiades, als an ihn das Kommando gekommen war, das persische Aufgebot. Der Rest der Perser bestieg die Schiffe, um Athen von der See her im Handstreich zu nehmen. Doch das athenische Heer war schneller. Auf der gleichen 42,5 km langen Strecke, auf der der »Marathonläufer« nach Athen gerannt und nach dem Siegesruf »nenikékamen« (wir haben gesiegt) tot zusammengebrochen war, eilten die Hopliten zurück, die Perser gaben auf! Unerhörtes war geschehen: Da hatte ein 10000-Mann-Heer einer Weltmacht getrotzt! Gleichsam über Nacht war in Griechenland eine neue »Großmacht« in Konkurrenz zur stärksten Landmacht, zu Sparta, geboren. Marathon sollte die Keimzelle des innergriechischen

Konfliktes werden, der sich im Peloponnesischen Krieg so grausam entlud. Der erneute Angriff der Perser 480 v. Chr. unter König Xerxes höchstpersönlich und die gemeinsame Abwehr vertagten zunächst die Probleme, die dieser Dualismus Athen–Sparta mit sich brachte. Der innenpolitische Streit in Athen, ob man sich angesichts der persischen Bedrohung weiterhin auf das Landheer oder auf eine Flotte, die Themistokles forderte, verlassen sollte, zog sich seit 490 v. Chr. volle sieben Jahre hin, ehe sich Themistokles nach der »Ostrakisierung« seiner Gegner durchgesetzt hatte. Innerhalb von zwei Jahren wurden zweihundert Schiffe gebaut, Athen war mit einem Schlag die stärkste Seemacht Griechenlands geworden. Die vierte Vermögensklasse Solons wurde zum Ruderdienst eingeteilt und gewann wachsende politische Bedeutung. 481 v. Chr. schlossen sich die abwehrwilligen Griechen zu einem Bund (Symmachie) zusammen, sie machten etwa die Hälfte der Gesamtbewohner aus, der Rest blieb neutral oder lief zu den Persern über. 480 v. Chr. begann der erwartete Krieg. Kampflos besetzten die Perser Nord-Griechenland, im August gewannen sie Zugang nach Mittel-Griechenland: Sie umgingen den Thermopylenpaß, den der Spartanerkönig Leonidas mit dreihundert Spartiaten so lange verteidigte, bis sich das griechische Hauptheer an den Isthmos von Korinth und die Flotte nach unentschiedenem Kampf am Kap Artemision in die Bucht von Athen zurückgezogen hatten. Dort fiel am 28. September die Entscheidung nach dem Plan des Themistokles gegen den Widerstand des spartanischen Oberkommandierenden. Die wendigen Griechenschiffe besiegten nach zwölfstündigem Kampf die zahlenmäßig weit überlegene, aber in ihrer Entfaltungsmöglichkeit eingeschränkte Perserflotte.

***Leonidas** verteidigte die Thermopylen gegen die Perser.*

***Das Modell einer Triere,** aus dem 5. bis 4. Jahrhundert v. Chr. Dieses etwa 36 Meter lange und rund 6 Meter breite antike Kriegsschiff faßte 200 Mann Besatzung.*

Xerxes verließ den europäischen Kriegsschauplatz, Mardonios sollte nach der Überwinterung des persischen Heeres in Makedonien im Frühjahr 479 v. Chr. die Eroberung Griechenlands nachholen. Doch bei Plataiai (Plataä) verloren die Perser die Schlacht und den Feldzug. Der Krieg war entschieden, aber nicht beendet, denn ein Friedensvertrag kam erst 448 v. Chr. (Kalliasfriede) zustande. Die Siege des kleinen Griechenland gegen die unbestrittene Weltmacht des Ostens bei Marathon 490 v. Chr., an den Thermopylen und bei Salamis 480 v. Chr. haben den Gang der Weltgeschichte entscheidend beeinflußt: Griechenland blieb frei und konnte in den folgenden fünfzig Jahren bis zum Ausbruch des Peloponnesischen Krieges 431 v. Chr. in einer beispiellosen Aufbauphase nicht nur die materiellen Zerstörungen auffangen, sondern besaß auch noch genügend Energie, im Zeitalter der »Klassik« für die vom persischen Despotismus verschonte freie Welt des Westens in allen nur denkbaren Bereichen von Wissenschaft und Kunst das geistige Fundament eines bis heute wirksamen, wenngleich nicht immer voll gewürdigten Erbes zu legen. Athen war sich seiner einzigartigen Stellung als »Markstein« für alle zukünftigen Generationen bewußt, denn »mit großen Beweisen«, so Perikles, »haben wir unsere Macht den heutigen wie künftigen Geschlechtern zur Bewunderung dargeboten [...] überallhin haben wir Meer und Land gezwungen, unserem Wagemut Wege zu bereiten, und haben dabei allerorts die Male des Bösen wie des Guten für alle Zeiten aufgerichtet«. Athen, nicht Sparta, verkörperte das »klassische« Griechenland. Hier bestaunen wir bis heute die großen Beweise, von denen Perikles spricht, während sich Spartas militärischer Glanz, längst verblichen, nicht einmal in den wenigen erhaltenen Überresten widerspiegelt. So hat Athen kulturell über seinen Widersacher letztendlich triumphiert und Perikles' Vision Wirklichkeit werden lassen, obwohl es den Peloponnesischen Krieg verloren und dann nie mehr die frühere Stellung zurückgewonnen hat. Knappe fünfzig Jahre haben für Athens Unsterblichkeit genügt, die Weltgeschichte selbst hat die einst vertauschten Machtpositionen endgültig korrigiert.

RIVALITÄT ATHEN–SPARTA

Sparta war nach den Perserkriegen die führende Militärmacht geblieben und daher von den kleinasiatischen Griechen gebeten worden, deren Schutzmacht gegen die Perser zu werden. Aber die Spartaner lehnten ab und überließen Athen dieses prekäre außenpolitische Feld. Das Ergebnis war der »Delisch-Attische Seebund«, gegründet 477 v. Chr.

zur Perserabwehr zwischen Athen, den Insel- und den kleinasiatischen Griechen. Die Bundesgenossen leisteten Steuern, die Aristides »der Gerechte« festlegte, oder stellten Schiffe. Mit diesem Instrument, dem in der Blütezeit über vierhundert Poleis angehörten, vergrößerte Athen unter den mißtrauischen Augen Spartas seinen Einflußbereich und seine Macht, zunächst unter Führung des spartafeindlichen Themistokles, dann, nachdem ihn selbst 470 v. Chr. der »Ostrakismos« getroffen hatte, unter dem spartafreundlichen Kimon, dem Sohn des Marathonsiegers Miltiades. Sein glänzender Sieg über die Perser Mitte der sechziger Jahre des fünften Jahrhunderts in Südkleinasien am Eurymedonfluß verschärfte unbeabsichtigt wieder die Spannungen mit Sparta, das Athens Geltung zwar nicht militärisch bekämpfte, dazu gab Athen auch keinen Anlaß, aber mit unfreundlichen Maßnahmen reagierte. Die Folge war im Jahr 461 v. Chr. der Sturz Kimons und ein außenpolitischer Kurswechsel, der sich sofort in der Aufkündigung des Abwehrbundes von 481 v. Chr. niederschlug. Die Zeichen standen auf Sturm! Erste militärische Vorgeplänkel veranlaßten Athen 460 v. Chr. zum Bau der »Langen Mauern«, einer sicheren Verbindung zwischen der Stadt und dem Hafen Piräus. Einem drohenden Zweifrontenkrieg gegen Sparta und Persien entzog sich Athen durch Einlenken, indem es mit Sparta einen fünfjährigen Waffenstillstand, 451 v. Chr., schloß. Nach einem letzten Sieg über die Perser 449 v. Chr. war durch den »Kalliasfrieden« 448 v. Chr. der Ausgleich mit Persien gelungen, Athen hatte den Rücken frei für einen eventuellen Krieg mit Sparta. Der Architekt dieser erfolgreichen Außenpolitik war Perikles. Allerdings hatte er sich eine neue Schwierigkeit eingehandelt: Der »Delisch-Attische Seebund« war überflüssig, denn von einer Persergefahr konnte jetzt keine Rede mehr sein. Da Athen aber auf diese Machtbasis nicht verzichten wollte und konnte, ohne die Grundlage seiner Macht zu gefährden, ging es nun mit Gewalt gegen Austritte vor und beschnitt die Selbständigkeit der Bundesgenossen immer mehr: Sie hatten ebenfalls demokratische Verfassungen nach athenischem Vorbild einzurichten, mußten sich vor den Gerichten Athens verantworten, das Münz- und Maßsystem von dort übernehmen und attische Siedler auf ihrem Polisgebiet aufnehmen. Der Seebund wandelte sich somit zu einem athenischen Reich, aus Bundesgenossen wurden Untertanen. Nochmals wurde ein drohender Krieg der beiden griechischen »Supermächte« und ihrer Satelliten vermieden, als Perikles 446 v. Chr. einen dreißigjährigen Friedensschluß mit Sparta zustande brachte, der einem politischen Nebeneinander eine echte Chance geben konnte: Athen erkannte Spartas Vorherrschaft auf der Peloponnes an, Sparta akzeptierte das athenische Reich. Zehn Jahre hielt die Abgrenzung der Interessensphäre, dann häuften sich die Krisen. Hinter ihnen stand immer wieder Korinth, das aus Handelsgründen die unliebsame athenische Konkurrenz ausschalten wollte und sich ständig in Sparta beschwerte: »Habt ihr Spartaner denn je bedacht, wie diese Athener sind, gegen die der Kampf gehen wird, und wie sehr, wie in allem das Gegenteil von euch? Sie sind leidenschaftlich, Pläne auszudenken und Beschlossenes wirklich auszuführen, ihr aber wollt Bestehendes bewahren. Sie sind Draufgänger und Weltfahrer, ihr Zauderer und Nesthokker. Wer also behaupten wollte, sie seien geschaffen, selbst keine Ruhe zu haben und den anderen keine Ruhe zu lassen, der spräche recht« (Thukydides I,70). Sparta gab endlich nach, der schicksalhafte Weltkrieg, von dem eingangs die Rede war, nahm seinen Lauf.

DER PELOPONNESISCHE KRIEG

Das Kriegsgeschehen dauerte von 431–404 v. Chr., unterbrochen durch einen auf fünfzig Jahre vereinbarten Frieden, der das Papier nicht wert war, auf dem er stand. Peri-

Einen im Lauf zusammenbrechenden Krieger *zeigt diese Grabstele aus dem Jahr 520 v. Chr. Der Kopf des Hopliten sinkt auf die Schulter, die verkrampften Hände lösen sich, der Körper sinkt nach unten: ein Meisterwerk spätarchaischer Kunst.*

Tiefempfundene Trauer drückt die Grabstele des Demokleides aus, eines bei einer Seeschlacht umgekommenen Soldaten (4. Jahrhundert v. Chr.).

kles' Kriegsplan, das attische Land preiszugeben, sich hinter die »Langen Mauern« zurückzuziehen und die Peloponnesier mit weiträumigen Flottenoperationen zu ermatten, ging in der ersten Kriegsphase, dem »Archidamischen Krieg« (431–421 v. Chr.), voll auf. Die Patt-Stellung, hier die Seemacht, dort die Landmacht, durchbrach das Schicksal zuungunsten Athens. Die Pest brach aus und dezimierte die waffenfähige Bevölkerung. Prominentestes Opfer war 429 v. Chr. Perikles. Sein Tod ermöglichte ehrgeizigen, aber unfähigen Kriegspolitikern den Weg zur Macht, einem Gerbermeister wie Kleon, dann dem schillernden Alkibiades, der auf der Überfahrt der athenischen Flotte nach Sizilien (der zweiten Phase des Krieges, 415–413 v. Chr.) wegen eines Religionsfrevels nach Athen zurückbeordert, sich nach Sparta absetzte und dessen Kriegstaktik gegen die eigene Heimatstadt bestimmte. Als 413 v. Chr. die Flotte Athens vor Syrakus vernichtet worden war, war der Krieg praktisch verloren. Die Spartaner setzten sich in der nun beginnenden dritten Kriegsphase, dem »Dekeleischen Krieg« (413–404 v. Chr.), auf Anraten des Alkibiades in Dekeleia in Attika fest und verwüsteten systematisch das Land. Noch hätte Athen Frieden schließen können, aber die radikalen Demokraten wollten unbedingt einen »Siegfrieden«. Der aber rückte in immer weitere Ferne, seit 412 v. Chr. Persien Sparta massiv mit Geld unterstützte, um den verlorengegangenen Einfluß auf Griechenland zurückzugewinnen. Dennoch verbuchten die Athener unter Führung des »verlorenen Sohnes« Alkibiades, der mittlerweile nach Athen zurückgekehrt war, einige Seesiege, verloren aber das entscheidende Treffen 405 v. Chr. an den »Ziegenflüssen« bei den Dardanellen. 404 v. Chr. mußte Athen kapitulieren und die Bedingungen des Siegers Sparta akzeptieren: Auflösung des Seebundes, Abriß der »Langen Mauern«, Annahme einer aristokratischen Verfassung nach spartanischem Muster und Anerkennung der alleinigen Vorherrschaft des Siegers. Der griechische Weltkrieg, in den alle Griechen im Mutterland, in Makedonien, Thrakien, Kleinasien, auf den Inseln der Ägäis, in Unteritalien und Sizilien teils auf athenischer, teils auf spartanischer Seite verwickelt waren, war entschieden. Daß er eine Zäsur für alle Poleis ohne Ausnahme geworden war und ihrer Selbständigkeit bald den Todesstoß versetzen sollte, ahnten am wenigsten in ihrem Siegesrausch die Spartaner, die während des ganzen Krieges mit Parolen wie »Selbstbestimmungsrecht für alle Griechen«, »Freiheit vom athenischen Reich«, »Beseitigung des athenischen Imperialismus« erfolgreich Stimmung gegen Athen gemacht hatten, aber im Augenblick des Sieges davon nichts mehr wissen wollten. Wie sonst ist es zu erklären, daß sie in allen »befreiten« Poleis einmarschierten, sie unter den »Schutz« einer spartanischen Besatzungstruppe stellten und die Verfassungen, soweit sie demokratisch waren, durch aristokratische ersetzten? Schon bald wurde den Griechen bewußt, daß Sparta mit Athen nur den Platz getauscht hatte und sei-

nerseits unverhüllt mit militärischer Überlegenheit aufmüpfigen Städten drohte. Die Erbitterung gegen den Sieger, dem schon infolge des Fehlens einer Flotte die Möglichkeit diplomatischer Weiträumigkeit versagt blieb, schweißte schnell die einflußreichen Poleis zu einem antispartanischen Bund zusammen, vor allem, seit Sparta 387 v. Chr. im sogenannten »Königs- oder Antalkidasfrieden« die kleinasiatischen Griechenstädte kampflos den Persern übereignet und selbst dem kritiklosesten Sympathisanten Spartas gezeigt hatte, wie ohnmächtig diese Macht im Vergleich mit Athen war. Die erste Niederlage eines spartanischen Heeres 371 v. Chr. bei Leuktra durch die »schiefe Schlachtordnung« des Thebaners Epameinondas ließ die Vorherrschaft des Militärstaates wie ein Kartenhaus zusammenbrechen und vernichtete die als unbesiegbar geltende Großmacht für immer. Im politischen Machtspiel beschleunigter Selbstzerfleischung war nun das bäuerliche Theben aufgerufen, Griechenland eine politisch durchdachte Zukunft zu geben. Als sich daraufhin die einstigen Gegner Sparta und Athen gegen Theben zusammenfanden, aber 362 v. Chr. bei Mantineia die thebanischen Hopliten nicht bezwingen konnten, schien der Vorrang Thebens für lange Zeit perfekt. Aber auch dieser letzte Versuch, alle bedeutsamen Polis unter thebanischer Hegemonie zu einen, scheiterte, weil Epameinondas, der führende Kopf Thebens, in dieser Schlacht gefallen und ohne fähigen Nachfolger geblieben war. Nach dem Scheitern Athens, Spartas und Thebens, die griechischen Poleis unter ihrer Vorherrschaft zusammenzufassen, zersplitterte Griechenland end-

***Demosthenes,** Feldherr im Peloponnesischen Krieg.*

gültig wieder in die »Vielstaaterei«. Zu spät einigte 340 v. Chr. ein Hellenenbund die abwehrwilligen Poleis gegen den Makedonenkönig Philipp II. wie einst 481 v. Chr. gegen die Perser. Zwar war wiederum Athen Zentrum der antimakedonisch gesinnten Griechenwelt, aber selbst der mitreißende Schwung des Redners Demosthenes vermochte nichts gegen die waffenstarrende Phalanx eines neu entstehenden Weltreiches. Die militärische Entscheidung fiel 338 v. Chr. bei Chaironeia durch eine Reiterattacke des achtzehnjährigen Alexander. Er wurde der Überwinder griechischer Kleinstaatlichkeit und eröffnete den Poleis nach dem Verlust ihrer außenpolitischen Selbständigkeit eine kulturelle Aufgabe in der Weitergabe ihres großartigen Erbes an die neugegründeten Städte und eroberten Gebiete seines Weltreiches, das in Sprache und Denken griechisch war.

Literatur

Bayer, Erich: Grundzüge der griechischen Geschichte, Darmstadt 1978

Bengtson, Hermann: Griechische Geschichte, München 1982

Finley, Moses I.: Die Griechen. Eine Einführung in ihre Geschichte und Zivilisation, München 1983

Lauffer, Siegfried: Griechische Geschichte, München 1969

HEINRICH PLETICHA

Athen

Selbst im Gewühl der modernen Großstadt von heute empfindet der Besucher die Akropolis als den Mittelpunkt und das eigentliche Herz Athens, zugleich eingebunden in eine alte Tradition. Tatsächlich entstand schon in der Steinzeit auf dem 156 Meter hohen Kalksteinfelsen die älteste Siedlung, die im Laufe von Jahrhunderten um- und ausgebaut wurde, bis sie um 450 bis 420 v. Chr. jenes Aussehen erhielt, das sich auch heute noch in den Ruinen abzeichnet.

Die heiligen Bezirke der Akropolis

Hier standen in der klassischen Zeit die wichtigsten Heiligtümer der Stadt wie der Parthenontempel, der zwar nicht zu den Sieben Weltwundern gezählt wurde, aber doch zu den schönsten Bauwerken der klassischen Antike gehörte, und das Erechtheion, ein kleinerer, aber architektonisch kaum weniger schöner Tempel. Auf dem freien Platz zwischen diesen beiden Bauten erhob sich die Kolossalstatue der Göttin Athena Promachos, die der Bildhauer Pheidias als Bronzeguß aus der Beute von Marathon geschaffen hatte. Die vergoldete Lanzenspitze der Göttin konnten die in den Hafen einlaufenden Seefahrer schon von weitem in der Sonne blinken sehen, gleicher-

***Athen und die Akropolis**, vom Musenhügel aus gesehen. Links die Propyläen. In der Mitte: Das Erechtheion. Rechts: Der große Parthenontempel. Vorn links das erst unter Herodes Atticus errichtete Odeion. Rechts daneben befinden sich die Reste der Säulenhalle von Eumenes II. aus dem 2. Jahrhundert v. Chr.*

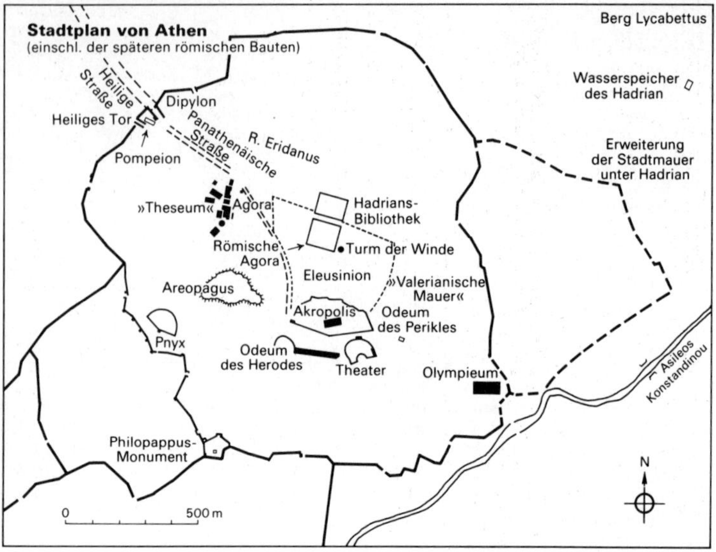

Stadtplan von Athen
(einschl. der späteren römischen Bauten)

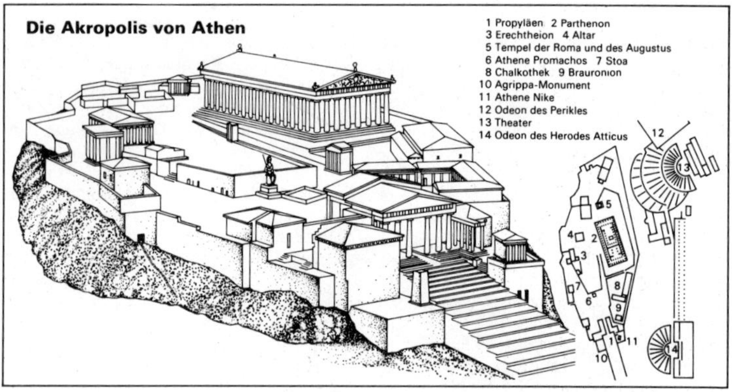

Die Akropolis von Athen

maßen als Symbol für den Reichtum der Stadt wie für den Schutz der Göttin. Zum heiligen Bezirk der Akropolis gehörte am Südhang des Felsens noch das Heiligtum des Dionysos. Zwischen diesem Tempel und dem Burgfelsen wurde zuerst in Holz, später in Stein, das Dionysos-Theater errichtet, in dem bis zu 17000 Zuschauer Platz fanden (4. Jahrhundert v. Chr.). Östlich dieses Theaters hatte Perikles ein »Odeion« aus Holz bauen lassen, das als der schönste Konzertsaal in ganz Griechenland galt. Westlich der Akropolis lag der etwas niedrigere Pnyx-Hügel mit dem herrlichen Blick hinüber zu den großen Heiligtümern, auf dem schon Kleisthenes den Platz für die Volksversammlung hatte anlegen lassen. Die halbrunde Terrasse war nicht allzu groß; denn an den Versammlungen beteiligten sich selten mehr als 5000 freie

***Das Odeion des Perikles** am Fuß der Akropolis gehörte zu den bedeutenden Bauten der Athener Unterstadt im 4. Jahrhundert v. Chr. Perikles hatte das Odeion östlich des Dionysos-Theaters aus Holz errichten lassen. Es galt in Griechenland als der schönste Konzertsaal. Als der römische Feldherr Sulla 86 v. Chr. Athen eroberte, wurde das Odeion stark beschädigt.*

Bürger. Zwischen Akropolis und Pnyx bildete der Areopag, der Hügel des Gottes Ares, eine weitere heilige Stätte, wo der oberste Gerichtshof zur Verkündigung der Urteile zusammentrat. Hier hielt später der Apostel Paulus seine berühmte Rede über den »unbekannten Gott« – Beginn der Christlichen Mission in Griechenland.

Die Agora Athens

Am Fuße des Areopags und der Akropolis erstreckte sich nach Norden zu die Agora, der große öffentliche Marktplatz Athens. Hier hatten die Händler in buntem Durcheinander ihre Stände und Buden errichtet, die jedoch in der nachklassischen Zeit mehr und mehr den öffentlichen Bauten weichen mußten. Zu ihnen gehörten die »Königshalle«, das Metroon mit dem Staatsarchiv, das Bouleuterion, der Sitzungssaal des Rates, und ein Rundbau, der den städtischen Verwaltungsbeamten als Amtssitz diente. Überragt wurde der ganze Komplex von einem Tempel des Hephaistos (heute fälschlich als »Theseion« bezeichnet). Die wieder vollständig aufgebaute Stoa des Attalos (159–138 v. Chr.) beherbergt heute das Agora-Museum.

Um diesen Kern lagerten sich fast kreisförmig die Wohnviertel der Stadt mit ihrem Gewirr von engen Straßen, die meisten waren kaum mehr als drei Meter breit, die wenigen Hauptstraßen von den Toren zum Stadtzentrum etwa vier bis fünf und nur die Prozessionsstraße für den alljährlichen Festzug der Panathenäen etwa 12 Meter. Die meist nur kleinen Wohnhäuser, Werkstätten und unbedeutenden Heiligtümer bildeten ein buntes verschachteltes Gewirr ohne eine klare Ordnung. Die meisten Handwerker schlossen sich aber nach Möglichkeit um die Tempel ihrer Schutzgottheiten. So siedelten die Schmiede und Erzgießer beim Hephaisteion, die Töpfer im Nordwesten am Kerameikos. Selbst in der Blütezeit der Stadt dürfte es kaum mehr als zehntausend Wohnhäuser gegeben haben. Die Einwohnerzahl lag in der perikleischen Zeit etwa bei 30000 freien Bürgern und gleich viel Sklaven.

Das Leben im Bereich der Langen Mauer

Die alte Mauer aus dem 6. Jahrhundert v. Chr. hatte Themistokles kurz nach 500 v. Chr. erneuern lassen. Sie umfaßte mit etwa sechs Kilometer Länge beinahe kreisförmig die Wohnbezirke, war mit Türmen verstärkt und verfügte über fünfzehn Tore. Das berühmteste war das Dipylon-Tor an der Westseite der Stadt, unmittelbar daneben lag das Heilig-Tor als Ausgangspunkt für den Panathenäenfestzug und die Prozession nach Eleusis.

***Das Goldelfenbein-Kultbild der Athena Parthenos** von Pheidias, um 438 v. Chr., stand im Haupttempel auf der Akropolis.*

An diesen Mauerring anschließend ließ Perikles die nördliche und südliche Lange Mauer errichten. Der nördliche Schenkel führte zum Hafen von Piräus (grch. Peiraieus), der südliche nach Phaleron, dazwischen ließ er später parallel zur nördlichen Mauer noch eine dritte anlegen, die eine 164 Meter breite Heerstraße sicherte. In Kriegszeiten bot dieser Mauerbereich auch Schutz für die Landbevölkerung, die sich mit ihrer dürftigen Habe hierher flüchten konnte.

Auch außerhalb des Mauerbereichs gab es noch Wohnviertel und einige wichtige Bauwerke. Im Nordwesten am Kerameikos wohnten ärmere Leute, im Osten dagegen entstand eine vornehme Villen-Siedlung, die erst in nachchristlicher Zeit als »Neustadt« (Hadriansstadt) in den Stadtbereich einbezogen wurde. Hier und südlich davon in einem weniger dicht besiedelten Wohngebiet am Ilyssos lagen zwei der großen Gymnasien, das Lykeion und das Kynosarges; die Akademia, das dritte Gymnasion, in dem Plato später seine Schüler versammelte, befand sich ein Stück außerhalb des Dipylon-Tores im Westen. Einen in sich geschlossenen eigenen Wohnbezirk bildete auch Piräus. Hier war auf der Halbinsel Akte eine kleine Stadt mit schachbrettartiger Gliederung entstanden, die über einen großen Handels- und zwei kleine Kriegshäfen und eigene Befestigungen verfügte. Da nach uraltem Verbot die Toten nicht innerhalb der Stadt beigesetzt werden durften, lagen auch die Friedhöfe außerhalb in grünen, ruhigen Gärten. Der größte und schönste dieser Friedhöfe dehnte sich vor dem Dipylon-Tor aus.

HERMANN SCHREIBER

Die Gesellschaft im klassischen Griechenland

Die Verteilung von Besitz und Recht – Das Militärsystem von Sparta – Heloten und Perioiken – Königtum und Demokratie: Gebote und Verbote der Spartiaten – Historische Beispiele für das »Spartanische Leben« – Bürger, Metoiken und Sklaven von Athen – Die Jugend von Athen – Die beiden Gegenpole Athen und Sparta – Der Einfluß von Künstlern und Gelehrten – Das Leben der unteren Volksschichten – Berufe und andere Verdienstmöglichkeiten – Von Dieben, Gaunern und Bordellbesitzern – Das Frauenbild im alten Griechenland – Die »Freiheiten« der Sklaven – Einkauf auf Sklavenmärkten Kleinasiens – Auch der Staat hielt Sklaven – Unentbehrlich in Familie und Haushalt.

Wie die vielfältige, zerrissene Landschaft Griechenlands in der Religion, in den Mundarten, in etlichen Bereichen der Kunst verschiedene Formen entstehen ließ, so auch im staatlichen Leben und in der Gesellschaft. Als die beiden Gegenpole galten Athen und Sparta. Die anderen Staaten richteten sich mehr oder minder genau, freiwillig oder gezwungen, nach diesen Vorbildern.

BESITZ- UND RECHTSVERHÄLTNISSE DER ARCHAIK

Nach der sogenannten *Dorischen Wanderung* lebten auf der Peloponnes die Eroberer in Städten beisammen und beherrschten von dort aus die unterworfene einheimische Bevölkerung, teilten das fruchtbarste Land in der Ebene in Lose oder Hufen auf und wiesen diese den Familien ihres Stammes als erblichen Besitz zu. Die früheren Besitzer mußten das Land als leibeigene Bauern (Heloten) bewirtschaften und alljährlich einen festgesetzten Teil des Ertrages an die neuen Grundherren abliefern. Politisch waren sie rechtlos, den Wohnsitz durften sie nicht wechseln, sonst aber lebten sie ziemlich unbehelligt. Wer erfolgreich wirtschaftete, konnte sich ein selbständiges kleines Vermögen erwerben. Meistens lebte er besser als ein Haussklave, der täglich die Befehle seines Herrn auszuführen und dessen Launen zu erdulden hatte. Nahmen Heloten an einem Krieg teil, zu Lande als Leichtbewaffnete, zur See als Ruderer, konnten sie zur Belohnung freigelassen werden.
Die weniger fruchtbaren Gegenden im Hügel- und Bergland verblieben im Besitz der einheimischen Bevölkerung. Da diese Leute gewöhnlich rund um die Ebene wohnten, wurden sie Umwohner (Periöken) genannt. Sie lebten frei in ihren Dörfern oder übten in den zahlreichen Kleinstäd-

Linke Seite: ***Ameinokleia rüstet sich zum Ausgang.*** *Diese attische Grabstele, 4. Jahrhundert v. Chr., zeigt eine Hausherrin gehobener Gesellschaftsschicht. Das ist ersichtlich aus den beiden sie umgebenden Haussklavinnen. Die eine hilft ihrer Herrin in die Schuhe, die andere reicht ihr die Tasche.*

***Zur untersten Gesellschaftsschicht** gehörten im alten Griechenland die Haussklaven. Sie waren völlig dem Willen ihrer Herren ausgeliefert, deren Befehle sie tagein, tagaus auszuführen hatten. Dazu gehörten neben persönlichen Dienstleistungen auch Belange innerhalb des Hauses, wie der Sklave rechts, der den Dinos mit Wein füllen muß.*

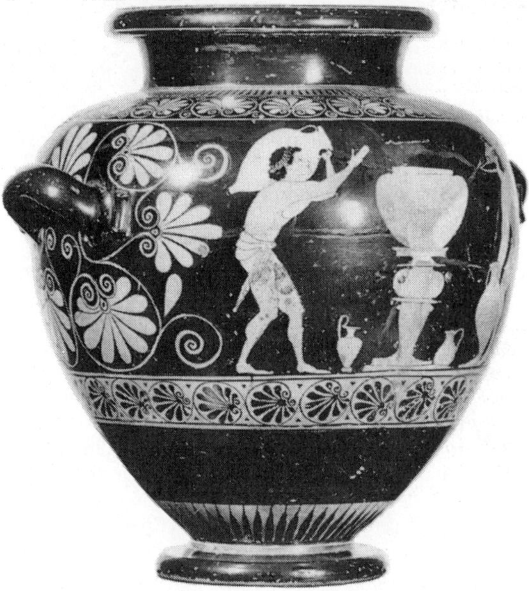

ten Handwerk und Gewerbe aus. Die gesamte Erzeugung von Eisen-, Leder- und Wollwaren lag in ihren Händen. Aber sie besaßen ebensowenig politische Rechte wie die Heloten, und wenn ein Perioke oder Helot verdächtigt wurde, einen Aufstand vorzubereiten, konnte er ohne Prozeß getötet werden. Über das Maß, in dem sie zum Kriegsdienst herangezogen wurden, gibt die Zusammensetzung des spartanischen Kontingents in der Schlacht von Plataiai (479 v. Chr.) Auskunft: Als Schwerbewaffnete (Hopliten) kämpften 5000 Spartiaten und 5000 Perioken, als Leichtbewaffnete 35 000 Heloten.

SO LEBTEN DIE SPARTANER UND ATHENER

Nur die Spartiaten, die Nachkommen der einstigen dorischen Einwanderer, besaßen volles Bürgerrecht. Dazu genügte aber nicht die Abstammung, sondern sie mußten regelmäßig an den gemeinsamen Männermahlzeiten teilnehmen und sich dem Lebensstil unterwerfen, der von Kindheit an auf körperliche Ertüchtigung und Waffengebrauch ausgerichtet war. Keinem Spartiaten war es erlaubt, Handel oder Gewerbe zu betreiben; er durfte weder Gold noch Silber besitzen, als Währung dienten Eisenbarren. Die

Das Leben in Sparta

Lykurg hatte bemerkt, daß die Spartaner genau wie die andern Griechen jeder für sich daheim speisten. Das hielt er für ungeeignet, weil in der Abgeschlossenheit des Hauses sehr viele Fehler wachsen können. Darum richtete er gemeinschaftliches Essen in der Öffentlichkeit ein, weil er überzeugt war, daß auf diese Weise die Gesetze am wenigsten übertreten wurden. Auch verordnete er eine Kost ohne jedes Übermaß und ohne jeden Mangel. In der Hauptsache und als besonderes Festessen gab es Erjagtes. Zuweilen spendierten die Reichen etwas Weizenbrot. So war der Tisch nie leer von Speisen, wenn es zum Essen ging, doch verursachte er auch keinen großen Aufwand. Auch hob er die unnötigen Trinkgelage auf, die dem Körper und dem Geiste nur schaden, und gestattete nur zu trinken, wenn jemand Durst habe. Dann sei das Trinken am unschädlichsten und erquickendsten. Wenn sie nur so zusammen speisen, wie sollte da einer durch Schwelgerei oder Völlerei sich selbst oder sein Haus zugrunde richten? In den anderen Staaten sind meistens die Altersgenossen beisammen, unter denen stets wenig Zucht oder Scham herrscht. Lykurg dagegen mischte sie in Sparta untereinander, um besonders die Jüngeren durch die Erfahrung der Älteren zu erziehen. Es war nämlich üblich, daß bei dem gemeinschaftlichen Essen erzählt wurde, was jemand für den Staat geleistet hatte, so daß dabei gar kein überheblicher Spott, keine trunkene Ungezogenheit, keine schlechten Handlungen und unanständigen Gespräche aufkamen. Auch gewährt das Speisen außer dem Hause folgende Vorteile: sie sind nämlich genötigt, sich Bewegung zu machen durch den Nachhauseweg und dafür zu sorgen, daß sie nicht vom Weine berauscht werden, da sie wissen, daß sie nicht da, wo sie speisten, bleiben können. Auch müssen sie sich mit der Finsternis so vertraut machen wie mit dem Tage; der wehrfähigen Mannschaft ist es verboten, mit einer Leuchte herumzulaufen. Da Lykurg auch bemerkte, daß die, die sich nach dem Essen anstrengen, von gesunder Farbe, fleischig und stark sind, die aber, die sich nicht anstrengen, aufgedunsen, übelaussehend und schwach erscheinen, so vernachlässigte er auch diesen Punkt nicht [...]. Nicht leicht wird man daher gesundere und körperlich gewandtere Leute finden als die Spartaner [...].

Im Gegensatz zu den meisten anderen Gesetzgebern hat Lykurg auch folgendes angeordnet: Während in den anderen Staaten jeder Herr seiner eigenen Kinder, Sklaven und Güter ist, wollte Lykurg eine Einrichtung treffen, durch die alle Bürger, ohne sich zu schaden, voneinander Nutzen haben sollten. Darum erließ er das Gesetz, daß jeder in gleichem Maße Herr über seine eigenen und über die fremden Kinder sein solle. Wenn nun jemand weiß, daß die Väter der Kinder, denen er befiehlt, freie Bürger sind, so ist er gehalten, ihnen so zu befehlen, wie er will, daß auch seinen eigenen Kindern befohlen werde. Wenn aber ein Knabe einmal von einem anderen Vater Schläge bekommen hat und es seinem Vater petzt, so ist es eine Schande, dem Sohne nicht noch mehr Schläge zu geben.

Text der Zeit

Aus: Xenophon, Der Staat der Lakedaimonier, S. 5f.
Übers. v. Ch. M. Wieland

Kleidung war einfach, die Nahrung derb, Bequemlichkeit wurde verachtet.

Eine zeitgenössische Anekdote (überliefert bei Athenaios [Athenäus] XII, 518d) zeigt dagegen, wie andere Griechen darüber dachten: Aus Sybaris, einer reichen Stadt in Unteritalien, kam ein Mann nach Sparta, ließ sich zum Mahl einladen, lag neben seinen Gastgebern auf einer hölzernen Pritsche statt auf einem Speisesofa und aß mit ihnen die berühmte Blutsuppe. Dann sagte er, es habe früher großen Eindruck auf ihn gemacht, daß die Spartiaten im Kampf den Tod nicht fürchteten; nun aber habe er sie kennengelernt und glaube, daß sie sich nicht von anderen Menschen unterschieden, denn auch der ärgste Feigling würde es vorziehen zu sterben als solch ein Leben zu führen.

Es gibt auch historische Beispiele dafür, daß das karge Leben, wie die Gesetze es forderten, nur notgedrungen ertragen wurde. König Pausanias, der Sieger der erwähnten Schlacht von Plataiai, umgab sich gern mit allem Prunk, sobald auf einem Kriegszug sich dazu Gelegenheit bot. Wenn die Spartiaten im Jahre 418 v. Chr. ihrem König Agis eine Geldstrafe von 100000 Drachmen auferlegen wollten, mußten sie voraussetzen, daß er das Geld aufbringen könne. Tatsächlich pflegten reiche Spartiaten ihr Geld im Ausland zu deponieren, z. B. im Tempel der Athena Alea in der arkadischen Stadt Tegea.

Ähnliche Verhältnisse wie in Sparta, vermutlich ein wenig gemildert, herrschten in den dorischen Kolonien auf Kreta und in Byzantion. Auch in Argos und Sikyon gliederte sich die Gesellschaft in eine Minderzahl von Vollbürgern und eine größere Menge von freien, aber rechtlosen Untertanen. Dazu kam dann noch eine unbekannte Zahl von Sklaven im Haushalt und im Gewerbe.

Bunter und vielfältiger als in Sparta war das Leben in Athen. Davon besitzen wir ungezählte Zeugnisse von der philosophischen Abhandlung bis zum Spott in der Komödie. Die Bevölkerung bestand zwar rechtlich nur aus drei Gruppen, den Bürgern, den Metöken (ansässigen Fremden) und den Sklaven, aber innerhalb dieser Gruppen waren die Unterschiede groß. Zu den Bürgern zählten die Nachkommen adeliger Großgrundbesitzer, die als Politiker und Feldherren berühmt waren und über tausend Sklaven und mehr geboten, ebenso wie die kleinen Handwerker, die das halbe Jahr über barfuß gingen und sich nur an Feiertagen ein Fleischgericht gönnten.

Die vornehme Jugend betrachtete Sparta mit seiner konservativen Verfassung als rühmliches Vorbild gegenüber der eigenen, etwas korrupten Demokratie, wohl weil sie das harte Leben eines Spartiaten nie erprobt hatte. Sie verachtete das Handwerk und ließ nur die Landwirtschaft als standesgemäß gelten, ohne sich dabei den Rücken krumm, die Finger schmutzig zu machen; sie besuchte die Palästra zu sportlicher Ertüchtigung und wegen des Tratsches; bisweilen hörte man sich auch an, was ein weiser Mann zu sagen hatte, und abends ging es zum fröhlichen Gelage mit Gleichgesinnten.

Jünglinge des gleichen Jahrganges bildeten gewöhnlich feste Gemeinschaften. Man sang und trank zusammen, man machte sich über die guten alten Sitten und die überlieferte Religion lustig. Im öffentlichen Leben unterstützte man einander bei der Politik und vor Gericht, leistete Bürgschaft mit Geld und sogar dem eigenen Leben, wie es Phintias für den berühmten Damon tat, als dieser ein Attentat auf den Tyrannen Dionysios von Syrakus versucht hatte. Manchmal wurde auch ein übler Streich ausgeheckt. Eines der Hauptvergnügen bestand darin, einem Demagogen Schrecken einzujagen, denn diese Leute lebten, seit Athen eine Demokratie war, in dauernder Angst vor Verschwörung und Staatsstreich. Das Wort Demagoge hatte übrigens zunächst nicht unbedingt abwertenden Beigeschmack, sondern bedeutete einfach Volksführer, nur waren die Volksführer nicht immer feine Leute (ihre Anhänger noch weniger). In der Demokratie zählte aber die Masse, und die hatten jene Demagogen für sich. Die vornehmen Jünglinge wußten sich zu trösten, unter anderem mit den Reitpferden, die sie dem Reichtum ihrer Väter verdankten. Mit ihnen zogen sie ins Feld und schlugen sich tapfer, vor allem aber hatten sie bei Festaufzügen ihre besondere Rolle – wie es der Panathenäenfries am Athener Parthenon zeigt –, und die ganze Stadt bewunderte sie.

Manche der Tugenden und Schwächen der Bürgerschaft im klassischen Athen tauchen auch in der mitteleuropäischen Kultur des 18. und 19. Jahrhunderts, sogar noch des frühen 20. wieder auf, aber viel deutlicher als die Parallelen sind die Unterschiede. Griechenland kannte zwar Priester und Priesterinnen, aber keinen eigenen Stand der Geistlichkeit. Die Priester des Apollon zu Delphi oder des Zeus zu Dodona, aber auch die Priesterinnen der Artemis zu Brauron bildeten wohl feste Gruppen, blieben aber Privatpersonen mit allen Rechten und Pflichten eines Bürgers, und wenn einer seine Funktionen nur zu gewissen Festzeiten ausübte, konnte er daneben ein Gewerbe betreiben, ohne daß ihm jemand das zum Vorwurf machte. Einzelne hohe Würden, z. B. bei den Mysterien von Eleusis, waren in uralten Familien erblich.

__Männliche Geselligkeit.__ Zu einer der charakteristischen Formen der männlichen Geselligkeit gehörte das Symposion. Es wurde getrunken, gegessen und gesungen. Frauen waren nur zur Erheiterung anwesend. Die Folgen der Zecherei scheinen nur allzu menschlich.

DAS ANSEHEN VON KÜNSTLERN UND GELEHRTEN

Juristen waren unbekannt, denn die Rechtssatzungen waren auch für den Privatmann einigermaßen durchschaubar. Jedermann mußte Anklage oder Verteidigung vor Gericht persönlich führen. Wer sich das nicht zutraute, ließ sich die Rede von einem kundigen Mann aufsetzen, aber sprechen mußte er sie selbst. Männer, die solche Beredsamkeit sowie Philosophie und Allgemeinbildung im Einzel- oder Gruppenunterricht lehrten, erhielten dafür gutes Honorar, anders die bescheidenen Lehrer, bei denen die Knaben lesen und schreiben, ein wenig rechnen und Literatur lernten, auch die Lehrer der Musik und Gymnastik.

Obwohl die Griechen die Künste und die körperliche Ertüchtigung sehr schätzten, galt jemand, der dies um Lohn lehrte, nicht viel mehr als ein Handwerker. Ähnlich erging es den Ärzten, wobei allerdings Hippokrates, geboren um

Ein Weiherelief mit einer Heilschlafszene *aus der 1. Hälfte des 4. Jahrhunderts v. Chr. wurde in dem Heiligtum des Amphiaraos nahe Oropos gefunden. Links ein Jüngling, der von einem Priester wahrscheinlich an der Schulter operiert wird. Im Hintergrund leckt eine Schlange die Schulter und der junge Mann schläft ein.*

460 v. Chr. auf der Insel Kos, eine Ausnahme bildete. Er brachte das medizinische Wissen auf ein höheres Niveau und erntete dafür Dank. Der Arzt gab sein Wissen an seine Söhne und Schüler weiter, ein allgemeines Studium der Heilkunst gab es nicht. Dichter waren mitunter hoch angesehen, vor allem Sophokles. Wieviel ein Musiker oder Schauspieler, Architekt, Bildhauer oder Maler galt, hing zumeist vom Ergebnis seiner Kunst ab, doch die Tatsache, daß sie für Geld arbeiteten, stellte sie in der öffentlichen Meinung den minderen Berufen gleich. Über den Maler Polygnot aus Thasos, der in Athen das Bürgerrecht erwarb, schreibt Plutarch in der Biographie des Kimon (Kap. 4): »Polygnotos aber war kein gemeiner Handwerker, malte auch die »Bunte Halle« (die berühmte *Stoa poikile*) nicht um bedungenen Lohn, sondern er tat es umsonst, um bei der Stadt Ehre einzulegen.«

DIE UNTEREN VOLKSSCHICHTEN

Wegen der Enge und der schlechten Beleuchtung der Wohnräume verbrachten die Männer den meisten Teil des Tages im Freien, die Handwerker bei der Arbeit, die anderen auf Spaziergängen. Sie alle hatten großes Interesse am öffentlichen Leben, sowohl aus allgemeiner Neigung wie aus Geltungsbedürfnis. Lange Zeit hatten nur die Wohlhabenden Zeit dafür übrig, bis Perikles eine Entschädigung für den Verdienstausfall einführte, wenn jemand an der

Volksversammlung oder einer Gerichtssitzung teilgenommen hatte. Der geringe Betrag von einem Obolos, dann zwei, schließlich drei Obolen lockte die armen Leute an, so daß die unteren Volksschichten immer stärkeren Einfluß erlangten – und genau das war auch der Zweck dieser Entschädigung.

Die Zahl der armen Leute war groß. Da gab es die Lohnarbeiter bei Handwerkern und in größeren Betrieben, die Taglöhner, die jegliche Arbeit verrichteten, bei Gastmählern aufwarteten, im Hafen als Packer und Lastträger, bei Bauten als Handlanger arbeiteten. Besonders bei der Ernte und bei der Weinlese war der Bedarf an Taglöhnern groß. Wer kräftig genug und abenteuerlustig war, ließ sich als Söldner irgendeines ausländischen Herren oder als Matrose auf Kriegs- und Handelsschiffen anheuern. Der Bürger verrichtete untergeordnete, knapp bezahlte Arbeiten nur im Notfall, doch dieser Notfall entstand oft, und wenn sich nicht genug Bürger fanden, griffen die Metöken zu, besonders jene, die als Flüchtlinge nach Athen gekommen waren und keine andere Möglichkeit des Erwerbs hatten.

Die Metöken bildeten die zweite Klasse der Athener Bevölkerung. Das Wort bedeutet Mitbewohner: Sie durften in der Stadt leben und jeden Beruf ausüben, sogar Fabriken betreiben, hatten aber keinen Anteil an der Politik. Jeder mußte einen Bürger als *Prostatos*, als Schutzherrn und Bürgen, haben, der freigelassene Sklave seinen ehemaligen Herrn, und dafür jährlich eine geringe Gebühr entrichten; außerdem war er zum Kriegsdienst verpflichtet. Das Gesetz schützte sein Leben und Eigentum, doch wenn – wie im Jahre 404 v. Chr. – die Willkür zu herrschen begann, stand es schlecht um sie: Reiche Metöken sahen damals nicht nur ihren Besitz, sondern auch ihr Leben bedroht, ganz gleich, ob sie Ausländer griechischer Abstammung, andere Ausländer (Barbaren) oder freigelassene Sklaven waren.

Neben den vielen ehrlichen kleinen Leuten gab es andere mit dunklen Berufen. Der *Parasitos*, der sich Einladungen zum Essen erschlich, und der kleine Dieb, der in öffentlichen Bädern die abgelegten Kleider stahl, der Schmuggler und der Bordellbesitzer, die Traumdeuter und Seiltänzer waren verhältnismäßig harmlose Mitglieder der Gesellschaft im Vergleich zum *Sykophanten*, der die Erpressung wie ein Gewerbe betrieb. Er mußte (im Gegensatz zu den anderen) das Bürgerrecht besitzen, denn sonst durfte er nicht vor Gericht auftreten. Seine gute Kenntnis des Rechts und aller Kniffe, es zu umgehen oder für sich auszunützen, machte ihn gefährlich. Aus jeder kleinen Verfehlung eines

Mitmenschen zog er seinen Vorteil, indem er drohte, sie vor Gericht anzuzeigen oder ein Gerücht darüber zu verbreiten. Es war ja nicht verboten, in zweifelhafter Gesellschaft zu verkehren, gern Geschenke und Einladungen anzunehmen oder von der Ehefrau betrogen zu werden, doch für einen Politiker war das ein peinlicher Vorwurf, und bevor er sich ihm, berechtigt oder nicht, aussetzen wollte, zahlte er lieber Schweigegeld. Abgesehen von der Erpressung ließ sich der Sykophant als Vermittler zwielichtiger Geschäfte, für Ehestiftung und Scheidung, Steuerhinterziehung, Erbschaftsstreit und Zeugenaussagen jeglicher Art gebrauchen, sei es als Helfer, sei es als Denunziant, je nachdem, von welcher Seite er bezahlt wurde.

DIE STELLUNG DER FRAU IM ALTEN GRIECHENLAND

Politik und Gerichtswesen, Geschäft und Unterricht waren reine Männersache. Die Bürgersfrauen lebten zurückgezogen; sie waren nur bei religiösen Festen zu sehen und vormittags, wenn sie, von einer Sklavin begleitet, auf den Markt einkaufen gingen. Xenophon gibt in seiner Schrift *Oikonomikos* das Bild einer Frau, wie es zu seiner Zeit wünschenswert erschien: Wenn die Jungfrau etwa 15 Jahre alt ist, suchen die Eltern für sie einen Mann aus. Sie ist noch nicht viel aus dem Haus gekommen, weiß nichts von der Welt. Daß sie lesen und schreiben könnte, setzt der Gatte gar nicht voraus, es genügt ihm, wenn sie die üblichen Gebete und religiösen Regeln kennt, die einfachsten Hausarbeiten beherrscht, wenn sie Wolle weben und vor allem gut kochen kann. Sie muß nur fügsam sein und gut zuhören, wenn der Mann sie belehrt, und dankbar alles hinnehmen, denn er bringt ihr bei, wie das Hausgesinde zu beschäftigen und zu beaufsichtigen ist, wie die Vorräte verwaltet und Kranke gepflegt werden. Solange das alles klaglos abläuft, ist der Mann zufrieden und lobt die Tüchtigkeit seiner Frau. So blieb es in Griechenland bis ins 20. Jahrhundert, aber schon in klassischer Zeit gab es fortschrittliche Denker – und zu ihnen zählte sich Xenophon als Schüler des Sokrates. Er schrieb wörtlich: »Nach meiner Meinung ist jedenfalls eine tüchtige Frau, die an der Hausverwaltung teilnimmt, dem Manne völlig ebenbürtig.«

Selbstverständlich entsprach nicht jede Bürgersfrau diesem Idealbild. Die Tragödien des Euripides, die Komödien des Aristophanes und Gerichtsreden wie die des Lysias über den Mord an Eratosthenes zeigen Frauen, die ihren Mann betrügen, jemanden mit ihrer Rache verfolgen, Frauen, die grausam sein können, das Geld ihres Mannes verschwenden, ihm gegenüber ihre bessere Abkunft betonen, wie sie

***Frauen bei der Wollebereitung** zeigt die attische Schale des Malers Duris, um 480 v. Chr. Da die Bürgerstöchter und -frauen im gesellschaftlichen Leben so gut wie keine Rolle spielten, waren sie fast ausschließlich auf das häusliche Leben und die Informationen aus den dabei geführten Gesprächen angewiesen.*

***Die Bedeutung der Hetäre** im gesellschaftlichen Leben. Waren Bürgersfrauen auch wohl behütet, im alltäglichen Leben spielte die freie Liebe eine große Rolle, und das Geschäft mit ihr blühte. Es gab aber auch vornehme und intelligente Hetären von bedeutendem Einfluß. Rechts: Hetäre mit Liebhaber.*

zanken, tratschen, naschen und heimlich dem Trunk ergeben sind. Wie – umgekehrt – die Frauen über ihre Männer dachten, ist nur im Falle der Xanthippe bekannt.

Da die Bürgerstöchter und -frauen gut behütet wurden, blühte das Geschäft mit der freien Liebe und spielte im gesellschaftlichen Leben keine geringe Rolle. Dabei gab es alle Abstufungen: die vornehme Hetäre war des öfteren eine gebildete, intelligente Frau; sie regierte eine Art Salon, führte mit ihren Anbetern kluge Gespräche und gab ihnen geistige Anregung, die sie zu Hause nicht immer fanden, oder sie war witzig, unterhaltsam und frivol. Die kleine Flötenspielerin brauchte nur jung, hübsch und munter zu sein, um ein Gelage erfreulich zu ergänzen, und schließlich wartete noch eine Menge einfacher, derber Markt- und Hafendirnen aus dem Sklavenstand auf Besucher.

***Der Tanz** stand unter den schönen Künsten an vorrangiger Stelle. Die Griechen empfanden wahre Begeisterung, sich sowohl rhythmisch und ausdrucksvoll als auch sanft zur Musik zu bewegen. Jedes nur erdenkliche Fest wurde dazu genutzt, wie links die Szene mit den Tänzern auf dem Fest der Karneia zeigt.*

RECHTE UND PFLICHTEN DER SKLAVEN

Die Sklaven bildeten die unterste Klasse der Gesellschaft. Das war in allen Staaten des Altertums so, in Athen aber waren sie nicht ohne Schutz: Wenn ein Sklave auf der Straße einem Bürger nicht auswich, durfte dieser ihn nicht schlagen. Nur der eigene Herr besaß das Recht der Züchtigung, aber wenn er zu grausam war, hatte der Sklave die Möglichkeit, an einen Asylort (z.B. ins *Theseion* oder an den Altar der Eumeniden am Areopag) zu flüchten und durch Vermittlung eines Priesters zu fordern, an einen anderen Herrn verkauft zu werden. Wenn ein Sklave Vorwürfe oder Forderungen gegen andere Personen vorzubringen hatte, vertrat ihn vor Gericht sein Herr, doch wenn er von gemeingefährlichen Taten erfuhr, konnte der Sklave sogar seinen eigenen Herrn anzeigen. Erwies sich die Beschuldigung als wahr, erhielt der Sklave dafür die Freiheit.

In Mordprozessen war seine Zeugenaussage gültig, sonst nur, wenn sie auf der Folter gemacht wurde (!).
Die Sklavenhändler kauften auf den Märkten Kleinasiens und des östlichen Mittelmeers ein, auch Gefangene der Seeräuber; im Skythenland boten ihnen Eltern ihre Kinder an. Geschäftstüchtige Leute erwarben bei den Händlern kräftige Männer, um sie im Taglohn oder in längerem Kontrakt an die Bergwerke zu vermieten, oder sie bildeten hübsche Mädchen als Musikantinnen und Tänzerinnen aus. Manchmal durften Sklaven ein Handwerk auf eigene Rechnung ausüben, zahlten ihrem Herrn eine feste Abgabe, brachten es zu einem eigenen Vermögen und lebten dann recht behaglich. Die Mehrzahl beklagte jedoch ihr Schicksal. Während des Peloponnesischen Krieges liefen aus Athen 20000 Sklaven zu den Feinden über. Wie es ihnen dort erging, ist nicht bekannt, doch wenn ein entlaufener Sklave zurückgeholt wurde, durfte ihm sein Herr ein Brandmal aufdrücken, um neuerlicher Flucht vorzubeugen. Auch der Staat hielt Sklaven, und zwar in der Münzwerkstätte, als Rechnungsführer und Schreiber in der Finanzverwaltung, als Folterknechte und Henker. Die athenische Polizeitruppe bestand aus Skythen, weil diese als Fremde politisch nicht Partei ergriffen.
Innerhalb des Haushalts entwickelte sich oft gegenseitige Anhänglichkeit. Die Sklavin gebar ein Kind und säugte auch das Kind der Herrin als Amme, wurde Erzieherin und begleitete das Mädchen, das sie aufgezogen hatte, in den Ehestand als Wirtschafterin und enge Vertraute. Es gibt Beispiele dafür, daß ein Sklave das Vermögen seines Herrn gut verwaltete, zum Lohn freigelassen wurde und nach dem Tod seines Herrn dessen Witwe heiratete. Der schlaue Sklave, der seinen Herrn begaunert oder ihm zu Abenteuern verhilft, lebt als Vorbild der Dienergestalten bei Goldoni und im spanischen Schelmenroman, aber auch als Figaro des Beaumarchais in der Literatur weiter.

Literatur

Brockmeyer, Norbert: Antike Sklaverei, Darmstadt 1979
Ehrenberg, Victor: Aristophanes und das Volk von Athen, Zürich 1968
Finley, Moses I.: Die Sklaverei in der Antike, München 1981

***Obsternte,** dargestellt auf einer attischen Amphora aus dem 5. Jahrhundert v. Chr. Der Obstanbau spielte schon in der Antike im gesamten Mittelmeerraum eine bedeutende Rolle, da das milde Klima viele Früchte gedeihen ließ. Im Gegensatz zu heute waren Citrusfrüchte nur wenig verbreitet, dagegen wurden zahlreiche andere Früchte wie Oliven, Weintrauben, Äpfel, Birnen, Quitten, Aprikosen, Kastanien und Pistazien angebaut.*

***Wein war das Hauptanbauprodukt** Attikas zu Zeiten des athenischen Komödiendichters Aristophanes (450–385 v. Chr.). Doch schon seit Homers Zeiten (um 900 v. Chr.) war er ein alltägliches Getränk, das sogar bei Begräbniszeremonien getrunken wurde. Hier eine Kelterszene auf einer Bauchamphora. Der Ausschnitt der Satyr-Vase des Malers Amasis zeigt einen Satyrn beim Keltern der Trauben. Amasismaler waren griechische Maler des schwarzfigurigen Stils, die in Athen für den Töpfer Amasis tätig waren.*

***Die Propyläen,** das Tor zur Akropolis, einst von den persischen Invasoren zerstört, wurden während der Regierungszeit des Perikles von dem Architekten Mnesikles von 437 bis 432 v. Chr. in der noch heute erkennbaren Form wieder aufgebaut. Links: Prunkkapitell einer Säule der Propyläen.*

Der Kalbträger. *Diese Statue eines Mannes, der ein Kalb als Opfergabe auf seinen Schultern trägt, gehört wegen des dargestellten Themas zu den bemerkenswerten. Es handelt sich um eine Votivgabe, die um 560 v. Chr. auf der Athener Akropolis geweiht wurde. Die sehr qualitätsvolle Figur besteht aus Marmor und zeichnet sich besonders durch die Harmonie von Mensch und Tier aus.*

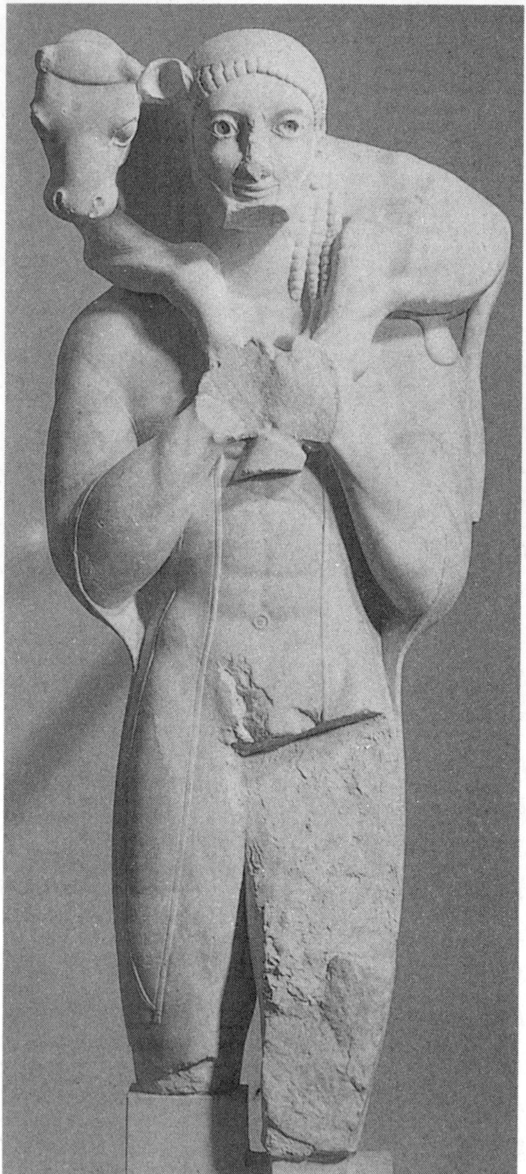

WINFRIED STADTMÜLLER

Wirtschaft und Handel in der griechischen Welt

Die Landwirtschaft als bedeutender Erwerbszweig – Der Aufbau eines weitverzweigten Handelsnetzes – Erfindung des Geldes als Zahlungsmittel – Umstrukturierung der Landwirtschaft – Teufelskreis der Verschuldung – Industrielle Massenfertigung – Sklaven statt Maschinen – Produktionsschwerpunkte in den Großstädten – Massenproduktion von Töpferwaren – Rüstungsindustrie – Silbergruben im Laurion – Zentrum des Handels: »der Piräus« – Athens Hafen: größter Umschlagplatz der Antike – Import metallischer Rohstoffe, Export wertvoller Fertigprodukte – Die wirtschaftlichen Folgen des Peloponnesischen Krieges – Verlagerung der Wirtschaftszentren nach Osten und nach Äypten.

Wirtschaften bedeutet für den Menschen zu allen Zeiten, seinen Lebensunterhalt zu sichern. Mochte ihn dabei zuweilen an anderen Orten die Natur begünstigen – das alte Griechenland war eher karg. Platon hat seine Heimat mit dem Gerippe eines Dahinsiechenden verglichen, dessen Fleisch weggebrannt ist. Tatsächlich gaben die trokkenen Kalkgebirge nur wenige Ebenen und Täler zum Anbau frei; nur ein knappes Fünftel des Landes war fruchtbarer Ackerboden; an den Berghängen konnten allenfalls Ziegen und Schafe weiden; abbauwürdige Bodenschätze fanden sich spärlich. Vielleicht war in Griechenland gerade der Mangel die größte Herausforderung des tätigen Menschen.

Linke Seite: ***Die genaue Anordnung der Ruderer*** *zeigt dieses Flachrelief von einer athenischen Triere. Schon zu mykenischer Zeit verwendeten die Griechen ihre Schiffe sowohl für den Krieg als auch zur Seeräuberei.*

DIE BEDEUTUNG DER LANDWIRTSCHAFT

Das wirtschaftliche Leben in der frühgriechischen Zeit liegt im Dunkel, das auch moderne archäologische Forschung nur in Ansätzen zu erhellen vermag. Es ist in der Wissenschaft bis heute umstritten, inwieweit die Epen Homers wirklich die damaligen Verhältnisse widerspiegeln; auf seine Erzählungen und die Dichtung des jüngeren Hesiod gründen sich aber weitgehend unsere Vorstellungen. Grundlage aller Tätigkeit war demnach die Landwirtschaft. Der Bauer züchtete Haustiere, meist Rinder und Schafe; mit seiner Familie, mit Sklaven und Taglöhnern bestellte er seine Felder, die Wein- und Olivenkulturen. In jährlichem Rhythmus wechselte in einer Zweifelderwirtschaft der Anbau von Weizen, Roggen und Gerste mit der Brache; über Kanäle wurde der trockene Boden bewässert. Nach den Berichten der Sage waren Zugvieh und eiserner Pflug längst gebräuchlich. Das Ansehen eines Bauern bemaß sich nach der Größe seiner Felder und dem Bestand des Viehs; die riesigen Rinderherden des Augias sind sprichwörtlich geworden. Das einzige Ziel dieser Wirtschaft bestand darin, den Eigenbedarf der Hausgemeinschaft zu decken – unabhängig, autark zu sein; ein Gewinn wurde nicht angestrebt! Die Wissenschaft bezeichnet diesen Typus von Landwirtschaft als »geschlossene Hauswirtschaft«.

Dabei versteht es sich, daß der Hausherr auch nahezu alle handwerklichen Arbeiten selbst verrichtete. Odysseus, der König von Ithaka, zimmert eigenhändig Tisch und Bett, Penelope, seine Gattin, spinnt und webt und besorgt den Haushalt. Nur in Ausnahmen sah man sich gezwungen, »von fern her Fremde zu rufen [...] Zimmermeister [...], Seher vielleicht und Ärzte für Kranke, [...] auch göttliche Sänger« (Odyssee). Solchen »Handwerkern«, Banausen (grch. banausos = Handwerker), wurde jedoch allgemeine Anerkennung versagt: es galt als wenig ehrenvoll, für andere Leute um Lohnes willen zu arbeiten! Diese Geringschätzung der »Brotarbeit«, die noch stärker den Händler traf, hat die Mentalität der Griechen bis in die klassische Zeit hinein geprägt und die wirtschaftliche Entwicklung nachhaltig beeinflußt.

Es wäre jedoch verfehlt, in der frühgriechischen »Hauswirtschaft«, die den Profit verachtete, eine Idylle der Selbstgenügsamkeit und Zufriedenheit, gleichsam den Rest eines »Goldenen Zeitalters«, erblicken zu wollen, wie dies gelegentlich geschehen ist. Die Welt Homers, von der solche Vorstellung ausgeht, ist die Welt der Großgrundbesitzer und des Adels. Vom kärglichen Leben der kleinen Landwirte erzählt hundert Jahre später der »Bauerndichter« Hesiod. Auf die schlechtesten Böden verwiesen, oft mit kaum mehr Besitz als einem Ochsen, einer Sklavin und einem eisernen Pflug, fristeten viele ein Leben am Rande des Existenzminimums. Voll Bitterkeit erinnert sich Hesiod des eigenen väterlichen Hofes: »Eine triste Höhle, hoffnungslos im Winter und verdrießlich im Sommer; niemals gab es eine gute Zeit.« Immer drohte dem kleinen Bauern das Schicksal, von einem Adeligen abhängig zu werden: den sechsten Teil seiner Ernte oder mehr mußte er dann abliefern – der Rest mochte kaum zum Überleben reichen. Hesiods Ermunterung, »Arbeit ist keine Schande«, war in solcher Lage nur dürftiger Trost; seinen glücklicheren Standesgenossen gab der Dichter den Rat, ihre Überschüsse als Seehändler zu verkaufen.

Schon in der Phase der autarken Hauswirtschaft mochten die Griechen offenbar nicht ganz auf den Handel verzichten. Die »Männer der seeberühmten Phöniker«, so erzählt die Odyssee, boten »unzähliges Spielwerk aus dem Bauch des Schiffes« feil: als »Gauner« verschrien, trieben sie einen einträglichen Hausierhandel mit Luxuswaren und Schmuck – auch mit Sklaven; bezahlt wurde im Tausch mit Vieh und anderen Naturalien.

AUFBLÜHEN VON HANDEL UND GELDWIRTSCHAFT

Von den Phönikern lernten die Griechen wahrscheinlich auch Schiffbau und Seefahrt. Sie hatten damit ein Lebenselement gefunden: Die innige Verzahnung von Land und Meer, die Vielzahl benachbarter Inselgruppen forderten zur Seefahrt geradezu heraus und machten die Ägäis zu einem griechischen Binnenmeer. Seefahrerkunst wurde schließlich zur Voraussetzung jener großen Kolonisationsbewegung seit Mitte des 8. Jahrhunderts v. Chr., die im Verlauf von 200 Jahren das Gefüge der griechischen Wirtschaft grundlegend veränderte. Welche Motive die Griechen im einzelnen antrieben, an nahezu allen Rändern des Mittelmeeres Niederlassungen zu gründen, mag heute umstritten sein; daß Handelsinteressen dabei eine zentrale Rolle spielten, steht außer Frage. Mit den Kolonien wurden dringend notwendige Versorgungsressourcen und Rohstoffquellen erschlossen und zugleich Absatzmärkte für die Produkte der Heimat gewonnen. Die neuen Siedlungen bildeten bald die Ankerpflöcke für ein weitverzweigtes Handelsnetz über den ganzen Mittelmeerraum.

Die griechische Währung

(euböisch-athenisches Münzsystem)
Obolos
Drachme = 6 Obolen
Mine = 100 Drachmen
Talent = 60 Minen/6000 Drachmen

Eine Umrechnung in heutige Währungen ist nicht möglich, da sich die Kaufkraft des griechischen Geldes nicht mehr zureichend ermitteln läßt. Der Taglohn eines Handwerkers lag wohl zwischen 3 Obolen und 1 Drachme; das Existenzminimum für eine Familie wird auf 15 bis 20 Drachmen im Monat geschätzt. Wer mehr als 1 Talent besaß, wurde zu den Reichen gerechnet. Die größten Vermögen in Athen beliefen sich auf 1000 bis 2000 Talente. Nach dem Steuergesetz von 322 v. Chr. standen die Bürgerrechte nur denjenigen zu, die mindestens 20 Minen (2000 Drachmen) besaßen – nach Diodor waren dies 9000 Männer, 12 000 verloren das Bürgerrecht!

Münzgeld als Motor des Handels. *Links: Tetradrachmen aus Akragas; Flußkrabbe. Darunter: Adler, einen Hasen zerfleischend. Rechts: Tetradrachme aus Syrakus: Vierergespann, Skylla mit Frauenoberkörper, Fischschweif, über ihrem Arm die Künstlerinschrift. Darunter die Rückseite: Kopf der Arethusa als Kore.*

Kaufkraft griechischer Münzen. *In der klassischen Zeit betrugen die Unterhaltskosten pro Person und Tag ca. drei Obolen oder eine halbe Drachme, bei bescheidenen Ansprüchen. Die Arbeiter beim Bau des Erechtheions in Athen (409–406 v. Chr.) erhielten eine Drachme als Tageslohn. Ein Sklave kostete 150–200 Drachmen. Gegen Ende des 5. Jahrhunderts v. Chr. kostete ein Wollmantel 20 Drachmen, ein Paar Schuhe 8 Drachmen, das konnte oder wollte sich Sokrates nicht leisten, er ging barfuß! Demosthenes gab im Jahre 363 v. Chr. für die Kosten seines Haushalts, zu dem seine Mutter und seine Schwester gehörten, insgesamt 700 Drachmen aus. Aus der Berechnung der Erbmasse des älteren Demosthenes wissen wir, daß sein Haus (Wohnung und Werkstätte) 3000 Drachmen Wert war, Möbel, Silberwaren, Juwelen und Kleidungsstücke insgesamt 10 000 Drachmen.* *G. St.*

Zum wirtschaftlichen Schlüsselereignis wurde gegen Ende der Kolonisationsphase die »Erfindung« des Geldes. Wahrscheinlich von den Lydern übernommen, entwickelte sich das Münzgeld zum eigentlichen Motor des Handels. Zwar waren Edelmetalle in großen Barren schon bislang geschätzte Tauschobjekte; aber erst die kleine Silbermünze, deren Echtheit und Wert durch den staatlichen Prägestempel garantiert wurden, vermochte den schwerfälligen Tauschhandel zu revolutionieren: sie wurde als Wertmesser und als universelles Zahlungsmittel allgemein und überall akzeptiert. Das neue Geld und der aufblühende Handel mußten das alte System der »geschlossenen Hauswirtschaft« zwangsläufig sprengen. Die wirtschaftlichen Aktivitäten verlagerten sich vom Land jetzt zunehmend in die Stadt: das Zeitalter der antiken »Stadt- oder Poliswirtschaft« hatte begonnen.

Solche Entwicklung vollzog sich freilich nicht gleichmäßig. Der Gebrauch des Geldes vermochte sich in bäuerlichen Randgebieten nur sehr zögernd durchzusetzen. Sparta hielt an seinem primitiven Eisengeld fest und verbot den Bürgern durch Gesetz jede Handelstätigkeit: es hat sich damit vom allgemeinen wirtschaftlichen Aufschwung selbst ausgeschlossen. Anderwärts beklagten Dichter den verderblichen Einfluß des Geldes auf die alten Ordnungen: »Geld, das ist's, was sie ehren. [...] Reichtum vermengt das Geblüt.« (Theognis von Megara)

STRUKTURWANDEL DER LANDWIRTSCHAFT

Trotz des Aufblühens von Handel und Gewerbe in der Stadt behielt die Landwirtschaft ihre zentrale Bedeutung für Griechenland bei. Sie blieb Hauptquelle der Versorgung, die meisten Menschen waren weiterhin im bäuerlichen Bereich beschäftigt. Noch im 4. Jahrhundert v. Chr. besaßen nach glaubwürdiger Quelle 60 Prozent der Stadtbewohner Athens Landgütchen von ein bis zwei Hektar! Die Kolonisation bewirkte allerdings auch in der Landwirtschaft einen tiefgreifenden Strukturwandel. Durch die Einfuhr billigen Getreides büßten die Bauern auf den städtischen Märkten ihre Konkurrenzfähigkeit ein. Als Ausweg bot sich eine Umstellung auf die exportsichere Wein- und Olivenkultur an. So entstanden zum Teil, wie bei Phokis, Ölbaum-Großplantagen mit über 1000 Sklaven! Die kleinen Bauern freilich waren bei solchen Umstellungen – angesichts ihrer schon ohnehin hohen Belastungen – in ihren finanziellen Möglichkeiten meist überfordert. Sie mußten beim Adel Geld aufnehmen und gerieten nicht selten in einen Teufelskreis der Verschuldung, an dessen Ende die

***Der Welthandel** erlebte einen gewaltigen Aufschwung zu Beginn der hellenistischen Epoche. Aus allen Teilen der griechischen Welt wurden Güter im- und exportiert. Auch zur außergriechischen Welt bestanden Handelsbeziehungen.*

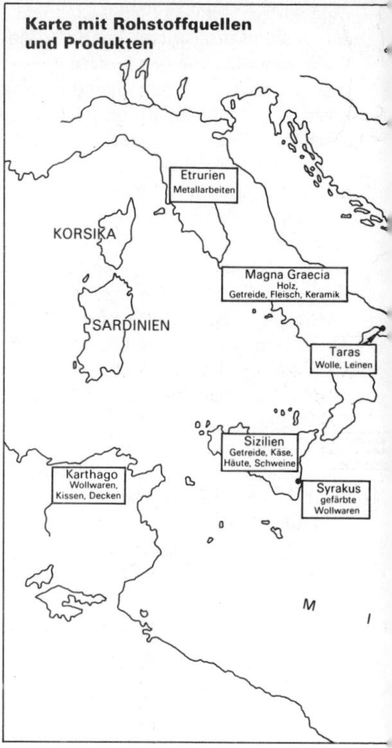

persönliche Versklavung stand. Soziale Krisen in ganz Griechenland forderten schließlich Reformmaßnahmen heraus, deren bekannteste Solon in Athen in die Wege leitete. Viele der gescheiterten Bauern versuchten, in der Stadt Fuß zu fassen.

WIRTSCHAFTSZWEIGE DER GROSSTÄDTE

Tatsächlich bot die griechische Polis mannigfache Erwerbsmöglichkeiten, als Händler und Handwerker, später als Ruderer und als Arbeiter in den Häfen und bei öffentlichen Bauvorhaben. Die Bedürfnisse einer großen Stadt – Athen etwa in seiner Glanzzeit wird heute auf 120 000 bis 150 000 Einwohner geschätzt – belebten besonders das Handwerk. Im Laufe der Zeit bildeten sich hier auch regionale Produktionsschwerpunkte aus, die vor allem die Exportgüter herstellten. Korinth lieferte Bronzeartikel; Milet

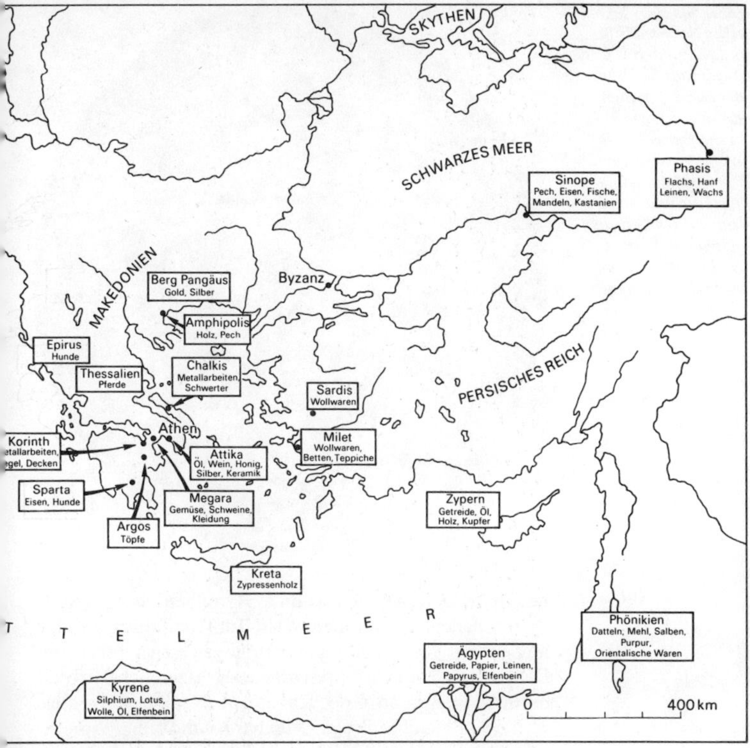

Nach: anno, Mächte, Menschen, Kulturen. Die Griechische Welt.

und Megara waren Zentren der Webindustrie; Athen und Korinth konkurrierten in der Massenproduktion von Töpferwaren, jener kunstvoll bemalten Vasen und Krüge, die in der Antike wohl zu den meistbenutzten Gebrauchsgegenständen zählten. In Athen konzentrierte sich überdies die Rüstungsindustrie – Aristophanes spottet in seinen Komödien über Panzerschmiede und Helmbuschbinder, über Lanzenschäfter und Trompetenmacher. Produziert wurde nicht auf Bestellung, sondern auf Vorrat; der Waffenfabrikant Lysias hatte 700 Schilde »auf Lager«.

Überraschen muß dabei allerdings die geringe Größe der Betriebe: die meisten Werkstätten beschäftigten wohl nicht mehr als drei bis fünf Tagelöhner oder Sklaven; Einmannbetriebe waren nicht selten. Wenn der Redner Demosthenes von seinem Vater eine Messerschmiede mit dreißig und eine Möbeltischlerei mit zwanzig Handwerkern erbt, so ha-

Innenbild einer lakonischen Schale, *Mitte 6. Jahrhundert v. Chr. Arkesilaos II., König der altgriechischen Kolonie Kyrene in Libyen, überwacht das Wiegen und Lagern von Silphion. Diese kostbare und vor allem von den Griechen geschätzte Würz- und Heilpflanze war ein wichtiges Erzeugnis der Kyrenaika.*

ben diese Unternehmen schon als Großbetriebe zu gelten. In der bedeutenden athenischen Töpfereiindustrie sollen nur 400 bis 500 Arbeiter beschäftigt gewesen sein!

Der Einsatz einfacher Maschinen, die eigentliche Fabrikproduktion, war in Griechenland noch unbekannt; alles wurde von Hand gefertigt. Offenbar hat die billige Arbeitskraft der Sklaven hier den technischen Fortschritt behindert. Formen der Arbeitsspezialisierung sind allerdings schon ausgeprägt: in den Keramikmanufakturen etwa teilen sich Töpfer, Maler und Brenner den Herstellungsvorgang. Und um 400 v. Chr. berichtet der Schriftsteller Xenophon: »In den kleinen Städten verfertigen dieselben Leute Liegebetten, Türen, Pflüge, Tische [...]. In den großen Städten dagegen, wo viele den gleichen Gegenstand benötigen, gewinnt ein Handwerker ausreichenden Lebensunterhalt auch nur mit einer einzigen Handfertigkeit, oft mit einer noch nicht einmal vollständigen. Nein, der eine macht Schuhe für Männer, der andere für Frauen [...].«

Eine Erwerbsmöglichkeit besonderer Art boten für Athen die Silbergruben im Lauriongebirge. In achtzig kleinen Hüttenbetrieben wurde im Untertagebau das Erz gefördert. Unter härtesten Arbeitsbedingungen – in zehnstündigen Tag- und Nachtschichten – sollen hier zeitweise über 30000 Sklaven eingesetzt gewesen sein.

Waren die Schürfrechte im Laurion an athenische Privatunternehmer verpachtet, so trat nach den Perserkriegen der Staat selbst als öffentlicher Arbeitgeber auf. Wenn Perikles das zerstörte Athen befestigen und zur schönsten Stadt Griechenlands ausbauen ließ, verfolgte er damit – zusammen mit anderen Maßnahmen – auch beschäftigungspolitische Ziele, um, wie Plutarch schreibt, »die Hauptstadt von der untätigen und wegen Mangel an Arbeit unbeständigen Masse zu entlasten«. In seiner berühmten Rede vor der Volksversammlung verspricht Perikles allen Bürgern Wohlstand: »So wird es Arbeit in Fülle geben, die mannigfachen Bedürfnisse werden jedes Handwerk beleben, jeder Hand Beschäftigung bringen, fast die ganze Stadt wird ihren Verdienst finden, indem sie sich durch eigene Leistung schmückt und zugleich ernährt.« Immerhin stieg jetzt das Einkommen auch der untersten Schichten auf das doppelte Existenzminimum. Finanziert werden sollten die Maßnahmen aus der Kasse des Attischen Seebundes, aus der sich Athen stets sehr großzügig bediente. Hier ist allerdings eine gewisse Einschränkung angezeigt: wie sich anhand von Bauabrechnungen nachweisen läßt, ist nur ein verhältnismäßig kleiner Teil aus dem jährlichen Beitragsaufkommen von etwa 600 Talenten für die Tempelbauten auf der Akropolis verwendet worden. Diese Beiträge haben wohl eher die See- und Handelsmacht Athen gestärkt.

SEE- UND HANDELS MACHT ATHEN

Themistokles war es, der die Athener – vorab aus politisch-militärischen Gründen – auf das Meer verwiesen hatte: sie

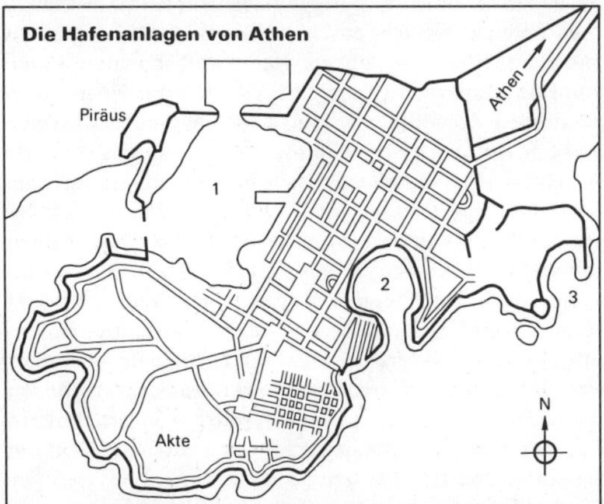

1. Handelshafen Kentharos
2. Hauptkriegshafen Zea
3. Munichia-Hafen

hätten als »Seevolk auf dem Weg zur Macht einen großen Vorsprung«. Bis dahin war der Seehandel Athens auf überlegene Konkurrenten in den Inseln Aigina und Chios, vor allem im sprichwörtlich reichen Korinth, gestoßen, das zeitweise das Mittelmeer beherrschte. Als Vormacht des Attischen Seebundes hat Athen dann im 5. Jahrhundert v. Chr. jegliche Konkurrenz ausgestochen. Zentrum des Handels wurde der militärisch befestigte und mit eisernen Ketten verschließbare Hafen in Piräus. Auch nach heutigen Vorstellungen war »der Piräus« eine gigantische Anlage aus Warenspeichern und Stapelmagazinen, aus Zollgebäuden, Handelskontoren und Wechselstuben. In den Bootsschuppen und Docks konnten 400 Schiffe überwintern; in den Werften lagen ständig Neubauten von Kriegs- und Handelsschiffen auf Kiel.

Zu Recht nannte man Athens Hafen »Tor zur Welt«, es war wahrscheinlich der größte Umschlagplatz der Antike. Hier wurden Export und Import abgeglichen. Aus dem Schwarzmeergebiet, aus Ägypten und Sizilien kamen die dringend benötigten Getreidelieferungen – mehrere hundert Schiffsladungen: die Schätzungen schwanken zwischen 750 000 und drei Millionen Zentnern im Jahr. Abhängig war Griechenland auch vom Import metallischer Rohstoffe, Kupfer, Zinn, vor allem Eisen. Im Gegenzug führte man wertvolle Fertigprodukte aus. Die größte Bedeutung kam dabei den Töpferwaren zu: griechische Tongefäße und Schalen wurden über die ganze Alte Welt verbreitet; archäologische Spuren haben sich selbst in Deutschland nachweisen lassen. Wein und Olivenöl waren die beherrschenden Exportgüter aus dem landwirtschaftlichen Bereich. Ein sehr anschauliches Bild von der Vielfalt und Buntheit der im Athener Hafen aufgebotenen Waren und Handelspartner vermittelt ein Auszug aus einer zeitgenössischen Komödie: »[...] aus dem Hellespont Makrelen und Salzfisch, aus dem Pontos, aus Sizilien und Ägypten Weizen, [...] von Syrakus Schweine und Käse, von Ägypten Segel und Papyrus, aus Syrien Weihrauch; Kreta liefert Zypressen für die Götter, Libyen viel Elfenbein, Rhodos Rosinen und trockene Feigen; aus Euböa kommen Birnen und feiste Schafe, aus Phrygien Sklaven, von Arkadien Söldner [...]«. Da wird verständlich, daß der zweiprozentige Hafenzoll zeitweise die ergiebigste Einnahmequelle der Stadt war! Ein solches Warenangebot hat natürlich auch den städtischen Binnenmarkt auf der Agora bereichert. Einkauf war hier allerdings Männersache, das Feilschen offenkundig ein geschätzter Zeitvertreib.

Für den Transport der Güter verfügte Athen über eine stattliche Handelsflotte. Die Schiffe – durchweg in Privatbesitz – waren als Segler angelegt und zum Manövrieren im Hafen mit Ruderreihen ausgestattet. Ihr Fassungsvermögen lag zwischen 70 und 500 Tonnen; sie konnten bis zu 3000 Wein- oder Ölkrüge aufnehmen. Zum Schutz gegen die Seeräuberplage fuhr man immer in größeren Geleitzügen; zur Sicherung des Handels ließ Athen überdies ständig ein Geschwader von 60 Kriegsschiffen in der Ägäis kreuzen.

Um 430 v. Chr. scheint die Stadt eine fast monopolartige Stellung im griechischen Wirtschaftsleben erreicht zu haben. In die Eidesformel des Attischen Seebundes wurde die Bestimmung aufgenommen: »Wenn einer [...] nicht die athenischen Münzen, Gewichte und Maße anwendet [...], so soll Bestrafung eintreten.« Und in einer zeitgenössischen Schrift findet sich die lapidare Feststellung: »Nur die Athener können über die Erzeugnisse aller Griechen und Barbaren verfügen [...]. Würden sie gegen den Willen Athens Waren verfrachten, würde ihnen die herrschende Seemacht die Handelswege abschneiden.« 432 v. Chr. erwirkte Perikles einen Boykott gegen das kleine Megara – und trieb die Stadt damit in den wirtschaftlichen Ruin.

Handwerk und Handel haben Athen einen ungeheuren Reichtum gebracht. Um so erstaunlicher ist die Feststellung, daß sich unter den athenischen Unternehmern fast keine Athener Bürger befinden. Das alte Vorurteil gegen die banausischen und krämerischen Tätigkeiten war offenkundig unausrottbar – die reichen Athener investierten ihr Geld in Landbesitz. Träger der wirtschaftlichen Aktivitäten waren in erster Linie die Metöken, »Gastarbeiter« aus anderen Gegenden, denen Bürgerrechte und Landerwerb versagt waren. Als Manufakturbesitzer und Bergwerkspächter, als Großhändler und Schiffseigner kamen sie zu ansehnlichen Vermögen. Hohe Gewinne machten sie als Bankiers. »Banken« waren in Griechenland reine Geldverleihinstitute, die gegen Depositen Darlehen gaben; die Zinssätze betrugen bis zu 24 Prozent – »die Bankiers sind noch schlimmer als die Fischverkäufer«, höhnte Aristophanes wohl zu Recht. Ein lukratives Geschäft war auch der Verleih von Sklaven: über 1000 soll ein gewisser Nikias an die Silbergruben vermietet haben – zu einem Obolos am Tag.

Die höchste Rendite aber warfen jene schönen Sklavinnen ab, die als Hetären »verliehen« wurden: bis zu vier Drachmen konnte man pro Freier kassieren! Es ist bezeichnend für das Geschäftsgebaren der Zeit, daß im 4. Jahrhundert v. Chr. ein freigelassener Sklave reichster Mann Athens werden konnte.

DIE WEITERE WIRTSCHAFTS-ENTWICKLUNG

Der verheerende Peloponnesische Bruderkrieg, für den wohl auch wirtschaftliche Rivalitäten verantwortlich waren, hat die Handelsmacht Athens gebrochen und Korinth die alte Vorherrschaft zurückgegeben. Die Wirtschaft Athens schien tödlich getroffen: die Verluste an Menschen waren ungeheuer; die Flotte mußte ausgeliefert werden; Absatzmärkte gingen verloren; persische Bestechungsgelder verdarben die Währung; Arbeitslosigkeit erzeugte Armut. Es ist erstaunlich, daß sich Athen und Griechenland von den zahlreichen Krisen des 4. Jahrhunderts v. Chr. immer wieder erholen konnten. Durch besondere Schutzgesetze lockte Athen die Großhändler und Reeder in die Stadt zurück; dank der Silbervorräte und kluger Finanzpolitik kam öffentliche Bautätigkeit in Gang, entstanden ein neues Theater und Stadion. Demosthenes konnte sich zu Recht rühmen, daß Athen wieder »der reichste Ort Griechenlands« geworden sei.

Unter Alexander und seinen Nachfolgern verlagerten sich jedoch die wirtschaftlichen Zentren der Alten Welt nach Osten, nach Seleukia am Tigris und Alexandrien. Hier in Ägypten entwickelte sich im Hellenismus eine monopolistische Staatswirtschaft in ganz neuen Formen und Dimensionen – aus der griechischen Stadtwirtschaft wurde Weltwirtschaft.

Literatur

Boardman, John: Kolonien und Handel der Griechen, München 1981

Heichelheim, Fritz: Wirtschaftsgeschichte des Altertums, 3 Bde., Leiden 1969

Hopper, Robert B.: Handel und Industrie im klassischen Griechenland, München 1982

Pekáry, Thomas: Die Wirtschaft der griechisch-römischen Antike, Stuttgart 1979

Rostovtzeff, Michael: Die hellenistische Welt, Gesellschaft und Wirtschaft, Stuttgart 1955/56

ROLAND VOCKE

Alltag im klassischen Griechenland

Wohnen in Athen – Rollenverhalten von Mann und Frau – Das Leben nach der Hochzeit – Die Küche Griechenlands – Gastmähler reicher Athener – Unterhaltung und Abwechslung durch käufliche Mädchen – Gewänder für Mann und Frau: rechteckige Stoffbahnen – Kaum Fortschritte im Ackerbau – Weinernte bei rhythmischen Klängen – Bauern genossen hohes Ansehen – Berufe und Arbeitsplätze im klassischen Griechenland – Eine Vielzahl handwerklicher Berufe – Angebot und Nachfrage – Treffpunkt Agora – Volksversammlung für Freigeborene – Das Perikleische Zeitalter – Tourismus in Griechenland – Pausanias' zeitgenössische Berichte: Vorläufer unserer modernen Reiseführer.

Wir wollen uns, wenn vom Alltag im klassischen Griechenland die Rede ist, nicht durch die Pracht der öffentlichen Bauten in den Städten und heiligen Bezirken oder durch den Glanz der öffentlichen Feste blenden lassen: Griechenland war auch in klassischer Zeit kein reiches Land, und die private Welt und das Alltagsleben der Griechen des Mutterlandes waren auch in klassischer Zeit recht einfach und anspruchslos.
Sehen wir uns zunächst die Straßen und Häuser, zum Beispiel in Athen, etwas näher an. Dort gab es nur ein paar planvoll angelegte Straßen, die zu den Toren führten. Durch die Wohnviertel dagegen wanden sich, vorbei an fensterlosen Hauswänden, die unregelmäßigen Gassen, die meist ohne Pflaster waren, so daß sie sich nach jedem Regenguß in einen Morast verwandelten. Mancherlei Unrat aus den Häusern flog einfach auf die Straße. Für eine gewisse Hygiene sorgten, wenigstens zeitweise, öffentliche Abfallsammler, die den Kehricht vor die Stadt schafften. Eine Art Bauaufsicht sorgte dafür, daß die Gassen nicht durch Neubauten versperrt wurden und überhängende Balkone die Passanten nicht gefährdeten.
Die Stadthäuser selbst waren meist »Einfamilienhäuser«, sehr schlicht aus ungebrannten Ziegeln, Holz oder einfach aus Lehm errichtet. Die Wände waren so dünn, daß Diebe sie leicht mit einem eisernen Werkzeug aufbrechen konnten, ohne sich um Schloß oder Riegel kümmern zu müssen. Wenn die Häuser ein Obergeschoß hatten, was eher die Ausnahme war, dann führte eine steile Treppe an der Außenseite hinauf. So konnte mancher Hausbesitzer ein paar Räume vermieten. Wer sich keine Wohnung leisten konnte, der kroch des Nachts in irgendeine Ecke oder suchte in der

Linke Seite:
Mutter und Kind
Diese Tonstatuette aus dem 2. Jahrhundert v. Chr. zeigt eine griechische Frau mit ihrem nackten Kind auf dem Arm. Vermutlich handelt es sich bei der Mutter um eine Spartanerin; denn diese pflegte, im Gegensatz zu der Athenerin, ihr Baby abzuhärten, indem sie es, selbst im Winter, nur spärlich zugedeckt schlafen ließ.

kalten Jahreszeit Zuflucht in den öffentlichen Bädern. Mietskasernen mit mehreren Stockwerken und zahlreichen Wohnungen kannte man in Griechenland nicht. Gewiß gab es in Athen auch ansehnliche Häuser der reichen Bürger und großzügige Villen vor den Mauern der Stadt, aber die Bodenfunde erlauben keine klaren Schlüsse. Von der Stadt Olynthos auf der Halbinsel Chalkidike im Norden Griechenlands und von Delos kennen wir allerdings regelmäßig und großzügig angelegte Wohnquartiere, die aber keine Rückschlüsse auf Wohnungen des 5. Jahrhunderts erlauben.

WOHNEN IM KLASSISCHEN GRIECHENLAND

Während die Männer tagsüber ihren Geschäften nachgingen oder sich auf der Agora, dem Marktplatz, sehen ließen, spielte sich das Leben der Frauen und Kinder im großen und ganzen in der Abgeschlossenheit des Hauses ab, zu dem in der Regel ein Innenhof gehörte, in dem die Frauen Luft und Licht genießen konnten, während ein schmaler Laubengang für Schatten sorgte. Im Hof wurden auf offenem Feuer auch die einfachen Mahlzeiten zubereitet, und dort befand sich auch bisweilen ein Brunnen oder wenigstens eine Zisterne. Da es in den einfachen Haushalten außer dem ehelichen Schlafgemach keine feste Einteilung der Schlafstätten gab, suchten sich die Sklaven, je nach Jahreszeit, einen Platz im Hof oder in irgendeinem Nebenraum. Allerdings mußten die Schläfer im Hof unter Umständen die Nachbarschaft von Hühnern und Hunden dulden.
Charakteristisch für das griechische Haus war die strenge Trennung zwischen den Räumen der Frauen und den Räumen, zu denen auch Fremde Zutritt hatten. »Wohnkomfort« in unserem Sinne kannten die Griechen der klassischen Zeit zwar kaum. Doch waren die Frauengemächer etwas hübscher ausgestattet als die anderen Räume. So standen im ehelichen Schlafzimmer ein paar Truhen mit den Tuchen und Decken aus dem Brautschatz und ein paar bequemere Sessel. Schmuckstücke und Spiegel waren in einem besonders kunstvoll gearbeiteten Kästchen bewahrt. Das eheliche Bett war nicht einfach eine Matte aus Stroh oder Schilf, wie sie von anderen Hausgenossen benutzt wurde, sondern ein kräftiges, gelegentlich verziertes Holzgestell auf vier Beinen, das mit Ledergurten überspannt war. Das Ehepaar ruhte auf Schilf- oder Binsenmatten und Kissen und in Decken gehüllt – ruhte, solange es die überall gegenwärtigen Flöhe und Wanzen zuließen, denn trotz der körperlichen Reinlichkeit der Griechen war das Ungeziefer aus den Wohnungen nicht zu vertreiben.

Wohnkomfort. *Legt diese junge Frau vielleicht ihren Brautschatz in die Truhe? Nur die Frauengemächer waren wohnlich ausgestattet. Liebe zum Detail zeigt die Schnitzerei an der Truhe mit einer mythologischen Darstellung des Kampfes zwischen Athena und Enkelados und einer Satyr-Mainadenszene. Um 460 v. Chr.*

Badefreuden *gab es in Griechenland bereits in den Anfängen der Geschichte. Wohlhabende Griechen schätzten sowohl kalte als auch heiße Bäder. Zu diesem Zwecke ließen sie sich sogar in ihren Häusern Bäder einrichten, wie die hier abgebildete Wanne aus dem zweiten Stock eines Hauses in Delos beweist.*

In Athen gab es zwar seit dem 6. Jahrhundert v. Chr. eine geordnete Wasserversorgung und eine Anzahl öffentlicher Brunnenanlagen; Wasser blieb aber stets Mangelware in der Stadt. Die ärmeren Frauen und die Mägde holten das Wasser in großen Krügen vom öffentlichen Brunnen und brachten es in die Küche oder, soweit vorhanden, in den Baderaum. Badewannen waren zwar bekannt, aber in den meisten Fällen erfolgte die Reinigung des Körpers in einzelnen Abschnitten oder unter einer Art Dusche. Für beide Arten gibt es Belege in der Vasenmalerei. Beim einfachen Brausebad stieg ein Sklave oder, wenn die Herrin duschen wollte, eine Sklavin auf einen Hocker und übergoß den Badenden aus einem Gefäß mit Wasser, das sich dann durch die Türöffnung seinen Weg ins Freie suchte. Sehr schlicht waren die Abortanlagen oder deren Ersatz: ein einfacher Sitz in einer abgelegenen Kammer oder ein Tongefäß im Schlafraum selbst.

Auch sonst umfaßte die Einrichtung des Hauses nur das Nötigste. Die wenigen Möbelstücke wurden je nach Bedarf hierhin oder dorthin gebracht: Hocker, Stühle, kleine Tische aus Holz, Metall oder auch aus Keramik. Da die Griechen beim festlichen Gelage nicht bei Tisch saßen, sondern lagen, brauchte man in reicheren Häusern noch ein Möbelstück in der Art eines Sofas oder einer Chaiselongue mit Kopf- und Rückenlehne, das es dem Zecher erlaubte, halb sitzend, halb liegend den Becher zu leeren und die Speisen zu genießen, die auf kleinen Tischchen zwischen den Liegen standen. Sehr viel mehr kannte der griechische Haushalt nicht. Die Hausfrau betrat die vorderen Räume kaum, und der Hausherr begab sich des Abends bald zur Ruhe, wenn er überhaupt heimkehrte, denn mit der ehelichen Treue nahmen es die Griechen nicht sehr genau, und ein trautes Familienleben im gemütlichen Heim kannte man in Griechenland nicht.

PARTNERWAHL, HOCHZEITSFEIER UND DIE FOLGEN

Schon bei der Gattenwahl hatten tiefere Gefühle kaum eine Rolle gespielt. Vielfach hatten sich die füreinander Bestimmten nicht einmal gesehen, bevor sie zusammengegeben wurden. Die meisten Mädchen dürften zwischen 13 und 15 Jahren geheiratet haben. Es war kaum vorstellbar, daß ein griechisches Mädchen freiwillig unverheiratet blieb, denn für selbständige Frauen gab es in der griechischen Gesellschaft keine Entfaltungsmöglichkeiten. Es finden sich sogar Hinweise, daß in einigen griechischen Städten die »sitzengebliebenen« Mädchen als Sklavinnen verkauft werden konnten. Die Männer heirateten gewöhnlich

Die Lustspieldichter unterhöhlten die Staatsreligion *nahezu ebenso wie die Philosophen, denn sie gaben sie der Lächerlichkeit preis. Maler taten das ihrige, indem sie Parodien auf Vasen malten, ähnlich satirischen Zeitschriften. Hier stattet Zeus, getarnt mit Bart, Alkmene einen Besuch ab. Hermes als Sklave unterstützt ihn, 400 v. Chr.*

später, zwischen zwanzig und dreißig, wenn sie die Freuden der Liebe schon ausgekostet hatten. Der Hauptgrund für eine Heirat war der Wunsch des Mannes, Kinder, vor allem Söhne, zu haben, die nach seinem Tod die vorgeschriebenen kultischen Handlungen vornehmen konnten. Der Heirat ging eine Art Verlobung voraus, ein mündlicher Vertrag vor Zeugen, der zwischen dem Vater der Braut und dem Bräutigam geschlossen wurde und vermögensrechtliche Dinge regelte. Die Mitgift der Tochter spielte eine beträchtliche Rolle. Sie mußte übrigens bei einer vom Mann gewünschten Scheidung wieder zurückgegeben werden. Den Hochzeitstermin legte man gerne in den Wintermonat, der als besonders glückverheißend galt, da er der Göttin Hera, der Schützerin der Ehe, heilig war. Nach den vorgeschriebenen Opfern vollzogen Braut und Bräutigam, jeweils im Elternhaus, ein rituelles Bad, für das das Wasser aus einer heiligen Quelle herbeigebracht worden war. Die Hochzeitsfeier war ein Fest der Familie und der Freunde, das im Haus der Brauteltern stattfand. Später begleitete die Hochzeitsgesellschaft das junge Paar ins Haus des Mannes bis an die Hochzeitskammer, vor deren Türe die ausgelassenen Gäste anspielungsreiche Lieder anstimmten. Weniger aufwendig dürfte es bei ärmeren Leuten zugegangen sein, und die Sklaven lebten einfach zusammen.

Nach der Heirat spielte sich, wie wir gesehen haben, das Leben der Griechin vorwiegend im eigenen Haus ab. Nur die Spartanerin machte eine Ausnahme; ihr Ruf war daher im übrigen Griechenland nicht der beste. Der Frau eines wohlhabenden Atheners verbot es dagegen die Sitte, das Haus ohne besonderen Grund zu verlassen; schon ein Schwatz an der Haustüre konnte mißdeutet werden. Die Frauen aus den ärmeren Schichten bewegten sich freier, denn sie mußten unter Umständen als Händlerinnen zum Unterhalt der Familie beitragen, was allerdings auch ihrem Ruf nicht zuträglich war. Hatte eine Frau, die auf sich hielt, wirklich etwas Besonderes zu besorgen, dann ließ sie sich von einer Sklavin begleiten, die allerdings gelegentlich auch als Vermittlerin verbotener Anträge dienen mochte; denn ganz unumstößlich war die eheliche Treue der Griechin nicht. Wir hören von Fällen, in denen sich eine Ehefrau nachts aus der Kammer schlich, um ihren Liebhaber zu empfangen, während der Mann im Ehebett weiterschnarchte. Bei aller Abgeschlossenheit nahm die Frau im Hause eine geachtete Stellung ein. Selbstverständlich leitete sie die Erziehung der Kinder; sie gebot über die Sklaven, verfügte über mancherlei Ausgaben des Haushalts und beaufsichtigte vor allem die Herstellung und Verarbeitung der Wolle, aus der die meisten Kleiderstoffe im Hause selbst hergestellt wurden.

DIE KÜCHE GRIECHENLANDS UND GESELLIGE GASTMÄHLER

Der Ehemann ließ sich nur wenig zu Hause blicken. Er hatte seine Geschäfte und seine politischen Verpflichtungen und traf auf dem Marktplatz seine Freunde und Bekannten. Außerdem erledigte er mit Hilfe eines Sklaven die Einkäufe für die Familie. Wenn er sich die nötigen Ausgaben leisten konnte, dann traf er auch die Vorbereitungen für ein großes Gastmahl, für dessen Zubereitung ein Koch gemietet wurde. Von den Reizen der griechischen Küche dürfen wir uns allerdings keine übertriebenen Vorstellungen machen. In ihren Grundzügen hat sie sich, bereichert um einige türkische Rezepte, bis heute erhalten. Vergessen

***Antike Hausarbeit.** Mit einem langen Löffel rührt die Hausfrau in einem großen Kochtopf, damit die von der Arbeit kommende Familie vielleicht mit einer einfachen Suppe oder mit Gerstenbrei versorgt werden kann. Neben ihr ein hungriger Hund vor seinem Freßnapf. Böotische Terrakottafigur, Ende 600 v. Chr.*

wir nicht, daß Griechenland ein karges Land war. Fleisch, vor allem Rindfleisch, war in den meisten Städten teuer; das konnten sich nur die reichen Rinderzüchter Böotiens in größerer Menge leisten. Preiswerter waren Schweine, Schafe und Ziegen und vor allem gesalzene Fische. Fische mußten übrigens zum Teil eingeführt werden, denn die griechischen Gewässer waren auch in klassischer Zeit nicht übermäßig fischreich. Als Hungerleider wurden vielfach die Spartaner verspottet. Ihre berühmte »Schwarze Suppe«, Schweinefleisch in einer Brühe aus Blut und Essig, war nicht nach jedermanns Geschmack. Grundnahrungsmittel für die Durchschnittsgriechen waren Gerstenbrei und Gerstenbrot und auch einfache Gemüse, die auf dem Markt angeboten wurden, zum Beispiel Bohnen, Erbsen, Linsen und Knoblauch und dazu Obst und Käse. Geschätzt war eine Art von Blutwurst, die in Därme abgefüllt wurde. Wenn aber ein reicher Athener zu einem Gastmahl lud, dann ging es zwar nicht verschwenderisch zu, doch mit Blutwürsten und Knoblauch konnte er seine Gäste nicht abspeisen. Der Koch mußte sich ein abwechslungsreiches Menü einfallen lassen, und ein solches ist uns in einer Komödie des Aristophanes erhalten: Zunächst wurde Hasenpfeffer aufgetragen; es folgten Salzfisch, gebratene Drosseln und Tauben; dann Hasenbraten und Blutwurstmagen. Dazu gab es vermutlich reichlich Brot; zum Nachtisch wurden Kuchen angeboten, die mit Honig beträufelt waren. Man sieht, es war reichlich, abwechslungsreich, aber nicht schwelgerisch oder raffiniert, was es da gab. Hochgeschätzt waren natürlich die einheimischen Weine. Es galt aber als unmäßig, den Wein unvermischt zu trinken, denn die Weine waren gewöhnlich schwer und die Grie-

chen außerordentlich trinkfreudig. In großen Mischkrügen verdünnte man daher den Wein mit Wasser in einem Verhältnis von 1:2 oder gar von 1:3. Dennoch artete nicht selten ein Gelage zu einem zügellosen Trinkfest aus. Allein die Spartaner galten als mäßig im Trinken.
Selbstverständlich waren die ehrbaren Frauen von diesen Gastmählern ausgeschlossen. Für Unterhaltung und Abwechslung sorgten käufliche Mädchen, Hetären (= Gefährtinnen), die wohl meistens aus dem Sklavenstand stammten und die man mieten konnte. Für geringes Geld boten sie beim Fest ihre Dienste und Künste an. Den biederen Bürgersfrauen waren sie natürlich in mancher Hinsicht überlegen – nicht nur durch ihre Liebeskünste, sondern auch durch sonstige Fertigkeiten, wie Flötenspiel und Saitenspiel, Tanz und Akrobatik. In der Vasenmalerei sind uns zahlreiche Szenen mit den Unterhaltungskünsten der Hetären höchst anschaulich überliefert.

BEKLEIDUNG DER GRIECHEN IN KLASSISCHER ZEIT

Vasenbilder vermitteln uns auch ein Bild von der Kleidung der Griechen in klassischer Zeit. Die Gewänder, gleichviel, ob für Mann oder Frau, waren nicht wie unsere Anzüge und Kleider dem Träger oder der Trägerin »auf den Leib geschneidert« oder wenigstens angepaßt, sondern die Griechen trugen rechteckige Stoffbahnen, meist aus selbstgewebter Wolle, die den Körper frei umhüllten. In bestimmten Fällen wurden sie durch einen Gürtel oder durch Spangen zusammengehalten. Wesentliche Unterschiede zwischen der Kleidung der Männer und Frauen gab es kaum, mögen auch die Frauen mehr Wert auf reichere Farben und gewähltere Muster gelegt haben. Sehen wir von gewissen Schwankungen der Mode ab, die freilich das Tempo unserer Zeit nicht kannten, dann finden wir bei den Griechinnen den kurzen Peplos, ein Umschlagtuch, das auf den Schultern befestigt wurde und unter Umständen beim Gehen ein Bein enthüllte. Das mochte bei den Spartanerinnen angehen; die Athenerin trug den Peplos wie einen Mantel weit herabwallend, so daß er den Unberufenen nichts von den Reizen der Trägerin ahnen ließ. Der knielange Peplos war Haus- und Nachtgewand zugleich. In der Öffentlichkeit hüllte sich die Griechin gerne in den bis zu den Füßen reichenden Chiton, den ein Gürtel zusammenhielt; an kühlen Tagen kam das Himation hinzu, ein rechteckiges Wolltuch, das die Schultern warm hielt. In jedem Fall gehörte eine gewisse Fertigkeit dazu, die Tücher umzulegen und kunstvoll zu ordnen. »Wäsche« unter den Gewändern kannte man nicht, weder bei den Frauen noch bei den Män-

***Die Kleidung der Griechen** war bei Frauen und Männern gleich, wechselnden Modeströmungen unterlag sie nicht. Rechts: Amazone; Villa Adriana bei Tivoli. Der Chiton war ein an einer Seite zusammengenähtes kurzes Hemdgewand. Links: Mädchenstatue aus Ephesos in einem wollenen Peplos, einem über beiden Schultern zusammengehaltenen Rechtecktuch.*

nern. Wollstrümpfe schützten die Beine bis zum Knie. Schuhe in verschiedenen Größen und Farben gab es bei den Schuhmachern; sie kosteten allerdings viel Geld. Chiton und Himation waren auch die wesentlichen Bestandteile der Kleidung der Männer. Hinzu kamen dann noch, besonders bei Reitern und Soldaten, die Chlamys, kurze Mäntelchen, die dem Körper freie Bewegung gestatteten, aber natürlich ein Untergewand erforderlich machten. Hüte waren im allgemeinen ungebräuchlich; nur wer lange in der Sonne zu arbeiten hatte, wie Bauern und Hirten, wer auf Reisen war und wer stundenlang im Theater saß, schützte sich mit einem Filzhut.

BAUERNTUM UND KRIEGERKASTEN

Wir haben gesehen, daß auf dem Speisezettel vor allem solche Produkte standen, die in Griechenland selbst erzeugt wurden. Die Bauern, die ihr eigenes Land bearbeiteten und von niemandem abhängig waren, genossen in Griechenland hohes Ansehen. Sie galten als gute Bürger und tüchtige Soldaten, die durch ihre mühselige Arbeit auf kargem Boden abgehärtet waren. Sie wurden gelegentlich den verwöhnten Städtern als Vorbilder hingestellt. In Sparta überließ man allerdings die Feldarbeit den Heloten, da die An-

Rechts: ***Ein Bauer beim Pflügen,*** *7. Jahrhundert v. Chr. Oben:* ***Silphion.*** *Wegen ihrer Bedeutung als Handelsware wurde die Pflanze zum Münzemblem.*

gehörigen der Kriegerkaste nur für das Waffenhandwerk geboren und erzogen wurden. Im übrigen Griechenland lebte ein großer Teil der freien Bürger auf dem Land von ihrer Hände Arbeit, und ein Teil der Städter lebte wenigstens von den Erträgen ihres Grundbesitzes, über den ein Verwalter die Aufsicht führte.

Die Methoden des Ackerbaus wandelten sich nur langsam. Noch im 5. Jahrhundert v. Chr. verwendete man einen sehr einfachen Pflug mit Ochsen- oder Maultiergespannen, der den Boden nur sehr oberflächlich aufriß. Vielfach griff man auch noch zur Hacke, um die trockenen und steinigen Böden zu lockern. In manchen Gegenden gab es einfache Bewässerungsanlagen. Zwar wurden zum Beispiel in Attika Weizen und Gerste angebaut, aber die Erträge reichten nie aus, um die ganze Bevölkerung zu ernähren. Schon früh hatte man einen Teil des Bodens mit Wein, Oliven und Feigen bepflanzt, weil da die Gewinne höher waren. So mußte viel Getreide auf dem Seeweg eingeführt werden, was sich dann im Peloponnesischen Krieg verhängnisvoll für Athen auswirken sollte. Zum Dreschen breitete man die Garben auf einem runden, gepflasterten Platz aus und ließ die Körner durch ein Pferde- oder Maultiergespann heraustreten. Dem Wind überließ man es dann, die Spreu vom Weizen zu trennen. Meistens war es Aufgabe der Frauen, das Korn in einfachen Mörsern zu zerstoßen und das Mehl zu gewinnen. Ähnlich konnte man auch die Oliven auspressen, deren Öl für die Küche, für die Körperpflege und für die Lampen unentbehrlich war. Die Weinernte vollzog sich von der Lese bis zur Kelterung unter den Klängen rhythmischer Musik, von der man annahm, daß sie die Arbeiter besonders ansporne. Was wir an einfachen Gemüsesorten auf den Tischen der Athener vorfanden, wurde in Attika selbst angebaut; anspruchsvollere Sorten kamen aus den fruchtbareren Gärten Böotiens. Ärger bereiteten dem Landmann gelegentlich die großen Schaf- und Ziegenherden, die ein bebautes Feld zerstören konnten, wenn die Hirten etwa in den heißen Mittagsstunden vor sich hin dösten und die Herden sich selbst überließen.

HANDWERKER, TAGELÖHNER UND SPEZIALISIERTE BERUFE

Weniger geachtet war die Arbeit der Handwerker und besonders der lohnabhängigen Arbeiter, obwohl gerade im 5. Jahrhundert v. Chr. in Athen die handwerklichen und die davon nicht scharf getrennten künstlerischen Berufe eine hohe Blüte erlebten. Aristoteles meinte später sogar, daß Handwerker und Tagelöhner keine Möglichkeit hätten, sich um die Dinge der Tugend zu kümmern, und daß das Handwerk dem Denken die Muße raube und es niedrig mache. Es konnte allerdings keine Rede davon sein, daß den freien Handwerkern in Athen die bürgerlichen Rechte beschnitten worden wären.

Natürlich gab es in Athen oder in anderen griechischen Städten im 5. Jahrhundert v. Chr. keine Fabriken im modernen Sinn. Doch es gab kleinere und größere Betriebe verschiedener Branchen, vor allem im leder- und metallverarbeitenden Gewerbe, die eine größere Anzahl von Arbeitern, selten über fünfzig, beschäftigten. Nur die Bergwerke brauchten massenhaft Sklaven, die unter grausamen Bedingungen das metallhaltige Gestein fördern mußten. In den kleinen Familienbetrieben konnte der Sohn vom Vater die Fertigkeiten und Feinheiten des Handwerks lernen, oder er wurde zu einem der größeren Unternehmer in die Werkstatt zur Lehre geschickt. Wir finden gerade in Athen eine erstaunliche Vielzahl von handwerklichen Berufen und innerhalb der Branchen eine starke Spezialisierung. Das gilt zum Beispiel für die Schuster, von denen die einen nur Männer-, die anderen nur Frauenschuhe herstellten; oder für die Schreiner, die sich auf Möbel- oder Bauschreinerei, oder auf die Herstellung von Rädern, Türpfosten und so weiter spezialisierten. Vielbeschäftigt, auch für den Export, waren die Töpfereibetriebe, die auf schnellaufenden Töpferscheiben zahllose Dinge für den täglichen Gebrauch herstellten: Lampen, Kochtöpfe, Trinkschalen, Wein- und Wasserkrüge und Vorratsbehälter. Viele Szenen aus dem griechischen Alltag – häusliches Leben und Gelage, landwirtschaftliche Arbeiten und Handwerksbetriebe, Opferszenen und ausgelassene Tänze – sind für uns erst durch die griechische Vasenmalerei lebendig geworden. Die Ver-

arbeitung der Wolle zu Kleiderstoffen war zwar, wie schon erwähnt, meist Sache der Hausfrauen. Es gab aber, insbesondere für anspruchsvollere Leute, auch Stoffe aus Spezialwerkstätten oder gar Importwaren aus anderen griechischen Städten oder aus Übersee.
Erwähnen wir in diesem Zusammenhang noch ein paar Berufe, die auch für den kleinen Mann und seine alltäglichen Bedürfnisse von Bedeutung waren, den Müller, den Bäkker, den Wurstmacher und den Fischhändler.

DER ARBEITSMARKT IN GRIECHENLAND

Auf dem Arbeitsmarkt herrschte in der Regel das Gesetz von Angebot und Nachfrage. Wer keinen Arbeitsplatz hatte, der konnte seine Arbeitskraft auf dem Markt anbieten und warten, bis ein Interessent kam und ihn für einen Tag oder für länger unter Vertrag nahm. Aus den Bauabrechnungen des Parthenon geht hervor, daß Bürger, ansässige Nichtbürger (Metöken) und Sklaven den gleichen Lohn für gleiche Arbeit erhielten. Der Durchschnittslohn für Arbeiter ohne besondere Fertigkeiten dürfte nicht besonders üppig gewesen sein; er reichte, wie man vermutet, für einen unverheirateten Mann aus, nicht aber für eine ganze Familie. Der Staat kümmerte sich auch kaum um die Arbeitsbedingungen, weder um die Sicherheit am Arbeitsplatz noch um die Arbeitszeiten oder die Altersversorgung. Letzteres war Sache der Familie. (Ein Vater, der seinem Sohne keine Ausbildung gegeben hatte, konnte im Alter keine Ansprüche an den Sohn stellen.) In den Werkstätten begann man mit der Arbeit bei Tagesanbruch und arbeitete bis zum Sonnenuntergang. Urlaub kannte man nicht, doch gab es in Athen zum Beispiel rund sechzig arbeitsfreie Tage im Jahr.
Wer etwas kaufen oder verkaufen wollte, wer nichts zu tun hatte oder etwas zu erledigen hatte, wer etwas Neues erfahren oder unter die Leute bringen wollte, der ging auf die Agora, den Marktplatz. Dort drängten sich zwischen den Buden der Händler und den Verkaufsständen der Handwerker und Bauern die geschäftigen Einkäufer, die Müßiggänger und Nichtstuer, oder sie standen in Gruppen herum, um einem Sophisten zuzuhören oder gar dem weisen Sokrates. Andere ließen sich beim Buchhändler etwas Neues zeigen oder sie überließen sich den Künsten des Barbiers, der auf dem Markt seine Bude aufgeschlagen hatte.
So verlockend war das Leben und Treiben, war die »malerische Unordnung« auf der Agora, daß es, wenn wir dem Komödiendichter Aristophanes glauben dürfen, manchem Athener schwerfiel, sich vom Marktplatz bis zum Pnyx-Hü-

VOLKSVERSAMMLUNG NUR FÜR FREIGEBORENE

gel zu bemühen, wo die Volksversammlung stattfand. Zu ihr waren nur die freigeborenen Athener zugelassen, die das einundzwanzigste Lebensjahr vollendet hatten. Frauen, Fremde, Zugezogene und natürlich die Sklaven hatten dort keine Stimme. Wer mit dabeisein wollte, der mußte sich allerdings beizeiten aufmachen, denn die Versammlungen begannen am frühen Morgen und dauerten den ganzen Tag.

Zum Problem wurde, daß es für die meisten freien Grundbesitzer Attikas höchst beschwerlich war, auf schlechten Wegen in die Stadt zu gelangen, um dort einen ganzen Arbeitstag zu verbringen; die Stadtbewohner waren von vornherein überrepräsentiert, so daß viele Beschlüsse der Versammlungen entsprechend mehr im Sinne der städtischen Bevölkerung ausfielen.

Parteien nach unseren Begriffen gab es nicht, aber es gab lockere Zusammenschlüsse nach unterschiedlichen Interessen. So vertraten zum Beispiel die einen die Sache des grundbesitzenden Adels und der reichen Kaufleute, die anderen die Sache der kleinen Kaufleute, der Handwerker und der Lohnarbeiter.

Der so erfahrene Perikles brachte es über Jahrzehnte hinweg fertig, die Gegensätze zwischen den politischen Flügeln auszubalancieren. Aber in den letzten Jahren seines Wirkens erlebte auch er Rückschläge. Er mußte es hinnehmen, daß die aristokratische Partei, da sie sich nicht an ihn selbst heranwagte, seine Freunde in Skandalprozesse verwickeln.

So wurde z. B der Bildhauer Pheidias (Phidias), maßgeblicher Künstler beim Bau des Parthenon, u. a. beschuldigt, sich bei der Schaffung der Gold-Elfenbein-Statue der Athene bereichert zu haben. Der Philosoph Anaxagoras entging einem Prozeß wegen Gottlosigkeit nur durch die Flucht ins Ausland. Und schließlich wurde Aspasia, die hochgebildete Geliebte des Perikles, nach einem beispiellosen Verleumdungsfeldzug nur deshalb von dem Vorwurf der Gottlosigkeit und der Kuppelei freigesprochen, weil Perikles sie persönlich vor Gericht verteidigte; er soll dabei Tränen vergossen haben.

DER TOURISMUS IM KLASSISCHEN GRIECHENLAND

Die Neubauten des Perikleischen Zeitalters auf der Akropolis, die Sehenswürdigkeiten, die rings um die Agora entstanden und nicht zuletzt der stets dicht besetzte Festkalender der Athener lockten seit dem ausgehenden fünften Jahrhundert in zunehmendem Maß Touristen in die Stadt. Überhaupt waren in Griechenland trotz der miserablen

Straßenverhältnisse und ständig drohenden Raubüberfälle stets zahllose Reisende unterwegs; teils natürlich in Geschäften; teils aber auch auf dem Weg zu den großen Festspielstätten und Heiligtümern wie Olympia, Delphi, Korinth oder Epidauros, wo viele Kranke auf die Hilfe des Heilgottes Asklepios hofften.
Wenn ein Reisender, der zum Beispiel nach Athen oder Korinth kam, Glück und gute verwandtschaftliche oder landsmannschaftliche Beziehungen hatte, dann fand er Quartier in einem gastlichen Privathaus, wo es eventuell sogar ein eigenes Gästezimmer gab. Wenn er allerdings auf eine öffentliche Herberge angewiesen war, mußte er seine Ansprüche einschränken. Nach allem, was wir wissen, wartete auf ihn ein fensterloser Raum, den er sich nicht selten mit anderen Gästen teilen mußte und dessen einziges Mo-

***Zum Heiligtum des Asklepios** bei Epidauros gehörte auch der Asklepios-Tempel. Die Kranken suchten nicht nur durch ärztliche Behandlungen Hilfe und Heilung, sondern sie befragten auch die Orakel des Gottes. Das Heiligtum hatte einen solchen Erfolg, daß sogar Tochterheiligtümer gegründet wurden.*

biliar einfache Strohsäcke waren. Toiletten gab es normalerweise nicht, höchstens einen Topf; und wer sich vom Staub der Landstraße reinigen wollte, der suchte das nächstgelegene öffentliche Bad auf. Für die Verpflegung mußte der Gast meist selber sorgen. Eine »Vollpension«, wie sie moderne Touristen kennen, gab es kaum.

Keine Erfindung des modernen touristischen Zeitalters, sondern offenbar bereits ein Bedürfnis der ausgehenden klassischen Zeit sind die Reiseführer für wißbegierige Touristen. Leider sind uns die früheren einschlägigen Werke, die seit dem 4. Jahrhundert v. Chr. erschienen, verlorengegangen. Wir wissen aber, daß es touristische Führer zum Beispiel zu den Denkmälern Athens, zu den Schatzhäusern von Delphi und zu den Städten der Spartaner gegeben haben muß. Erhalten ist uns aber das gründliche Werk des

Pausanias, der Griechenland zwischen 160 und 180 n.Chr. bereiste und alle wichtigen Stätten besuchte; zu einer Zeit also, wo vieles noch unzerstört am alten Platz stand, soweit es nicht den römischen Plünderungen nach der Unterwerfung des Landes und der Zerstörung Korinths (146 v.Chr.) zum Opfer gefallen war. Seine Beschreibung Griechenlands kann als Vorläufer der modernen sachlichen und etwas trockenen, aber im wesentlichen zuverlässigen Reiseführer gelten. »Ohne ihn«, so schreibt ein Übersetzer des Pausanias, »wären die Ruinen Griechenlands zum größten Teil ein Labyrinth ohne Leitfaden, ein Rätsel ohne Lösung.«

Literatur

Athen und seine große Zeit. Leben und Kultur im klassischen Athen, Würzburg 1985 (TB)

Boardman, John/La Rocca, Eugenio: Eros in Griechenland, München 1976

Casson, Lionel: Reisen in der Alten Welt, München 1975

Flacelière, Robert: Griechenland, Ditzingen 1979

Lacey, W. K.: Die Familie im Antiken Griechenland, Mainz 1983

Rühfel, Hilde: Griechische Kinder. Teil 2: Kinderleben im klassischen Athen, Mainz 1984

Simon, Erika: Die Griechischen Vasen, München 1981

JÜRGEN EYSSEN

Die Kunst der Griechen

Beginn der griechischen Kunst – »Geometrische«, »Archaische« und »Klassische« Periode – Griechische Baukunst – Die Kunst der Steinbearbeitung – Dorische und ionische Säulen – Dorische und ionische Baumeister – Griechische Tempelarchitektur – Iktinos und Kallikrates – Das Geheimnis der Harmonie – Baukünstlerische Phantasien – Das korinthische Kapitell – Der »Große Altar« von Pergamon – Selbständige Freiplastiken – Bildhauerwerkstätten – Erste weibliche Aktfigur der Weltkunstgeschichte – Die »Laokoon«-Gruppe – »Fürst der Künste« – Griechische Malerei und Mosaiken – Polygnot: »Vater der Tafelmalerei« – Apelles: Hofmaler Alexanders des Großen.

Die Kunst der Griechen fußt auf ihrer Religion und bleibt stets der »Einheit von Glauben, Denken und Bilden« (Schefold) verpflichtet. Bald nach dem Abschluß der dorischen Wanderung (um 1200 v. Chr.) beginnt die griechische Kunst während ihrer »geometrischen« Periode ihre selbständige Entwicklung, vor allem in der Vasenmalerei. Die »archaische« Periode, die im Anschluß etwa zeitgleich mit der Gründung griechischer Kolonien auf Sizilien und dem Entstehen der Homerischen Epen einsetzte, rückt den menschlichen Körper in der Großplastik ins Blickfeld des künstlerischen Interesses und läßt den steinernen Säulentempel entstehen. In der »klassischen« Periode (seit 480 v. Chr.) erreichen Architektur, Plastik und Malerei ein Höchstmaß formaler Vollendung und geistiger Vertiefung, die dann auch die Kunst des Hellenismus (seit 330 v. Chr.) prägen.
Auf dem Felde der Baukunst verkörperte der Säulentempel am reinsten griechisches Wesen und Denken. Die Heiligtümer lagen meist in landschaftlich ausgezeichneter Lage dort, wo sich die Gottheit bereits (etwa durch Blitzschlag) offenbart hatte, sei es im kieferndufenden Hain von Olympia, in der wilden Schlucht von Delphi oder auf dem hochragenden Burgberg über Athen. Am Anfang stand der schlichte Lehmziegelbau der Cella, in der man die Statue des Gottes vor den Unbilden der Witterung schützte. Die Cella umgab dann zunächst ein Kranz aus Holzsäulen, die seit Beginn des 8. Jahrhunderts v. Chr. durch solche aus Stein ersetzt wurden. Dieser Prozeß erstreckte sich über einen langen Zeitraum; so registrierte Pausanias bei seinem Besuch in Olympia, also im zweiten nachchristlichen Jahrhundert, am Heraion noch immer einige Säulen aus Eichenholz aus der Gründungszeit des Heiligtums.

Linke Seite:
Der Pergamon-Altar, *dem Zeus und der Athene geweiht, wurde um 180 v. Chr. in der kleinasiatischen Stadt Pergamon errichtet. Er war am Sockel allseitig mit Reliefs geschmückt, die den Kampf der Götter gegen die Giganten darstellten. Eine Rekonstruktion der Anlage befindet sich im Pergamon-Museum in Berlin.*

Die Kunst der Steinbearbeitung lernten die Bauhandwerker von den Bildhauern, die für die Tempel Plastiken und Reliefs meißelten. Diese enge Partnerschaft wirkte sich nicht nur positiv auf die Präzision der einzelnen Bauteile aus, deren Millimetergenauigkeit sogar den Verzicht auf Mörtelbindung erlaubte, sondern äußerte sich auch in der »Plastizität« der Baukörper bis hinein in Details wie etwa die Säulenkanneluren.

DORISCHE UND IONISCHE SÄULEN

Für die Säule entwickelten Dorer und Ionier unterschiedliche Ausformungen. Die dorische Säule wächst unmittelbar aus dem Sockelgeschoß, im Schaft zunächst leicht anschwellend, sich nach oben stetig verjüngend ihrem Kapitell entgegen, auf dem das Dachgebälk ruht. Eine dorische Tempelfassade (wie die des Heraion in Paestum) demonstriert in klaren Proportionen und harmonischem Zusammenwirken aller Einzelteile das architektonische Konstruktionsprinzip der ausgewogenen Verteilung von Stütze und Last gleichsam als Bauidee von bezwingender Logik. Die mächtigen Säulen wirken wie steinerne Wächter und verleihen den Fassaden einen Ausdruck feierlicher Strenge. Vitruv, der Baumeister des kaiserlichen Roms, charakterisierte die dorische Säulenordnung später als »männlich« im Unterschied zu der von ihm als »weiblich« qualifizierten ionischen Ordnung.

GRIECHISCHE TEMPELARCHITEKTUR

Diese entstand auf den Inseln und an der kleinasiatischen Küste. Die ionische Säule reckt sich schlanker und wirkt mit ihrem Volutenkapitell leichter und eleganter als ihre dorische Konkurrentin. Erinnert jene an die hochragenden knorrigen Eichen in den griechischen Waldgebirgen, so denkt man bei der ionischen Säule eher an feingliedrige Schilfpflanzen. Die dorische Säule trug die Tempelarchitektur, die ionische schmückt sie und sieht sich von ihrer baustatischen Funktion (wie im Heraion auf Samos) vielfach durch besondere Stützpfeiler entlastet. Die lebhafte Phantasie der ionischen Baumeister gab sich mit dem strengen Regelmaß der Dorer nicht zufrieden. Man gliederte zunächst der Cella eine säulengeschmückte Vorhalle an, verdoppelte ferner die einfache Säulenreihe (so am Artemision zu Ephesos) und versuchte schließlich, die auf diese Weise entstandene Raumfolge zur innenarchitektonischen Einheit zusammenzuschließen. Beide Stile entwickelten ihre Eigenarten: die Dorer den gesammelten Ernst, die Ionier die eher heitere Anmut ihrer Architektur, noch wäh-

***Das religiöse Zentrum in Olympia** war der zwischen 470 und 456 v. Chr. erbaute Zeus-Tempel, der zu jener Zeit das größte dorische Gebäude Kontinentalgriechenlands war. Die Cella barg die aus Gold und Elfenbein bestehende Kolossalstatue des Göttervaters Zeus, ein Meisterwerk des Atheners Pheidias.*

rend der archaischen Periode bis zum Beginn der Perserkriege. Der gewaltige, im Schmuck seiner Marmorreliefs prangende Zeus-Tempel zu Olympia, dessen Cella eine von *Pheidias* gefeierte Kolossalstatue des Göttervaters aus Elfenbein und Gold barg - eines der sieben Weltwunder der Antike –, eröffnete die Bautätigkeit der klassischen Periode. Sie gipfelte im Parthenon der Akropolis von Athen. Zwischen 447–438 v.Chr. errichteten die Architekten *Iktinos* und *Kallikrates* der Stadtgöttin Athena ihren Marmortempel in dorischer Ordnung. Die geheime Musikalität, die den Baukörper des Parthenon beseelt, läßt an eine Verszeile Goethes denken: »Der Säulenschaft, auch die Triglyphe klingt, ich glaube gar, der ganze Tempel singt.« Das Geheimnis der harmonischen Schönheit dieses Bauwerkes liegt wohl in dem beabsichtigten Zusammenspiel von Regelmaß und eingeplanten »Unregelmäßigkeiten«. So überträgt der Baukörper einerseits die Abmessungen der Grundfläche in ihrem Verhältnis von vier zu neun in das Verhältnis von Umfang und Abstand der Säulen; andererseits weichen die Säulen der Fassade sowohl in der Waagerechten wie der Senkrechten von der schnurgeraden Linie ab: Sie neigen sich unmerklich (um sieben Zentimeter) nach innen und folgen in ihrem Nebeneinander der »Kurvatur«, einer leichten Ausbuchtung der Basislinie. Nicht genug damit, setzte man der beeindruckenden dorischen Säulenfront der Außenfassade im Innern, dort wo die Kolossalstatue der Göttin von der Hand des Pheidias thronte, die intimere Wirkung ionischer Raumgestaltung entgegen. Herrliche Marmorskulpturen und Reliefs im Giebeldreieck mit mythologischen Szenen (wie dem Kampf der Götter und Giganten) ergänzen die Ausstattung des Heiligtums, das in seiner schimmernden Pracht weithin sichtbar von stolzer Höhe herab und im Glanz leuchtender Farben heimkehrende Seefahrer bereits aus der Ferne grüßte.

ARCHITEKTONISCHE GLANZLEISTUNGEN

Krönte der Parthenon die griechische Tempelarchitektur, verkörperte sich in ihm zugleich das stolze Selbstbewußtsein einer Nation, die soeben ihre Freiheit erfolgreich verteidigt hatte, so beweist das benachbarte Erechtheion den bauschöpferischen Ideenreichtum ionischer Architekten und läßt ahnen, in welche Richtung die griechische Baukunst auch im Mutterlande hätte tendieren können, wäre die gerade erst behauptete Unabhängigkeit nicht im unseligen Bruderkrieg verspielt worden. Denn sowohl der von der Norm abweichende, komplizierte Grundriß, der den Erfordernissen zweier verschiedener Kulte Rechnung trug (dem des Stadtgründers Erechtheus und dem des Poseidon), wie noch deutlicher die Verwandlung der Säulenfront in die Karyatidenfassade der dem Parthenon zugewandten Korenvorhalle, bezeugen baukünstlerische Phantasie. Am Ausgang des Jahrhunderts ersann man auch das korinthische Kapitell, das für die Säulengestaltung nunmehr zusätzlich den reichhaltigen Formenschatz pflanzlicher Ornamentik anbot.
Das Schwergewicht der Bautätigkeit verlagerte sich unter Alexander d. Gr. und den Diadochen in die aufblühenden hellenistischen Weltstädte auf der anderen Seite des Mittelmeeres. Dort kam es (wie in Milet) zu imponierenden Platzanlagen, bei denen sich das im Erechtheion an einem Einzelgebäude erprobte Prinzip einer variablen Grundrißgestaltung gleichsam zum System einer städtebaulichen Konzeption erweiterte. Der »Große Altar« von Pergamon, den König Eumenes II. Soter (R 197 – 159 v. Chr.) für seine Hauptstadt in Auftrag gab, darf für sich in Anspruch nehmen, die Tendenzen der hellenistischen Architektur in ähnlicher Vollkommenheit zu verkörpern, wie dies der Parthenon für die griechische Klassik geleistet hatte. Auf ihrem mächtigen Sockel thront die von ionischen Säulenfronten gerahmte mehrflügelige Anlage, zu der eine majestätische Freitreppe emporführt, wie ein Palast für die Götter im Schmuck ihres bereits im Altertum legendären Ruhm genießenden Skulpturenfrieses mit der Gigantenschlacht. Neben der Sakralbaukunst gehörte das Interesse hellenistischer Architekten verstärkt weltlichen Bauaufgaben wie Theatern (Priene), Bibliotheken (Alexandria), prunkvollen

Oben: ***Die Korenhalle,*** *der Hauptschmuck des zur Akropolis gehörenden Erechtheion-Tempels, 420–406 v. Chr., nimmt ein archaisches Element auf, indem es menschliche Gestalten, hier Maiochen (Koren), das Gebälk tragen läßt. Links:* ***Der Ostfries des Pergamon-Altars*** *zeigt in der Mitte die nebeneinander kämpfenden Athena und Zeus.*

***Eine phänomenale Akustik** zeichnet das Theater von Epidauros aus, in dem die Athener noch heute Klassikeraufführungen besuchen. In der Antike war hier einer der größten Heilorte mit dem Heiligtum des Asklepios. Rechts: Auch in Priene, einer altgriechischen Kleinstadt nördlich von Milet, gab es ein spätklassisch-hellenistisches Theater.*

Baukunst des griechischen Raumes

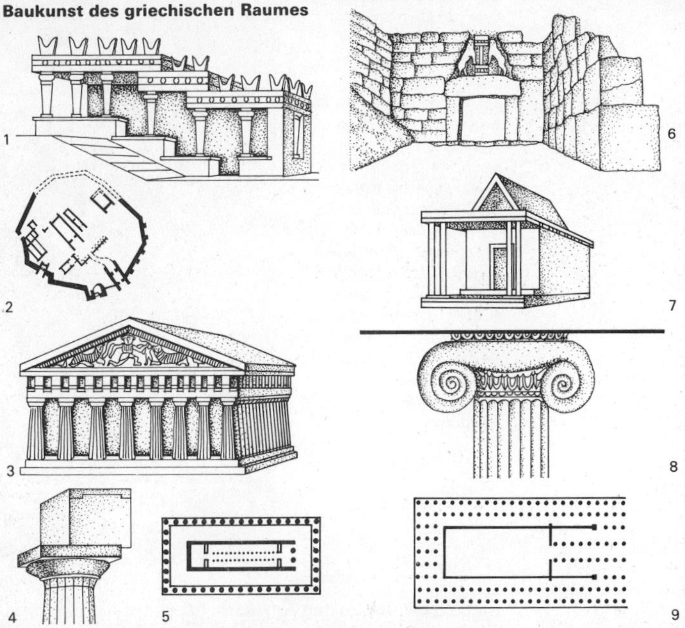

Torbauten (Milet), Leuchttürmen (Pharos) und mit raffiniertem Luxus ausgestatteten Wohnbauten.

GEBURT DER GRIECHISCHEN GROSSPLASTIK

Die archaische Zeit, in der die Griechen sich mit dem Versepos ein monumentales Sammelbecken für die vielen Lieder schufen, in denen sie ihre Götter und Helden feierten, erlebte auch die Geburt der griechischen Großplastik. Monumentalbildhauerei gab es zwar schon in Ägypten; die Künstler am Nil aber machten den Menschen nicht zum Maß aller Dinge, wie das bei ihren griechischen Nachfolgern geschah. Diese modellierten ihre Götter nämlich so, wie Homer sie besungen hatte: in Menschengestalt. Die Sage personifiziert als Schöpfer der Plastik denselben Daidalos, der den ersten Flugapparat konstruiert haben soll. Daidalos lebte zeitweilig auf Kreta, und diese Insel lag damals genau auf der Schwelle zwischen dem alten Orient und dem antiken Hellas. So mochten die Eroberer aus dem Norden hier den Werken einer ihnen fremden Kunst begegnet und von ihr fasziniert worden sein.

Zeichnung oben:
1. Knossos, Aufgang
2. Troja II, Grundriß
3. Artemis-Tempel, Korfu
4. Dorisches Kapitell
5. Grundriß Artemis-T.
6. Löwentor, Mykene
7. Tempel, Geom. Zeit
8. Ionisches Kapitell
9. Vielsäulen-Tempel, ionisch.

***Die zweitälteste Frauenfigur** der klassischen Antike ist die von Auxerre. Sie entstand im dritten Viertel des 7. Jahrhunderts v. Chr. und besteht aus Kalkstein. Bezeichnet wurde sie nach dem Ort, an den sie später gebracht worden ist. Das einst farbige Gewand zeigt ein in der Mitte senkrecht verlaufendes Mäanderband. Der kubisch gearbeitete Körper ist gerundet. Die Frauenstatuen dieser Zeit sind immer bekleidet, unter dem Gewand jedoch deuten sich Brüste und Glieder an.*

Im Unterschied zu den Ägyptern, bei denen die Figuralplastik Teil der Architektur blieb, schufen die Griechen selbständige Freiplastiken. Ägyptische Statuen lehnten in der Regel an den Wänden und wendeten dem Betrachter nur ihre Schauseite zu. Die griechischen Standbilder ließen sich umschreiten und von allen Seiten betrachten. Zwar verleugnet die frühe Großplastik auf hellenischem Boden in ihrer starren Haltung und Steifbeinigkeit kaum je ihre Vorbilder; aber die griechischen Bildhauer lernten schnell, der maskenhaften Leblosigkeit der Gesichter ein Lächeln aufzusetzen und die Körper dergestalt zu »beseelen« (Herakopf, Olympia). Mit typisierten Figuren, den nackten Jünglingsgestalten der »Kuroi« (grch. = Jüngling) und den langgewandeten »Koren« (grch. = Mädchen), sammelten die Bildhauer ihre Erfahrungen im Umgang mit den Materialien vom Kalkstein über Marmor bis zum Bronzeguß und lösten die dabei auftretenden technischen Probleme. Die relativ bald gewonnene handwerkliche Souveränität erlaubte den Meistern die ständige Vertiefung des künstlerischen Ausdrucks. Die ägyptische Starre eines Totenkultes löste sich aus den Figuren, die Gewänder »rieseln« im lokkeren Faltenwurf über die Körper und lassen deren Umrisse ahnen. Noch aber scheinen sie sich ihrer Gliedmaßen nicht bedienen zu wollen; sie verharren auf ihren Postamenten in der Rolle von unbeteiligten Zuschauern.

VOM ARCHAISCHEN ZUM KLASSISCHEN STIL

Ist es wirklich nur Zufall, daß der Übergang vom archaischen zum klassischen Stil, sprich, aus der gesammelten Ruhe zur natürlichen Bewegung, sich etwa gleichzeitig mit dem Aufstieg der attischen Tragödie ereignet? Wohl kaum. Im heiligen Hain des Zeus zu Olympia erbaute man damals den gewaltigen Tempel für den Schirmherren der Panhellenischen Spiele. In der Bildhauerwerkstatt wetteiferten die Künstler beim Meißeln der Reliefs aus parischem Marmor für die Giebel- und Metopenfelder kaum weniger ehrgeizig als die Athleten, die hier alle vier Jahre um olympischen Lorbeer rangen. Die zwanglose Natürlichkeit, mit der sich sowohl die Götter wie die Menschen auf den Reliefszenen des Zeustempels bewegen, mag daher durch die ideale Studienmöglichkeit der Bewegungsabläufe des menschlichen Körpers in der benachbarten Arena eine Erklärung finden. Und mit der gleichen Berechtigung läßt sich für die dramatische Steigerung der bildnerischen Ausdruckskraft, die den hochklassischen vom »strengen« Stil (wie er in Olympia herrschte) deutlich abhob, behaupten, er sei von den Theateraufführungen am Fuße der Akropolis beeinflußt worden. Der Kampf zwischen Göttern und Giganten beispielsweise, der vom Parthenon herab die Schicksalhaftigkeit des Geschehens mit »steinerner« Überzeugungskraft verkündet, als stamme das »Drehbuch« von *Aischylos*, erinnert in der unerbittlichen Logik des Handlungsablaufs an die »Orestie«.

Wendeten sich die mythologischen Reliefszenen an die Gemeinschaft der Gläubigen beim Opferritus vor dem Tempel, so suchten die großen Bildhauer der Hochklassik in ihren Einzelstatuen den Betrachter gleichsam in ein Gespräch über das Wesen des Menschen zu ziehen. Leider sind die meisten Originalwerke verloren, und wir können einen Eindruck nur mittels Kopien aus römischer Zeit gewinnen. Auch von der Bemalung ist nichts mehr zu erkennen. Immerhin vermittelt uns die Kopie des Diskuswerfers von *Myron* (um 450 v. Chr.) eine Vorstellung von den Absichten ihres Meisters. Wie auf einer filmischen Zeitlupenstudie hält die Statue den Bewegungsablauf beim Wurf in dem Augenblick fest, an dem der ausholende Arm seinen höchsten Punkt erreicht und dem Künstler ermöglicht, die Schönheit des Athletenkörpers in der genauestens nachmodellierten Anspannung aller Muskeln zu demonstrieren. Der Speerträger des *Polykleitos* hingegen ist in voller Ent-

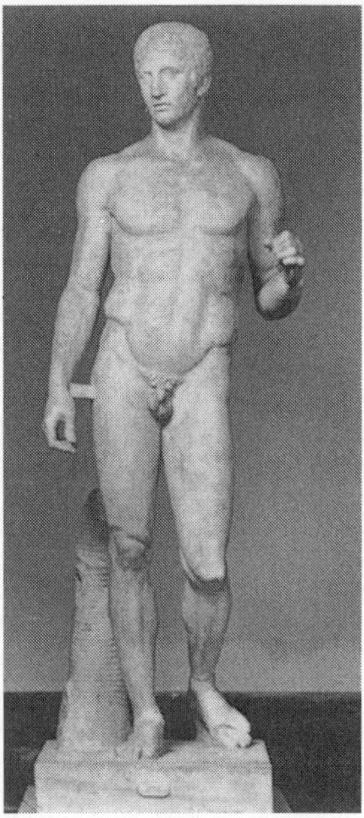

Die vollendete ionische Kunst *wird von einer großen Dreiheit getragen: von Pheidias, Polyklet und Myron. Letzterer schuf nur in Bronze, leider ist davon nichts erhalten. Am bekanntesten ist die Marmorkopie seines Diskuswerfers. Rechts: Volle Spannung zeichnet den Speerträger Polyklets aus, der stets konsequent das Stand- und Spielbein unterscheidet.*

spannung festgehalten. Die Körperlast ruht gut verteilt auf dem Standbein, während das Spielbein locker aus der Hüfte heraus zum nächsten Schritt anzusetzen scheint. Von *Pheidias*, dem berühmten Vorgänger der beiden Bildhauer, vermochte die Spatenforschung noch kein ihm sicher zuzuschreibendes Werk auszugraben. In einem anderen Fall, bei dem die Archäologen in Olympia seinerzeit ein Original des Atheners *Praxiteles* (4. Jahrhundert v. Chr.) entdeckt haben wollten, sind seitens der modernen Stilkritik inzwischen erhebliche Zweifel laut geworden. Der Ruhm des Praxiteles, mit der »Aphrodite von Knidos« die erste weibliche Aktfigur der Weltkunstgeschichte modelliert zu haben, blieb dadurch ungetrübt (auch wenn sie nur in Gestalt einer römischen Marmorkopie existiert). Für die Bildhauer der klassischen Epoche bedeutete es offenbar ein Sakrileg, die Schönheit und Harmonie des menschlichen Körpers (in ihren Augen ein Geschenk der Götter) durch den Ausdruck von Leidenschaften oder gar von Schmerzen zu entstellen. So verrät selbst der Diskuswerfer des Myron in einem Augenblick äußerster Anspannung auf seinem Antlitz auch nicht die geringste Spur einer körperlichen oder nervlichen Anstrengung.

Laokoon und seine Söhne, *ein Werk der rhodischen Bildhauer Hagesander, Polydoros und Athanadoros, 1. Jahrhundert v. Chr. Weil der Priester Laokoon aus Troja vor dem trojanischen Pferd warnt, wird er mit seinen Söhnen von zwei Schlangen erwürgt. Die Kunst des Hellenismus war eine Variation der überlieferten griechischen Kunst mit einer weltmännischen Attitüde. Es gewannen Kräfte an Übergewicht, die in der Klassik durch kanonische Ordnungen gebunden waren: Naturalismus, Dynamik, theatralische Gestik, Empfindsamkeit.*

DIE BEDEUTUNG DER LAOKOON-GRUPPE

Das änderte sich im Hellenismus der Spätzeit. Die formale Kühnheit, mit der man – etwa durch extreme Gebärden – versuchte, das ausgependelte Gleichmaß der Bewegung zu dynamisieren, steht im Dienst der künstlerischen Absicht, auch extremste Empfindungen und Gefühle sichtbar zu machen. Die berühmte Gruppe des »Laokoon« verkörpert dieses neue Bildhauerideal in eindrucksvoller Weise: Erregte Leidenschaft durchpulst die Skulptur. (Die Wiederentdeckung der Gruppe bei Grabungen im Rom der Renaissance [1506] kam einer Sensation gleich. Kein anderes Kunstwerk der Antike übte einen annähernd vergleichbaren Einfluß auf die Entwicklung der Kunst und Kunsttheorie aus wie der »Laokoon«, der bekanntlich Gotthold Ephraim Lessing dazu veranlaßte, in einer berühmten Abhandlung über die »Grenzen der Malerei und Poesie« nachzusinnen.) Noch höheres Ansehen als Architektur und Plastik genoß die Malerei. Ihre führenden Meister durften sich »Fürsten der Künste« nennen. Ihre Werke freilich fielen der Zeit zum Opfer. Wären nicht einige Bildkompositionen auf Vasen oder Mosaiken gerettet worden, wir wüßten über Stil und Arbeitsweise griechischer Maler nur das, was römische Kunstschriftsteller von ihren Reisen nach Hellas berichteten.

Aus ihrer »geometrischen« Periode, in der die Malerei die Kratere und Amphoren der Kunsttöpfer mit abstrakten Ornamenten schmückte (Mäanderband), fand die Vasenmalerei während der archaischen Periode bereits zur Darstellung des Menschen. Einer Hauptansicht auf der Vorderzunächst eine Nebenansicht auf der Rückseite des Gefäßes gegenüberstellend, entwickelte sie rasch eine der bauchigen Keramik angepaßte Bildarchitektur von hohem künstlerischem Rang. Die Technik der schwarzfigurigen ergänzt seit etwa 530 v. Chr. die der rotfigurigen Vasenmalerei, die auf den aus der schwarzen Glasur ausgesparten Partien Figuren und Gegenstände mit Hilfe des Haarpinsels in feinster Binnenzeichnung strukturiert. Im Grunde ist damit alles vorbereitet für den nächsten Schritt: aus der Unselbständigkeit dekorativer Hilfestellung der Kunsttöpferei in die Autonomie der eigenen Kunstgattung.

HÖHEPUNKTE GRIECHISCHER MALEREI

Als »Vater der Tafelmalerei« bezeichnete man gelegentlich den aus Thasos stammenden *Polygnot.* Das ist zwar nicht ganz richtig, denn er hatte Vorläufer; aber es ist auch nicht völlig falsch, weil Polygnot den traditionellen Farbdreiklang Rot–Weiß–Blau (bzw. schwarz) durch die vierte Farbe Gelb erweiterte und damit der Malerei ihren Weg in die Buntheit der Palette wies. Seine Darstellung des Epischen Zyklus (»Iliupersis«) von der »Zerstörung Trojas« für die Stoa poikile (»Bunte Halle«) brachte Polygnot, dem bis dahin Landfremden, das Athener Bürgerrecht ein. Unter seinen Nachfolgern gegen Ende des Jahrhunderts sei vor allem *Zeuxis* genannt, der mit der von ihm entwickelten Licht-Schattentechnik für die Kunst, nach Meinung von Aristoteles, eine Wirkung gehabt haben muß, die der des Euripides für die Bühne vergleichbar war. Ihren Höhepunkt erreichte die griechische Malerei im 4. Jahrhundert v. Chr., in dem es ihr gelang, alle Möglichkeiten der Linearperspektive nutzend und die Farbigkeit in die gesamte Tonskala der Palette erweiternd, ihre Ausdruckskraft zu illusionistischer Wirkung zu steigern.

Die Figuren gewannen gleichzeitig immer deutlicher an Plastizität, so wie umgekehrt die Skulpturen in ihren Umrissen immer »malerischer« anmuteten. Von *Nikias*, einem der Hauptvertreter der bedeutenden thebanisch-attischen Malakademie, weiß man, daß er Wert darauf legte, seine Gestalten mit dem Pinsel so »plastisch« zu modellieren, daß sie aus den Bildrahmen herauszutreten schienen. Nikias soll übrigens in Ateliergemeinschaft mit dem Bildhauer Praxiteles gearbeitet und die Bemalung seiner Statuen übernommen haben.

Noch größeren Ruhm errang – ebenfalls im 4. Jahrhundert v. Chr. – *Apelles* als Hofmaler Alexanders des Großen. Antike Quellen loben seine raffinierte Maltechnik, die z. B. pulverisiertes Elfenbein für die Lasuren verwendete, um die grelle Buntheit der Primärfarben zu dämpfen. Welch hohen Rang die Malerei in diesem Jahrhundert tatsächlich erreichte, läßt sich aus dem Mosaik der »Alexanderschlacht« rückschließen. In Pompeji hatte diese Kopie des um 300 v. Chr. entstandenen Originalgemäldes (geschützt durch die Lavamasse nach Ausbruch des Vesuv) die Zeiten überdauert. Meisterhafte Komposition, dramatische Erzählbegabung, mühelose Beherrschung der Perspektive erlaubten es dem Meister (vermutlich *Philoxenos* von Eretria), das Schlachtgetümmel von Issos auf jenen Augenblick der Entscheidung zu akzentuieren, in dem sich der Perserkönig vor dem anstürmenden Makedonenherrscher zur Flucht wendet.

Mosaiken dieser Größe und Qualität bezeugen den hohen Ausbildungsstand griechischer Mosaizisten. Dies gilt auch für andere Bereiche des Kunsthandwerks, etwa die Numismatik. Eine sizilianische Silbermünze aus Syrakus etwa mit dem Bildnis der Stadtgöttin Athena beweist die künstlerische Meisterschaft der Graveure und Stempelschneider und bezeugt zum Abschluß noch einmal die eingangs zitierte »Einheit von Glauben, Denken und Bilden«, die für die Kunst des antiken Hellas charakteristisch war.

Literatur

Berve, Helmut/Gruben, Gottfried: Tempel und Heiligtümer der Griechen, München 1978
Buschor, Ernst: Griechische Vasen, München 1975
Fuchs, Werner: Die Skulptur der Griechen, München 1983
Hamann, Richard: Griechische Kunst, München 1949
Schefold, Karl (Hg.): Die Griechen und ihre Nachbarn, Berlin 1967

GEORG SCHREIBER

Die Religion der alten Griechen

Glaube und Mythos – Licht- und Kampfgötter – Indogermanische und orientalische Gottheiten – Mythen berichten – Vielerlei religiöse Einflüsse – »Göttliche« Verwandtschaften – Der Kult einzelner Gottheiten – Beziehung der Götter untereinander – Hesiods »Theogonie« – Olympische Götter und ihre Begleiter – Chthonische Götter – Naturgottheiten – Kentauren, Satyrn und Nymphen – Dionysos, Silene und Mainaden – Vermenschlichung der Götter – Im Schutz von Göttern und Göttinnen – Götter und Helden in Sage und Dichtung – Einflüsse aus dem Orient – Das Leben im Jenseits – Unterwelt und »Insel der Seligen« – Berühmte Orakel und ihre Priester – Mysterien und Kulte.

Als die Hellenen im 2. Jahrtausend v. Chr. einwanderten, brachten sie ihre Licht- und Kampfgötter mit. Sie kamen aber in keinen leeren Raum, sondern stießen auf eine einheimische Bevölkerung mit eigenen Naturgottheiten und erfuhren bald auch Einflüsse aus dem vorderen Orient. Diese Begegnungen spiegeln sich im Mythos wider: Der indogermanische Gewittergott Zeus stürzt die Herrschaft seines Vaters Kronos und der erdgeborenen Titanen und ist in nicht immer harmonischer Ehe mit Hera verbunden, der noch viele Züge der einheimischen Muttergottheit anhaften. Eine frühere Gemahlin des Zeus, Dione, wurde noch in Dodona verehrt. Die Helden Herakles und Theseus besiegen den Stier, das uralte heilige Tier von Kreta, und Zeus selbst nimmt die Gestalt eines Stieres an, um die Königstochter Europa nach Kreta zu entführen. Apollon muß erst den Drachen Python töten, bevor er dessen Orakelstätte in Delphi am Fuße des Parnassos einnehmen kann.

Da die Siedlungsgebiete in Griechenland, durch hohe Gebirgszüge voneinander getrennt, lange Zeit nur wenig Verbindung untereinander hatten, war auch die Religion nicht einheitlich; Stammesunterschiede der Einwanderer wirkten ebenso wie mehr oder minder starkes Erbe der vorhellenischen Bevölkerung. In Attika z. B. stand Athene im Mittelpunkt des Kultes, in der Argolis Hera, an der kleinasiatischen Küste Apollon, auf Zypern Aphrodite. Deren Verwandtschaft mit der vorderasiatischen Ischtar ist deutlich erkennbar; überhaupt wird oft eine ältere Gottheit in neuer Gestalt weiter verehrt, oder beide, der Mediterrane und der Hellene, stehen nebeneinander. So gilt Helios als Sohn des Titanen Hyperion, des (wahrscheinlich) früheren Sonnen-

Linke Seite:
***Der meist umwölkte Olymp** galt in der Mythologie der Altgriechen als Sitz der Götter. Zehn von ihnen bewohnten die Burg auf dem Olymp: unter ihnen Zeus, der oberste Gott und Herr des Himmels, mit seiner Gemahlin Hera. Als Götterpaar wurden sie bereits zu mykenischer Zeit erwähnt.*

gottes. Neben Pan, den alten arkadischen Hirtengott, tritt nun – ebenfalls mit dem Phallos als wichtigem Attribut – Hermes als Geleiter der wandernden Hirten (später dann aller Wanderer), Schützer der Herden, Spender der Fruchtbarkeit. Okeanos, ebenfalls ein Titan, umströmt als Ozean weiterhin die Erde, aber Pontos, das offene Meer, wird als eigene göttliche Macht angesehen oder ist zumindest der Sitz anderer Gottheiten. Nereus, Sohn des Pontos, hat fünfzig Töchter, die Nereiden, wie Okeanos die fünfzig Okeaniden. Poseidon, Bruder des Zeus, herrscht über alle Gewässer und hat einen goldenen Palast in der Tiefe des Meeres, doch sein Beiname »Erderschütterer« und sein heiliges Tier, das Pferd, bezeugen, daß er ursprünglich, d. h. bei den Hellenen vor ihrer Einwanderung, nichts mit dem Meer zu tun hatte.

Die Ausgrabungen haben von der jüngeren Steinzeit bis ins 2. Jahrtausend v. Chr. einen sehr verbreiteten Kult der alten einheimischen Erd- und Fruchtbarkeitsgöttin nachgewiesen. Sie trug viele Namen, von Landschaft zu Landschaft verschieden. In der Mythologie haben viele Göttinnen der Hellenen Züge von ihr übernommen: Hera schützt die Mütter und die Familie, ihre Tochter Eileithyia hilft bei der Entbindung, Demeter spendet den Segen des Getreides, Artemis ist Herrin der Tiere.

DIE BEWOHNER DES OLYMP

Der Kult der einzelnen Gottheiten war örtlich so verschieden wie der Glaube an ihre Hilfe, die Vorstellung vom Bereich ihrer Aufgaben und auch von der Beziehung der Götter untereinander. Einigermaßen einheitliche Begriffe kamen erst zustande, als die Epen Homers allgemeines Bildungsgut wurden. Eine Art von System gab im 8. Jahrhundert v. Chr. Hesiod in seiner »Theogonie«, dem Epos von der Entstehung der Welt und der Götter, ihrer Verwandtschaft und ihrem Rang; damit versuchte er, die vielfältigen Mythen und Lokalkulte seiner Zeit zu ordnen.

Zehn Götter bewohnen die Burg auf dem Olymp: *Zeus*, der oberste Gott und Herr des Himmels, mit seiner Gemahlin *Hera, Pallas Athene*, die aus dem Kopf des Zeus geboren wurde, die Zwillingsgeschwister *Apollon* und *Artemis*, der Kriegsgott *Ares*, dann *Hephaistos*, Gott des Feuers und der Schmiedekunst, und dessen Gemahlin *Aphrodite*, der Götterbote *Hermes* und schließlich *Hestia*, die Göttin des häuslichen Herdes. Zeus' Brüder *Poseidon* und *Hades* zählen trotz ihres Ranges nicht zu den Olympischen Göttern, denn die haben ihre eigene Wirkungsstätte, ebenso *Helios, Selene* und *Eos*, Sonne, Mond und Morgenröte. Dichter sind

Oben: ***Kopfgeburt.*** *Die Vasenmalerei stellt die Geburt von Pallas Athene dar, die – in voller Rüstung – direkt dem Haupte des Zeus entsprungen sein soll.*

Links: ***Aphrodite und Hermes,*** *die Göttin der Liebe und Schönheit und der Gott der Wanderer und der Herden, auf einem zweirädrigen Wagen, gezogen von Eros und Psyche, berühmtes Liebespaar nach einem Märchen des Apuleius.*

allerdings keine Pedanten, Homer läßt Poseidon des öfteren unter den Himmlischen auftreten, und die rechnerische Zahl zehn wird zur heiligen Zahl zwölf, sobald zwei Söhne sterblicher Mütter in den Olymp aufgenommen werden, *Dionysos* und *Herakles*, zwei sehr unterschiedliche Gestalten.

Noch Jahrhunderte nach der Einwanderung gossen die Hellenen als Trankopfer für die Toten zunächst ein Honiggetränk aus, vielleicht vergleichbar mit dem germanischen Met, dann erst Wein und Wasser. Das kann ein Hinweis darauf sein, daß sie in ihrer früheren Heimat den Wein noch nicht kannten, sondern erst aus Kreta oder von den benachbarten Thrakern und Phrygern übernahmen. Dementsprechend zählt Dionysos, der Gott des Weines, zu den jüngeren Gottheiten.

Herakles, Sohn des Zeus und der Königin *Alkmene*, hatte der Sage zufolge in seinem irdischen Leben so viele Mühen zu ertragen und half damit den Menschen, die er von der Bedrohung durch Ungeheuer befreite, so daß er nicht nur als Held geehrt, sondern auch als Nothelfer angerufen wurde. Damit verdiente er sich die Aufnahme in den Kreis der *Olympischen Götter* und kämpft schon an ihrer Seite, als sie sich im großen Gigantenkampf gegen die aufständischen Söhne der Erde wehren müssen.

Der Glaube lebt, die Vorstellungen wandeln sich und verlangen Zugeständnisse. Wir dürfen nie mit eindeutigen, allgemein gültigen Dogmen rechnen, da doch sogar die beiden Autoritäten Homer und Hesiod nicht immer gleiches aussagen. Aphrodite z. B. ist bei Homer eine Tochter des Zeus und der *Dione*, bei Hesiod (Theogonie 197) ist sie dem Meeresschaum *(Aphros)* entstiegen und erst auf die Insel Kythera, dann nach Zypern gelangt, womit der Dichter ihre anderen Namen *Kythereia* und *Kypris* erklärt.

BEGLEITER UND DIENER DER ZWÖLF OLYMPIER

Den zwölf Olympiern sind noch viele andere Gottheiten als Begleiter oder Diener zugeordnet. Die neun *Musen* z. B. werden von Berggöttinnen zu Schützerinnen der Kunst und gehören somit in den Bereich Apollons; spätere Gelehrsamkeit weist jeder ihre Aufgabe zu, vom Heldenlied und der Geschichtsschreibung für *Klio* bis zur Sternenkunde für *Urania*. Von den Dienenden verkörpern viele nur eine Wirkung der übergeordneten Gottheit. *Nike* ist eigentlich nicht die Göttin des Sieges, sondern der Sieg selbst, den Athene im gerechten Kampf verleiht, *Phobos* ist der Schrecken im Gefolge des Kriegsgottes Ares, *Mnemosyne* das Gedächtnis, Mutter der Musen, *Hebe*, Tochter der Hera, ist die Jugendkraft, *Iris* der Regenbogen als Botin der Hera, *Eirene* der Frieden, *Eros* das liebende Verlangen; er gilt bald als eine der Urkräfte, bald als Sohn der Aphrodite, der seine Liebespfeile abschießt und damit selbst Zeus nicht verschont.

Unabhängig von den *Olympischen Göttern*, nur selten von ihnen beeinflußt, waltet das Schicksal, wie es die *Moiren* verkörpern, Töchter der Nacht oder des Zeus und der *Themis*, der gerechten Ordnung: *Klotho* spinnt den Lebensfaden des Menschen, *Lachesis* mißt ihn, *Atropos* schneidet ihn ab. Außerdem hütet *Nemesis* das Gleichmaß und rächt den Frevel, *Tyche* verkörpert das gute Geschick, *Kairos* den richtigen Augenblick, der schnell vorüberhuscht. Die meisten von ihnen gehören schon in spätere Zeit. Homer kennt sie noch nicht als Götter, dafür aber die *Keren*, welche die Todesart des Menschen bestimmen.

DIE CHTHONISCHEN GÖTTER

Auf der Erde und unter ihr wirken die *Chthonischen Götter*, d.h. jene, die dem Erdboden *(Chthon)* nahestehen, zunächst *Gaia* (oder *Ge*) selbst, eine der zeugenden Urkräfte. Ihre Tochter *Rhea*, Gemahlin des *Kronos*, wurde im Kult wenig beachtet, bis man sie mit *Kybele* identifizierte, der uralten Muttergottheit Kleinasiens. Der Name der Göttin *Demeter* bedeutet wohl »Mutter Erde«. Hesiod gab ihr den Platz als Tochter des Kronos und der Rhea, also Enkelin der Gaia, aber man darf in ihr, wie schon erwähnt, die vorhellenische Muttergottheit erblicken. Von Zeus hat sie die Tochter *Persephone*, eine Todesgöttin, die man lieber nicht mit Namen, sondern einfach *Kore* (Mädchen) nannte. Als Hades sie in die Unterwelt entführte, weigerte sich die Mutter, weiterhin Getreide wachsen zu lassen, bis die allgemeine Not Zeus zum Schiedsspruch veranlaßte: Einen Teil des Jahres solle Kore bei ihrem Gemahl unter der Erde, einen Teil auf der Erde bei der Mutter verbringen. Das ist ein leichtverständlicher Jahresmythos, der freilich verschieden gedeutet wurde. In den kälteren Regionen brachte Kore den Frühling, sobald sie wieder auf der Erde erschien, bei ihrem Abstieg in die Unterwelt begann der Winter. In Sizilien aber galt der Sommer mit seiner alles ausdörrenden Hitze als die Zeit, die Kore bei Hades weilte, der erste erfrischende Herbstregen bezeichnete ihre Rückkehr auf die Erde.

Als sich die Söhne des Kronos die Herrschaft teilten, erlangte Zeus durch das Los den Himmel, Poseidon das Meer als eigenen Bereich, dem Hades fiel das Reich der Toten zu, der *Tartaros*. Diesen dachten die Griechen sich entwe-

***Hades und Persephone** als Herrscher der Unterwelt. Ersterer raubte sie ihrer Mutter Demeter, als Rache läßt diese alle Saaten auf der Erde sterben bis Zeus Hades befiehlt, Persephone zwei Drittel des Jahres auf der Erde weilen zu lassen. Damit schließlich ist das jährliche Blühen und Verblühen in der Natur symbolisiert.*

der unter der Erde und kannten auch verschiedene Eingänge, z. B. die Höhle bei Tainaron (Peloponnes), oder im äußersten Westen jenseits des *Okeanos.* Von den Flüssen, die auf dem Weg in die Unterwelt zu überqueren sind, kennt man allgemein die Namen *Styx* und *Acheron,* auch den mürrischen Fährmann *Charon,* schließlich den dreiköpfigen Hund *Kerberos,* der niemanden mehr hinausläßt. Dienerinnen des Hades und der Persephone sind die *Erinyen,* die jede Freveltat, besonders die in der Familie begangene, ohne Nachsicht rächen.

DIE NATURGOTTHEITEN

Neben den großen Gottheiten erfüllen ungezählte kleinere die ganze Natur. Jeder Fluß ist ein Gott, zu dem der Wanderer betet, bevor er eine Furt durchschreitet, und es wäre Frevel, das Flußwasser durch Urin zu verunreinigen. Flußgötter können auch um sterbliche Jungfrauen werben, wie *Acheloos* in Aitolien mit Herakles um *Deianira* kämpfte. In den Bergwäldern hausen die *Satyrn,* muntere derbe Dämonen mit Bocksbeinen, und die *Kentauren,* halb menschen-, halb pferdeähnliche Mischwesen. Der Kampf der Kentauren anläßlich eines Hochzeitsmahles, bei dem sie die anwesenden Frauen rauben wollen, ist ein beliebtes Thema der

Silen und Mainade, *Verkörperungen naturhafter Ungezügeltheit und menschlicher Sinnenfreude, ständige Begleiter des weinseligen Dionysos, in einer Vasenmalerei der klassischen Zeit. Ranken- und Blattwerk und der nackte Körper der ihre Sandalen schnürenden Frau betonen die Zugehörigkeit zur dionysischen Welt.*

griechischen Mythologie und damit der bildenden Kunst. Die *Nymphen* vielfältiger Gestalt gleichen anmutigen Mädchen, leicht oder gar nicht bekleidet. Als *Naiaden* bevölkern sie das Meer und die Ströme, die Bäche und Quellen, als *Oreaden* leben sie auf den Bergen. Die *Dryaden* sind Baumnymphen, wohl göttlich, aber nicht alle unsterblich: Die *Hamadryaden* sterben zusammen mit dem Baum, wenn dieser gefällt wird. Die Nymphen meiden meistens die Nähe des Menschen, aber dieser verehrt sie dankbar für Fruchtbarkeit seiner Herden, Gärten und Weinberge, für Quellwasser oder erfrischenden Schatten. Sie finden sich oft im Gefolge des Dionysos, ebenso die Satyrn und *Silenos*, der Erzieher des jungen Dionysos.

Die Götter leben unbeschwert, feiern Gelage, genießen die Opfergaben der Menschen, beschützen aber auch einen Helden, wie Hera den *Iason*, Athene den Herakles, oder aber verfolgen ihn umgekehrt mit ihrem Zorn wie Poseidon den *Odysseus*.

Andererseits kann der sterbliche Held *Diomedes* die Göttin Aphrodite mit dem Speer verwunden, als sie ihren Sohn *Aineias* retten will.

In der Liebe kommen Götter und Menschen einander noch näher.

GÖTTER – UNSICHTBAR FÜR STERBLICHE

Gewöhnlich zeigen sich die Götter den Sterblichen nicht in ihrer erhabenen Größe, sondern in Gestalt eines Freundes, einer alten Frau, eines Kriegers oder Hirten. Als Zeus widerstrebend den Wunsch seiner Geliebten *Semele* erfüllt, sich ihr in seinem ganzen Glanze mit Blitz und Donner zu zeigen, kann sie das nicht ertragen und stirbt. Erblickt ein Mensch – auch nur zufällig, ohne Absicht – eine Göttin im Bade, wird er mit Blindheit geschlagen wie Teiresias oder in einen Hirsch verwandelt und von den eigenen Hunden zerrissen, wie es Aktaion erging. Die Begegnung mit einer Gottheit muß freilich nicht immer tragisch enden: Odysseus genießt die Liebe der Göttinnen *Kirke* und *Kalypso*, Pallas Athene sitzt im Gespräch neben ihm wie ein guter Gefährte, nachdem er seine Heimat Ithaka erreicht hat.

Der Historiker erkennt hinter mancher Heldengestalt eine frühere, halb vergessene oder nur begrenzt verehrte Gottheit: Die Jägerin *Atalante* ist eine lokale Version der Artemis, *Helena* wurde auf der Peloponnes göttlich verehrt, ihre Brüder, die *Dioskuren Kastor* und *Polydeukes*, sind alte indogermanische Gottheiten und wurden als Retter in Seenot um Hilfe angerufen, *Adonis*, der Geliebte der Aphrodite, ist eigentlich ein vorderasiatischer Fruchtbarkeitsgott. Andere Helden dürften dagegen wirklich gelebt haben, nur steigerten Dichter und Sänger ihre Taten mitunter bis ins Übermenschliche. Das ist von Herakles zu vermuten, von *Paris*, von *Atreus* und seinen Nachkommen und von *Nestor*, dem König von Pylos, auch noch von anderen. Darüber herrschen zwar verschiedene Meinungen, doch welchen Ursprunges auch der Heros war, sein tatsächliches oder vermeintliches Grab wurde verehrt, stellenweise sind Opfergaben bis weit in christliche Zeit nachzuweisen.

HEUTE SAGE – FRÜHER EREIGNIS-BERICHT

Was heute als Sage gilt, sah der Grieche als Bericht von Ereignissen, als Historie an; niemand zweifelte daran, daß die Argonauten ins Schwarze Meer fuhren, die Achaier vor Troja kämpften. Die Kunst läßt den Naturdämonen gewisse tierische Attribute, stellt die Götter aber völlig in Menschengestalt dar, Zeus und Poseidon als bärtige Männer, Hera und Athene als schöne Frauen, Artemis als schlanke Jungfrau, Apollon und Hermes kräftig, Dionysos meistens weicher, Nereus als Greis. Philosophen nahmen Anstoß an der Menschengestalt der Götter, mit der auch alle menschlichen Schwächen, sogar Verbrechen verbunden waren, die Dichter aber brachten Götter und Helden auf die Bühne, und zwar nicht nur in der Tragödie, sondern auch in der Komödie: Zeus lüstern, Dionysos feige, Herakles als Fresser und Säufer. Mythographen konnten pedantisch feststellen, daß der Götterbote Hermes ein Neffe der Kalypso und Vetter der unglücklichen Königin *Niobe* sei, oder suchten die Irrfahrten des Odysseus zu lokalisieren. Solche Spekulationen beschäftigten sich mit dem Mythos, mit Religion aber hatten sie nicht viel zu tun. Der größte Teil der Bevölkerung, Handwerker und Schiffsleute, Bauern und Hirten, hatte seine Nothelfer, die Naturdämonen und viele lokale Gottheiten oder göttlich verehrte Heroen, von denen die Mythologie nicht immer Notiz nahm. In der verblüffenden Vielfalt der Kulte zeigen sich die einen ohne wesentliche Veränderung durch eineinhalb oder gar zwei Jahrtausende beständig, andere abhängig von Zeitströmungen.

***Hera**, Schwester und Gattin des Zeus, ist Schutzgöttin der Ehe.*

Aus dem Vorderen Orient übernahm der Grieche mancherlei Methoden, Zukünftiges vorauszusagen. Er deutete Naturerscheinungen wie Erdbeben, Blitzschlag, Sonnenfinsternis, aber auch die Träume, er beobachtete den Flug und die Stimmen der Vögel und untersuchte die Eingeweide der Opfertiere. Der »Seher« war im Heer eine wichtige Person, nicht nur in der Ilias, sondern noch viel später, z. B. in der Schlacht von Plataiai 479 v. Chr. Besonderes Ansehen genoß die Weissagung an den großen Orakelstätten zu Delphi, Dodona, Argos, Milet und anderen Orten. Wie weit und wie lange die Orakelpriester selbst an ihre göttliche Inspiration glaubten, wie stark Politik und Geschäftsgeist mitwirkten, läßt sich nicht bestimmen; sicher ist, daß das Orakel von Delphi die griechische Kolonisation klug gelenkt und strategische wie politische Maßnahmen beeinflußt hat.

»DAS LEBEN IM JENSEITS«

Die Frage nach dem Leben im Jenseits hat die Menschen zu jeder Zeit beschäftigt. Für Homer ist die Unterwelt ein freudloser Ort; Achilleus sagt dort (Odyssee XI, 489 ff.), er möchte lieber auf der Erde Knecht eines armen Bauern als König über alle Toten sein. Wenn es ein besseres Jenseits gibt, die »Inseln der Seligen«, dann nur für Heroen, nicht für den einfachen Mann. Es gab jedoch, grundverschieden vom Kult der Olympischen Götter und nicht hellenischen Ursprunges, eine Religion, die nicht jedermann zugänglich war, dem Eingeweihten aber ein besseres Los nach dem Tode versprach: Er werde durch seine Verbundenheit mit einer Gottheit so weiterleben wie das Getreidekorn in der neu aufkommenden Saat.

Das war die Religion der Mysterien, ihr ältester Kultort Eleusis westlich von Athen. Wahrscheinlich geht sie auf die

Oben: ***Im Rauschzustand tanzende Mainade,*** *als Begleiterin des Natur- und Weingottes Dionysos durch ihre Erscheinungsform deutlich gekennzeichnet: aufgelöste Haare, oft mit Efeu bekränzt und von Schlangen umwunden; den Thyrsosstab, mit dem sie Milch, Wein und Honig aus Felsen schlagen konnte; einen Leoparden, bekannt für seine Wildheit und Vorliebe für Wein. Verkörperung von Ekstase und orgiastischem Gelöstsein. Weißgrundige Schale, um 490 (Brygos-Maler). Antikensammlung, München.*
Linke Seite: ***Archaische Figurengruppe vom Giebel des Artemis-Tempels*** *auf Kerkyra (Korfu), 6. Jahrhundert v. Chr. Die noch in ihrem beschädigten Zustand eindringlich wirkenden Figuren sind Götter, links Zeus, der ein Blitzbündel gegen seinen Vater Kronos schleudert, damit dieser die von ihm verschlungenen Geschwister wieder ausspeie. Kronos hatte aus Furcht, von seinen Kindern ebenso grausam behandelt zu werden, wie er mit seinem Vater Uranos verfahren war, alle verschlungen, nur Zeus war von seiner Mutter Rhea versteckt worden und hatte so überlebt. Vom Los zum obersten der Götter gewählt, konnte Zeus seine Geschwister erretten: Sinnbildliche Darstellung des Kampfes zwischen Vergänglichkeit (in der Zeit) und Wiedergeburt, Tod und Leben.*

Text der Zeit

Das Orakel von Delphi und die Pythia

Es heißt aber, die Orakelstätte sei eine in die Tiefe gehende Höhle mit einer nicht gerade weiten Öffnung, aus der ein gottbegeisternder Hauch heraufsteige; über der Öffnung stehe ein hoher Dreifuß; den besteige die Pythia, nehme den Hauch in sich auf und gebe dann göttliche Worte von sich, in Rhythmen und ohne Rhythmen; aber auch diese brächten Dichter, die dem Heiligtume dienten, in ein Versmaß ... Die höchste Ehre nun geschah diesem Heiligtume durch das Orakel, das man als das untrüglichste von allen ansah; freilich trug auch die Lage des Platzes etwas dazu bei. Liegt er doch nahezu in der Mitte von ganz Hellas ... und, wie man glaubte, auch in der Mitte der ganzen bewohnten Welt, und man nannte ihn ja den Nabel der Erde ... Infolge dieser günstigen Lage Delphis kam man dort leicht zusammen, am meisten die nächsten Nachbarn, die denn auch den Bund der Amphiktyonen bildeten, der über die gemeinsamen Angelegenheiten zu beraten und für den Tempel in allgemeineren Fragen zu sorgen hatte; waren doch dort große Gelder und viele Weihegeschenke aufbewahrt, die sorgfältig bewacht und heilig gehalten werden mußten ... Zuerst sollen es zwölf Städte gewesen sein, die da zusammentraten ... Später kamen aber auch die in der Ferne gelegenen Städte hinzu und befragten das Orakel, sandten Geschenke und bauten Schatzkammern auf, wie Kroisos und dessen Vater Alyattes, auch Leute aus Italien und Sizilien.

Pausanias, Beschreibung Griechenlands. Aus: Geschichte in Quellen, Altertum, S. 127. Bayerischer Schulbuch-Verlag Übers. v. W. Arend

Die jetzige Pythia ist von rechtmäßiger und untadelhafter Geburt, auch ist ihr Lebenswandel unbescholten. Sie ist aus dem Hause armer Bauersleute, wo sie erzogen wurde, zum Orakel gekommen, ohne irgend etwas von Kunst oder sonstiger Geschicklichkeit oder Fähigkeit mitzubringen. Und wie Xenophon von der Braut verlangt, sie solle so wenig wie möglich gesehen und gehört haben, wenn sie in das Haus des Mannes tritt, so kommt auch sie zu Apollon unerfahren und unwissend in allen Dingen, eine wahre Jungfrau der Seele nach.

Plutarch: Über das pythische Orakel, K. 22 Übers. v. J. F. Bähr

vorhellenische Bevölkerung zurück, für die mykenische Zeit ist jedenfalls schon ein Weihehaus (Telesterion) nachgewiesen. Die Einweihung allein genügte allerdings nicht, das Leben im Jenseits zu erleichtern, auch ethische Forderungen waren zu erfüllen, Ehrfurcht vor den Eltern und Gottesdienst; Mörder waren von vornherein ausgeschlossen. Der Eingeweihte (Myste) mußte über alles schweigen, was er bei der Mysterienfeier in Eleusis gesehen und gehört hatte, deshalb hat sich die Glaubenslehre von Eleusis nicht völlig aufklären lassen. Man weiß immerhin, daß alljährlich im Herbst eine Prozession von Athen nach Eleusis

Orpheus, Eurydike und Hermes, *Kopie eines verlorenen Originals aus dem Schulkreis des Pheidias; um 420 v. Chr. Diese in meisterlicher Vollendung ausgeführte Grabstele ist sehr aufschlußreich für die Psyche der Griechen zu damaliger Zeit. Es herrschen keine übertriebene Trauer, keine metaphysische Übersteigerung; es dominieren das Menschliche, Maßvolle, Edle . . .*

wanderte, um die Feiern abzuhalten, und dort neue Mysten aufgenommen wurden, andere einen höheren Grad der Weihe empfingen. Der Kult knüpfte sich an die Fruchtbarkeitsgöttinnen *Demeter* und *Kore.* Wahrscheinlich wurde in Aufzügen und Reigen mit Gesang dargestellt, wie Kore mit ihren Gefährtinnen Blumen pflückt und tanzt, wie sie geraubt wird und die Mutter verzweifelt sucht, wie dann Kore aus der Unterwelt zurückkehrt und die Mutter den Königssohn *Triptolemos* aussendet, die Menschheit den Getreidebau zu lehren.
Mysterienkulte gab es auch an anderen Orten und für andere Gottheiten. Die kretischen Mysterien für Zeus meinten gewiß nicht den obersten der Olympier, sondern eine vorhellenische chthonische Gestalt, deren Wesen sowohl Tod wie Fruchtbarkeit und Wachstum umfaßte. In Kleinasien, auf Samothrake und anderen Inseln wie auch in Boiotia (Böotien) verehrte man auf ähnliche Weise die *Kabeiroi* (Kabiren), schwer faßbare Fruchtbarkeitsgötter. Im 6. Jahrhundert v. Chr. drang aus Thrakien der Mysterienkult des *Orpheus,* im 5. der des *Dionysos* nach Griechenland. Diese beiden Kulte sind nicht immer klar voneinander zu scheiden, doch wirkte in der orphischen Lehre stärker der Glaube an Seelenwanderung, in der dionysischen

das Element der Ekstase durch Weingenuß und orgiastisches Treiben. Viele Anhänger dürften weniger vom religiösen als vom rein sinnlichen Charakter der Feiern angezogen worden sein. In Attika erreichten diese Mysterien nie die Bedeutung der von Eleusis, eher in Kleinasien, auf den Inseln und in Unteritalien; ihre Hochblüte fällt erst in die Zeit, als Griechenland unter römischer Herrschaft stand. Priester zogen als Wanderprediger umher, geschäftstüchtige Missionare verkauften heilige Bücher und drohten mit Höllenstrafen. Wüste Ausschweifungen obskurer Kulte und andererseits übertriebene Askese fanden im griechischen Mutterland zumeist nur Spott und Verachtung, fremde Götter wie *Isis* und *Mithras* sowie Astrologie, Zauberei und Totenbeschwörung gewannen hier weniger Einfluß als in anderen Teilen des Imperium Romanum. Die Götter und Heroen Griechenlands aber leben weiter, wennschon nicht mehr im Glauben, so doch in der bildenden Kunst, im Epos und Drama.

Literatur

Homer, Ilias und Odyssee in den Ausgaben der Bibliotheca Teubneriana und Oxoniensis bzw. Übersetzungen im Reclam-Verlag, Stuttgart Nr. 249 und 280

Hesiod-Text bei Teubner, Leipzig 1878, Übersetzung von Th. v. Scheffer, Wien 1936

Rose, Herb. Jennings: Griechische Mythologie, München 1955

***Verkleideter Schauspieler mit Maske** in der Hand; Fragment eines Kraters aus Tarent, zweite Hälfte des 4. Jahrhunderts v. Chr. Ohne Maske kein Theaterspiel, weder bei den Griechen noch bei den Römern. Der Ursprung ist wie auch das Spiel religiös und entstammt dem dionysischen Kreis, in dem Dionysos selbst als Maske verehrt wurde.*

*Folgende Seite: **Komödiant mit Tasche.** Diese Terrakottastatue aus dem 3. Jahrhundert v. Chr. wurde in Böotien hergestellt. Die Griechen waren begeisterte Freunde des Theaters, gleich ob Tragödie oder Komödie. Bei ihnen gehörte das Schauspiel nicht zum Müßiggang, es war Teil ihrer Religion und ihres Nationalkults.*

Oben: ***Schulunterricht in Athen*** *wird auf der attischen Schale anschaulich von dem Maler Duris dargestellt, um 500 v. Chr. Zu sehen sind auf dem hier abgebildeten Ausschnitt der Lyra- und Vortragsunterricht. An der Wand mehrere Musikinstrumente.*
Unten: ***Athletische Wettkämpfe*** *bildeten einen wichtigen Bestandteil vieler Feste, auch religiöser. Hier wird der Sieger mit Binden und Zweigen geschmückt; links ein Diskuswerfer und ein Wettläufer.*

»Die boxenden Knaben« von Akrotiri *auf Thera (etwa 1500 v. Chr.) befanden sich wie viele andere kostbare Wandmalereien in den Wohnräumen von Privathäusern. Die Ausschmückung der Gebäude war den Bewohnern nicht weniger wichtig als ihr Komfort. Meist waren Szenen aus dem Alltagsleben dargestellt. Archäologisches Nationalmuseum, Athen.*

JÜRGEN EYSSEN

Die Dichtung der Griechen

Die Griechen: ein sangesfrohes Volk – Dichtung und Musik – Tragödienaufführungen – Grundzüge der griechischen Dichtung – Das Homerische Zeitalter: »Ilias« und »Odyssee« – Helden und Götter Homers – Epische Lehrgedichte – Die Lyrik als neuer dichterischer Ausdruck – Sappho: »Zehnte Muse« – Pindar, Anakreon, Theognis und Bakchylides – Das antike Theater – Der Aufstieg der griechischen Tragödie – Die klassische Schicksalstragödie – Dramen und Komödien – Die aggressive Spottlust des Aristophanes – Das prosaische Zeitalter – Bedeutende griechische Geschichtsschreiber – Herodot: »Vater der Geschichtsschreibung« – Anfänge der bukolischen Dichtung.

Mit Gesang steigen die Völker aus dem Himmel ihrer Kindheit in das tätige Leben.« Die Geschichte der griechischen Literatur bestätigt Friedrich Hölderlin im wörtlichen wie im übertragenen Sinne. Denn die Griechen gehörten zu den sangesfrohen Völkern. Man sang viel und gerne als einzelner (wie Patroklos dem Achill) oder im gemeinschaftlichen Chor im Tempelbezirk. Die Kunst des Gesanges galt für die Griechen als Geschenk der Götter; ihr widmete sich sogar ein eigener Berufsstand, die Rhapsoden. Sie zogen von Adelssitz zu Adelssitz und trugen bei den Gastmählern ihre Götterlieder vor, in denen sie das Leben der »Unsterblichen« besangen, sich dabei selbst auf der Kithara begleitend oder ihren Sprechgesang mit dem Stabe skandierend. Diese enge Verbindung zwischen Dichtung und Musik setzte sich später bei der Lyrik fort, wobei die Flöte (bei der Elegie) und die Lyra (für das Lied) die Kithara als Begleitinstrument ablösten. Für Tragödienaufführungen, deren Rollen nicht gesprochen, sondern gesungen wurden, bediente man sich sogar regelrechter Orchester. In diesem Sinne sprach Nietzsche von der »Geburt der Tragödie aus dem Geist der Musik«. Man glaubt sich bei der Entwicklung der Gattungen an die Lebensstufen des Menschen vom Kindesalter an erinnert: Der Inbesitznahme der Welt und der Dinge durch die Augen (Epik) folgt mit dem Erlernen der Sprache das Bewußtsein der eigenen Individualität (Lyrik) und damit die Voraussetzung zur Begegnung mit anderen Menschen (Drama) bis hin zur systematisch-kritischen Durchdringung der Erscheinungen (Wissenschaften). Das Erstaunliche an dieser Entwicklung ist wohl, daß die griechische Dichtung ihre Formen und Gattungen ohne jedes Vorbild schuf und ein jedes Mal zur Vollendung brachte.

Linke Seite: ***Sophokles, Tragödiendichter in Athen,*** **um 496, †406 v. Chr. Er führte den dritten Schauspieler ein und ließ so die Handlung stärker hervortreten. Seine Dramen handeln von der alles überragenden, furchtbaren Macht der Götter und dem Leiden und der tragischen Verstrikkung des Menschen, der sein Schicksal jedoch ungebrochen annimmt.*

***Homer** galt den Griechen als Schöpfer der »Ilias« und der »Odyssee«.*

Homer. *Nicht weniger als sieben Städte streiten sich um die Ehre, Geburtsort des blinden Sängers (im 8. Jahrhundert v. Chr.) zu sein. Bereits die Antike nannte seine ganze Epoche das »Homerische Zeitalter«. Gleichgültig, ob der Dichter, der in Smyrna geboren sein und auf der Insel Chios gelebt haben soll, eine reale Gestalt (zu dieser Auffassung neigt die heutige Forschung wieder) oder lediglich eine mythische Figur gewesen ist, wie man lange annahm: Die Homerischen Epen stehen am Beginn der griechischen Literatur. Umstritten bleibt dagegen die Autorschaft Homers für beide Versepen, die sich mit seinem Namen verbinden. Einig ist sich die gelehrte Welt darin, daß die »Ilias« rund ein halbes Jahrhundert vor der »Odyssee« entstanden sein muß; die Zwei-Verfasser-Hypothese gewann seither an Boden. Für die Griechen der Antike existierten solche Probleme natürlich nicht. Die Homerischen Epen bildeten die Grundlage der Erziehung (man beherrschte sie in der Regel auswendig), und die Person des Dichters genoß hohe Verehrung. »Wir nähren uns alle von den Brotkrumen, die von des Homer Tafel fallen.« Mit diesen Worten charakterisierte Aischylos über 200 Jahre später den starken Einfluß Homers auf die Literatur und die Bildende Kunst. Seine Dichtung stellte ferner ein Bindeglied zwischen den drei griechischen Stämmen dar. Hellas war überall dort, wo man die Sprache Homers lesen und verstehen konnte. Seine Phantasie, seine großartig, farbig und anschaulich formulierten Sprachbilder wirkten beispielgebend bis in unsere Gegenwart zu dem Romanepos »Ulysses« des Iren James Joyce.*

An diesem Prozeß beteiligten sich alle drei griechischen Stämme: So schufen die Ionier (Ioner) das Epos, die Aioler (Äoler) das Einzellied, perfektionierten die Dorier (Dorer) die Chorlyrik. Ihren absoluten Gipfel erreichte die griechische Dichtung schließlich in der Kunstform der Tragödie während der Perserkriege und des anschließenden Perikleischen Zeitalters auf dem Boden der politischen und geistigen Führungsmacht Athen. Auch nach dem Verlust der Vormachtstellung und der Einverleibung der griechischen Staaten in das Weltreich Alexanders des Großen behauptete Athen seine Führerrolle in der kulturellen und literarischen Entwicklung, und es entstanden auf seinem Boden die verschiedenen Wissenschaftssprachen zu »tätigem Leben«.

DIE HOMERISCHEN EPEN

»Ilias« und »Odyssee« vereinen beide in ihren Handlungen in der monumentalen Großform von jeweils 24 »Gesängen« den Sagenstoff, der sich im Laufe der Jahrhun-

Kampfszene aus der »Ilias«

Text der Zeit

Ajas, der größere, strebte den erzumschimmerten Hektor
Stets mit dem Speer zu erreichen; doch er, voll Kriegserfahrung,
Mit stierledernem Schilde bedeckt um die mächtigen Schultern,
Nahm in acht der Pfeile Geschwirr und das Sausen der Lanzen.
Zwar bereits erkannt er der Schlacht abwechselnden Siegesruhm,
Aber auch so verweilt' er und rettet teure Genossen.
Wie vom Olympos daher ein Gewölk den Himmel umwandelt,
Aus hellstrahlendem Äther, wann Zeus Sturmwetter verbreitet,
So von den Schiffen zurück war Angst und Geschrei und Verfolgung.
Nicht in geordnetem Zuge durchdrangen sie. Hektorn entführte
Hurtigen Laufs sein Gespann mit den Rüstungen; aber zurückblieb
Trojas Volk, das in Angst die gegrabene Tiefe noch hemmte.
Viel in dem Graben umher der wagenbeflügelnden Rosse
Ließen zerschellt an der Deichsel zurück die Geschirre der Eigner.
Aber Patroklos verfolgte, mit Macht die Achaier ermunternd,
Unglück drohend, den Feind, und rings mit Geschrei und Getümmel
Füllten sie jeglichen Weg, die Zerstreuten; hoch zu den Wolken
Wirbelte finsterer Staub, und es sprengten die stampfenden Rosse
Langgestreckt nach der Stadt, von den Schiffen hinweg und Gezelten.
Er, wo das dickste Gedräng hintummelte, sprengte Patroklos
Nach mit tönendem Ruf; und vorwärts unter die Räder
Stürzten die Männer in Staub, und zerrüttete Sessel erkrachten.
Über den Graben hinweg nun sprang der unsterblichen Rosse
Schnelles Gespann, die dem Peleus die ehrenden Götter geschenket,
Vorwärts eilend im Sturm; denn auf Hektor reizte der Mut ihn,
Daß sein Speer ihn ereilte, der schnell mit den Rossen dahinfloh.

Homer, Ilias XVI. S. 359 ff. Übers. v. Johann Heinrich Voß

derte als Einzellieder von Generation zu Generation überliefert hatte. Die »Ilias« berichtet eine entscheidende Episode (»Singe den Zorn, o Göttin, des Peleiaden Achilleus…«) aus der Belagerung der Feste Troja durch die Griechen; die »Odyssee« die Heimkehr eines Griechenfürsten, nämlich des Odysseus, von eben diesem trojanischen Feldzug. Die »Ilias« hallt wider vom Lärm der Waffen und wird diktiert von einer detaillierten Darstellung (der Schild des Achill gerät dem Dichter so zu einem Kabinettstück beschreibenden Erzählens). In der Gestalt des blondlockigen Achill in der »Ilias« erstand gleichsam der Prototyp des Helden überhaupt für alle folgenden Erzählergenerationen.

In der »Odyssee« dagegen – dem ersten Abenteuerroman

Sappho, Dichterin zarter Liebeslyrik, die die Liebe zu jungen Mädchen besingt, lebte um 600 v. Chr. auf der Insel Lesbos, nach der die gleichgeschlechtliche Liebe zwischen Frauen »lesbisch« genannt wird.

der Weltliteratur – faszinieren neben der Tapferkeit und Widerstandskraft des »edlen Dulders« Odysseus, die ihm alle Katastrophen und Enttäuschungen überwinden helfen, vor allem ihre der Gegenwart des Erzählers abgelauschten Schilderungen der Lebens- und Denkgewohnheiten der Griechen. Voll von Erlebnissen in fernen Ländern (sie führen den Helden bis an die Grenzen der damaligen bekannten Welt des Mittelmeeres) lebt die »Odyssee« von den Begegnungen mit fremden Menschen. Spiegelte die »Ilias« vornehmlich die Welt der ritterbürtigen Aristokratie, diktierte Begierde nach Ruhm und die Bewahrung der eigenen Ehre das Handeln ihrer Helden, so begegnen wir in der »Odyssee« einer vergleichsweise »bürgerlichen« Lebenseinstellung. Die Taten des Odysseus werden bestimmt von der Sorge um das Überleben seiner Gefährten und ihre Heimkehr zu den Familien.

Homers Menschen, der strahlende Achill ebenso wie der listenreiche Odysseus, bleiben stets Spielbälle in den Händen der Götter. »Unendlich Leid stiften die Götter / sie selber aber sind leidlos.« Diese beredte Klage aus einer der ergreifendsten Szenen der »Ilias«, in der der greise König Priamus Achill zur Nachtzeit um die Herausgabe des Leichnams seines Sohnes anfleht, formuliert einprägsam jenes Spannungsverhältnis, in dem die Griechen mit ihrem Götterhimmel lebten. Homers Epen eröffnen somit Möglichkeiten für eine theologische und existentielle Diskussion über die Rolle und das wechselseitige Verhältnis der Götter und der Menschen.

In Homers Versmaß des Hexameters gestaltete der aus Böotien stammende Hesiod (um 700 v. Chr.) seine »Theogonie«. In dieser umfassenden Darstellung verfolgt der fromme Dichter das »Werden der Götter« aus den Urzeiten des Chaos bis in die unmittelbare Gegenwart seiner Tage. Ein weiteres episches Lehrgedicht entwarf eine Art »Bauernspiegel« (»Werke und Tage«) aus bäuerlicher Spruchweisheit und genauen Anweisungen für die Arbeit auf dem Lande. Ionische Rhapsoden rümpften über die Konkurrenz spöttisch ihre Nasen: »So kam die Muse des Gesangs zu den böotischen Schweinen.« Allerdings lagen zwischen den standesstolzen Sängern – die in ihren Liedern unentwegt von heroischen Gefechten und aufregenden Reiseabenteuern berichteten – und einem »Bauerndichter« Welten. Denn Hesiod pries die harte Tagesarbeit, trat unentwegt für Recht und Gerechtigkeit ein und suchte nach einem Verhaltenskodex für das friedliche Zusammenleben: »Mäßigung übe nur stets; denn Maß ist von allem das Beste!«

***Mytilene**, die heutige Hauptstadt von Lesbos, mit der Festungsanlage aus dem späten Mittelalter.*

DIE ELEGIE ALS NEUE DICHTUNGSFORM

Die Veränderung des Lebensklimas durch das Aufblühen der Städte ließ die Literatur nicht unberührt. Der ionische Adel übersiedelte in die Handelsstädte, die fahrenden Sänger wurden dadurch praktisch brotlos; denn man verlangte jetzt kürzere Dichtungsformen. An die Stelle des Hexameterepos trat die Lyrik mit neuen Versmaßen wie etwa dem Jambus, der in seinem aufmunternden Rhythmus schnellfüßig wie ein Schreittanz dahinfederte. Jeder der drei griechischen Stämme trug auf seine Weise zur Entwicklung bei. So entstand bei den Ioniern aus der Großform des Epos die Elegie, die in ihrem von Zeile zu Zeile erfolgenden Wechsel von sechsfüßigen Hexametern und fünffüßigen Pentametern sich dieses zweizeiligen epischen Bauelementes als »Distichon« bediente. Die Elegie konnte ihre Strophenfolge zu beliebiger Länge steigern und mit beliebigem Inhalt füllen, blieb jedoch von Beginn an in der Regel auf einen »elegischen« Klageton gestimmt.

Die Dorier wiederum vervollkommneten die von feierlichem Ernst getragene Chorlyrik, in der die seit alters her gepflegte Tradition des gemeinschaftlichen Gesangs ihre Vollendung erfuhr. Die Aioler schließlich, die »Inselgriechen«, erfanden das Lied, das keinem anderen Gesetz verpflichtet blieb als dem strömenden Melos seiner Zeilen, der in musikalischen Wohlklang umgesetzten Gefühlsempfindung.

Die bedeutendste Vertreterin der neuen Richtung stammte von der Insel Lesbos (um 600 v. Chr.). Die »veilchengelockte« *Sappho* (so ihr Landsmann Alkaios) leitete in Mytilene vermutlich ein »Internat für Töchter des Adels«. Dem Zauber junger Mädchenblüte ist die Dichterin jedenfalls immer wieder erlegen. Dies beweisen ihre (nur bruchstück-

Rechts: ***Ursprünge der Tragödie*** *finden sich in den dionysischen Festen: Chöre trugen zu Ehren des Gottes Dionysos eine besondere Hymne vor, den »Dithyrambus«, aus dem – nach Aristoteles – die Tragödie entstand. Hier: Dionysos mit Mainaden und Satyr.*
Unten: ***Anakreon,*** *Dichter anmutiger Lieder über Liebe und Wein, wurde namengebend für eine Spielart der europäischen Lyrik Mitte des 18. Jahrhunderts ähnlichen Inhalts, die Anakreontik.*

haft überlieferten) Verse, in denen Gefühlstiefe und demütige Hingabe an die als schicksalhaft erkannte Macht der Aphrodite sich in der Klangschönheit ihrer Sprache zu einem Gebet an die »golden thronende« Göttin steigern: »Hilf mir erringen, nach was ich ringe, sei mir Gefährtin im lieblichen Streit.« Platon ehrte Sappho mit der Ernennung zur »zehnten Muse«.

Von dem Thebaner *Pindar* (* um 518, † 456 v. Chr.) blieben u. a. eine Reihe von Oden und Preisliedern (etwa auf die Sieger der Panhellenischen Spiele) erhalten, zu denen er den Text schrieb und die Musik komponierte. Aus diesen Chorliedern spricht männlicher Ernst und tiefe Religiosität. »Eintagsmenschen! Was seid ihr, was seid ihr nicht! Eines Schattens Traum ist der Mensch.« Die moralische und geistige Autoriät Pindars soll noch Alexander den Großen bewogen haben, bei der Einäscherung Thebens das Haus des längst verstorbenen Dichters von der Zerstörung auszunehmen.

Der aus Ionien gebürtige *Anakreon* (* um 580, † 495 v. Chr.) sei als weiterer Lyriker genannt, weil seine Gedichte durch ihre meisterhafte Formvollendung bestechen. Der grüblerische Ernst Pindars lag seinem heiteren Naturell ebenso fern wie die Leidenschaftlichkeit der Sappho. Anakreons Trink- und Liebeslieder lehren die Kunst des Lebens als dankbare Hinnahme eines Geschenks der Götter. »Trink ich ihn, den Saft der Reben / Wind ich Blumen mir zu Kränzen – Schmücke meine Stirne, singe / Von des Lebens stillem Glücke.«

Mit der Nennung von zwei weiteren bedeutenden Lyrikern, *Theognis* aus Megara (um 500 v. Chr.), dem Verfasser lebensbejahender »Gelagepoesie«, oder Pindars Nebenbuhler um die Gunst des dorischen Adels, dem *Bakchylides* von der Insel Keos (* um 505, † 450 v. Chr.), stehen wir bereits an der Schwelle des Jahrhunderts der Tragödie.

DAS ZEITALTER DER GRIECHISCHEN TRAGÖDIE

Der Aufstieg der Tragödie vollzog sich während der Perserkriege. In der Schlacht bei Marathon focht *Aischylos* (* 525, † 456 v. Chr.), der »Vater der Tragödie«, als einfacher Hoplit; der fünfzehnjährige Sophokles erlebte den Einzug der Sieger von Salamis. Von griechischer Tragödie reden wollen, heißt eigentlich von »attischer Tragödie« sprechen. Auf den alljährlichen Festspielen am Fuße der Akropolis zu Ehren des Dionysos, den »Dionysien«, gehörten kultische, von Gesang und Tanz begleitete Rezitationen, bei denen sich Chor und »Antworter« in Wechselrede ablösten, zur rituellen Tradition. Als nun Aischylos dem Antworter einen zweiten Schauspieler zugesellte, bot dies die Möglichkeit zum dramatischen Dialog. In seinen Theaterstükken (nur sieben von etwa 75 blieben erhalten) erlebt der Zuschauer die tragische Handlung als ein religiöses Mysterienspiel. Der Wille der Götter bestimmt und lenkt die Handlung, die nach der Definition des Aristoteles beim Publikum »Frucht und Mitleid« bewirken soll. So vollzieht sich in der »Orestie« (der einzig vollständig überlieferten Trilogie des antiken Theaters) das Geschehen mit unbarmherziger Konsequenz im Hause der Atriden, auf dem der Fluch der Götter lastet. Klytämnestra (Klytaimestra) ermordet ihren von Troja heimkehrenden Gatten Agamemnon; ihrer beider Sohn Orestes rächt den Vater an der Mutter und sieht sich daraufhin durch die Rachegöttinnen bis an den Rand des Wahnsinns getrieben. Entsühnung findet der Flüchtige erst vor dem Areopag, dem obersten Gerichtshof Athens, der ihn unter Vorsitz der Stadtgöttin Athene freispricht.

In der »Orestie« hatte Aischylos bereits eine Neuerung seines Nachfolgers *Sophokles* (* um 497, † um 406 v. Chr.) genutzt: den dritten Schauspieler, mit dem sich die dramatischen Wirkungen noch erheblich steigern ließen. Entscheidender für die Verwandlung des weihevollen Mysterienspiels in die klassische Schicksalstragödie wirkte sich eine inhaltliche Akzentverschiebung aus: Die Gestalten des Sophokles verstehen sich nicht länger als Opfer eines göttlichen Willens, sondern sind bereit, die Konsequenzen ihres schicksalbestimmten Handelns eigenverantwortlich auf sich zu nehmen. Genau das macht ihre tragische Größe aus.

Aischylos, der Vater der Tragödie, *führte einen zweiten Schauspieler ein, in der »Orestie« sogar einen dritten.*

In seinen sieben (von ursprünglich 123) Bühnenstücken vollzieht sich das Geschehen jedesmal mit unerbittlicher

***Euripides,** der »modernste« unter den Tragikern Attikas, verfaßte psychologisierende Seelendramen.*

Folgerichtigkeit wie in dem Musterbeispiel einer »analytischen« Tragödie: »Ödipus Rex«. König Ödipus sucht den Vatermörder, der sich unerkannt in Theben aufhalten und den Zorn der Götter beschworen haben soll. Er findet ihn und zugleich den blutschänderischen Gatten seiner Mutter; er ist es selbst. Die furchtbare Erkenntnis seiner Schuld (die er unwissentlich auf sich lud) treibt Ödipus dazu, sich eigenhändig zu blenden. Sophokles macht sich zwar auch hier zum Dolmetscher des Götterwillens; zu rechtfertigen vermochte er ihn freilich nicht mehr.

Euripides (* um 480, † 406 v. Chr.) ging noch einen Schritt weiter. Seine Menschen tragen ihr Schicksal in ihrer eigenen Brust, in ihrem Charakter. Der große Menschenkenner machte sich keine Illusionen und zeichnete seine »Helden« nie so, wie sie sein sollten, sondern stets so, wie sie wirklich waren. Damit brachte er (nach Nietzsche), den »Zuschauer auf die Bühne«. Mit Vorliebe schwang er sich zu einem Anwalt der Frauen auf. »[. . .] Von allem, was da Leben hat und Seele / Sind doch wir Fraun das traurigste Gewächs [. . .]« (Medea). Von den drei großen Tragikern Attikas war dieser »Philosoph« der Bühne zweifellos der »modernste«, dessen Bedeutung erst nach seinem Tode voll erkannt wurde. Die psychologisierende Bühnenkunst des Euripides (18 von etwa 92 ihm zugeschriebenen Stücken blieben uns erhalten), dominierte im Theater des Hellenismus und beeinflußte auch spätere Epochen der Theatergeschichte (so die französische Tragödie des Barockzeitalters).

Der Weg der Tragödie vom Weihefestspiel des Aischylos über die Schicksalstragödie des Sophokles bis zum Seelendrama des Euripides schien beinahe ausgeschritten, als sich mit *Aristophanes* (* um 445, † 385 v. Chr.) ein neuer Bewerber um die Gunst des Publikums vorstellte. Sein Feld war das der Komödie, auf dem sich seine aggressive Spottlust frei entfalten konnte. Aristophanes schrieb politische Komödien. Elf blieben erhalten, deren Namen sich meist von den Tiermasken herleiten, die Mitglieder der Chöre trugen. »Die Wespen« geißeln den Hochmut der Juristen; »Die Vögel« attackieren die athenischen Politiker in ihrem Wolkenkuckucksheim. Der Aristokrat mißtraute den Demagogen und warnte vor den Auswüchsen der Volksherrschaft. Er liebte Aischylos und verhöhnte folgerichtig Euripides (in »Die Frösche«). In der bis heute vielgespielten »Lysistrata« appellierte der Dichter schließlich an die Frauen, sich ihren Männern so lange zu verweigern, bis diese endlich damit aufhören, Kriege zu führen.

Der Appell verhallte im Leeren. Der Bruderkrieg zwischen Athen und Sparta ging bis zur Erschöpfung unter ungeheu-

Die Schlacht bei Salamis.
Aus den »Persern« des Aischylos

Als dann der Sonne letzter Strahl erloschen war
Und Nacht heraufstieg, ging ein jeder Schiffsgesell
An Bord und jeder, welcher Wehr und Waffe trug;
Und Reihe rief der Reihe zu des Schiffezugs,
Und jedes Schiff fährt, wo es hin beordert ist.
Die ganze Nacht durch ordnen, durch die Bai verteilt,
Der Schiffe Führer des Geschwaders ganze Macht.
Die Nacht verging, und wahrlich, der Hellenen Heer,
Verborgne Ausfahrt hatt' es nirgends sich gesucht.
Als drauf der Tag mit seines Wagens Lichtgespann
Die ganze Erde hielt im hellen Lichtesschein,
Zuerst ein Rauschen, Tönen von den Griechen her
Schwoll an, ein frohgemuter Kriegsruf, und zugleich
Wirft rauschend rückt das Felseneilands Echo ihn.
Und Furcht erfaßt da uns Barbaren allzumal,
Die wie getäuscht uns sahen, denn nicht wie zur Flucht
Erhoben die Hellenen ihren Kriegspaian,
Nein, in den Kampf zu ziehen kühnen Mutes voll.
Trompeten flammten schmetternd drein mit ihrem Ruf,
Sogleich im Schwung des Ruders schlugen rauschend sie
Die nasse Salzflut in Kommandorufes Takt.
Und plötzlich waren alle nah vor unserm Blick.
Die Flotte Linie führte festgeschlossen an
Der rechte Flügel; nach ihm kam der ganze Zug
Heraufgefahren; hören konnte man zugleich
Ein vielfach Rufen: »Söhne der Hellenen, auf,
Befreiet unser Vaterland, befreiet auch
Die Kinder, Frauen und der Heimatgötter Sitz,
Der Ahnen Gräber; jetzt um alles geht der Kampf!«
Und auch von uns her rauscht entgegen laut der Schall
Der Perserzunge. Nicht zu säumen blieb mehr Zeit.
Sofort schlug Schiff in Schiff den eh'rnen Schnabel ein,
Begonnen hatt' ein Griechenschiff den Angriffsstoß,
Der Schiffe der Phoiniker einem schlug es ab
Den Knauf, auf andre lenken andre ihr Geschoß.
Zwar widerstand zuerst der Perserflotte Flut,
Doch als der Schiffe Menge in dem engen Sund
Sich drängte, gab es wechselseitig Hilfe nicht,
Und selbst vom eignen Rammsporn wurden sie
Gestoßen, brachen ab ihr ganzes Ruderzeug.
Der Griechen Schiffe drängten wohlberechnet nun
Ringsher umzingelnd gegen uns, jäh stürzten um
Der Schiffe Bäuche, nicht zu sehn mehr war die See,
Mit Schiffestrümmern und mit Menschenleichen voll,
Erfüllt mit Toten Klippen und Gestad umher.

Text der Zeit

Aus: Aischylos, Die Tragödien und Fragmente, S. 177 ff. Artemis Verlag, Zürich, 1952 Übers. v. J. G. Droysen u. F. Stoessl

Schauplatz des Peloponnesischen Krieges: *Kastell Euryalos bei Syrakus auf Sizilien. Hier kämpften Athen und Sparta um die Vorherrschaft in Griechenland, wie Thukydides beschrieb. Dieses antike Sperrfort auf der Höhe von Epipolae stammt vom Ende des 5. Jahrhunderts v. Chr. Hier ein Blick auf die mit fünf Türmen bewehrte Festungsstirn.*

Zu den Hauptwerken eines der größten Tragödiendichter *des antiken Griechenland, Euripides, gehört das Drama »Medea« (griech.: Medeia). Auf dieser römischen Kopie, nach einem Relief vom Altar der Zwölfgötter in Athen, Ende des 5. Jahrhunderts v. Chr., wird gezeigt, wie Medea und die Töchter des Pelias dem Vater das tödliche Bad bereiten.*

ren Blutopfern weiter. Das Jahrhundert der Tragödie endete (kurz nach dem Tode von Sophokles und Euripides) im Jahre 404 v. Chr. mit dem Fall Athens. Das tragische Theater hatte seine Rolle als moralische Erziehungsstätte für die Bürger ausgespielt. Es begann das sogenannte »prosaische« Jahrhundert.

BEGINN DER GESCHICHTSSCHREIBUNG

Herodot, erster Historiker der Griechen, *war mehr Erzähler denn Kommentator.*

Noch während der Blütezeit der Tragödie verfaßte *Herodot* (* um 485, † um 425 v. Chr.) seine »Neun Bücher der Geschichte«. Der »Vater der Geschichtsschreibung« (nach Cicero) war ein weitgereister und patriotischer Geschichtenerzähler, dessen Talent sich an dramatischen historischen Szenen und für große Persönlichkeiten begeisterte. Der Fortschritt zu einer kritischen Geschichtsschreibung vollzog sich dann bei *Thukydides* (* um 460, † 399 v. Chr.). Seine »Geschichte des Peloponnesischen Krieges« schildert die Ereignisse aus der Perspektive des Augenzeugen, stets um Objektivität im Urteil bemüht, aber auch nie verleugnend, auf welcher Seite das Herz des patriotischen Atheners immer schlug. Thukydides war nicht nur Historiker, sondern auch Geschichtsphilosoph. In der »Rede an die Gefallenen«, die er dem Perikles in den Mund legte, re-

Herodot berichtet über die Sitten der Skythen

Im Kriege haben sie folgende Sitten. Wenn ein Skythe seinen ersten Feind erledigt, trinkt er von dessen Blut. Die Köpfe aller, die er in der Schlacht tötet, bringt er dem König. Wenn er einen Kopf bringt, erhält er einen Beuteanteil, sonst nicht. Sie ziehen den Schädeln die Haut ab, indem sie rings um die Ohren einen Schnitt machen, dann die Haare fassen und den Kopf herausschütteln. Mit einer Ochsenrippe wird das Fleisch abgeschabt, dann die Haut mit der Hand gegerbt und, wenn sie weich ist, als Handtuch gebraucht. Der Reiter bindet die Haut an den Zügel seines Pferdes und prahlt damit. Wer die meisten hat, gilt für den tapfersten Helden. Vielfach macht man sogar Kleider aus diesen Kopfhäuten. Sie werden zusammengehängt wie die Hirtenpelze . . .

Stirbt ein anderer Skythe, so legen ihn seine nächsten Verwandten auf einen Wagen und fahren ihn herum zu den Freunden. Jeder empfängt und bewirtet die Begleitung des Toten und setzt der Leiche von allen Speisen vor wie den anderen. Vierzig Tage werden die Leute aus dem Volke so herumgefahren und dann begraben. Nach einem Begräbnis nehmen die Skythen eine Reinigung vor. Erst salben sie sich den Kopf und waschen ihn wieder ab; dann reinigen sie den Körper durch ein Dampfbad, wozu sie folgende Vorbereitungen treffen. Sie stellen drei Stangen gegeneinander, legen darüber eine Filzdecke, die sie möglichst fest anziehen, stellen ein Becken in den durch die Stangen und die Filzdecke abgeschlossenen Raum und werfen glühende Steine in das Becken.

Nun wächst im Skythenlande auch Hanf, eine Pflanze, die abgesehen von der Dicke und Größe dem Flachs sehr ähnlich ist. Der Hanf ist viel größer und stärker. Er wächst wild und wird auch angebaut. Die Thraker machen sogar Kleider aus Hanf, die den leinenen ähnlich sind; wer den Hanf nicht genau kennt, wird kaum unterscheiden können, ob das Kleid aus Hanf oder Flachs gesponnen ist, und wer noch nie Hanf gesehen hat, wird es für ein leinenes Kleid halten. Die Körner von diesem Hanf nehmen also die Skythen, kriechen damit unter die Filzdecke und legen die Körner auf jene glühenden Steine. Sie fangen an zu rauchen und erzeugen einen so starken Duft, daß kein hellenisches Schwitzbad dies Dampfbad übertrifft. Die Skythen werden so froh dabei, daß sie laut heulen. Das sind ihre Bäder; in Wasser baden sie sich niemals.

Text der Zeit

Aus: Herodot, Historien, IV, S. 64ff., Alfred Kröner Verlag, Stuttgart
Übers. v. W. F. Otto

flektiert der Historiker (sich auf den Höhepunkt der politischen Machtstellung Athes zurückversetzend) über die Freiheit, die seine Vaterstadt damals für alle Bürger und Bewohner ihres politischen Einflußbereiches verteidigte, eine Freiheit, die zum Zeitpunkt der Niederschrift bereits aufs äußerste gefährdet war. »Denn die Freiheit dieses Landes haben sie« (unsere Vorfahren) »... mit ihrer Kraft bis jetzt weitergegeben.«

ANFÄNGE DER BUKOLISCHEN DICHTUNG

Die politische Freiheit ging verloren. Jedoch behielt die griechische Sprache ihre Funktion als eines der wichtigsten Bindeglieder innerhalb des hellenistischen Weltreiches. In ihr dichtete der »Fürst der Elegie«, der Alexandriner *Kallimachos* (* um 310, † 240 v. Chr.), in der eleganten Weltstadt an der Küste Ägyptens seine graziösen Verse so anmutig und beschwingt, als wolle er mit dem Meißel hellenistischer Bildhauer wetteifern. Zugleich keimte im raffinierten Luxus der Großstädte der Wunsch nach einem »einfachen Leben« in freier Natur. Ihm entsprach *Theokritos* aus Syrakus (* um 310, † 250 v. Chr.) als Begründer der »bukolischen« Dichtung. In dem irdischen Paradies Arkadien, dem Gotte Pan geweiht, tummeln sich Schäfer und Nymphen in naiver Unschuld im fröhlichen Spiel. Die »Bukolica« entwickelten sich rasch zu einer literarischen Moderichtung, die eine erstaunliche Lebenskraft bis in die Zeit der römischen Weltliteratur – und darüber hinaus bis heute – bewies.

Literatur

Bowra, Cecil M.: Höhepunkte griechischer Literatur, Stuttgart 1968

Lesky, Albin: Die tragische Dichtung der Hellenen, Göttingen 1972

Lesky, Albin: Geschichte der griechischen Literatur, Tübingen 1971

Melchinger, Siegfried: Das Theater der Tragödie, München 1974

Schadewaldt, Wolfgang: Hellas und Hesperien, Zürich 1960

Schadewaldt, Wolfgang: Von Homers Welt und Werk, Stuttgart 1966

Vogt, Ernst: Griechische Literatur, Wiesbaden 1981

WINFRIED BÖHM

Erziehung und Pädagogik in der griechischen Antike

Inhalte der primitiven Erziehung – Weitergabe ethisch-religiöser Denkweisen – Die große Bedeutung des »Vorbildes« – Entwicklung des pädagogischen Bewußtseins – Übergang zu einem pädagogisch verantwortlichen Erziehungsverständnis – Areté – Am Anfang der griechischen Erziehung stand Homer – Vorbilder für die Welt- und Menschenkenntnis – Mustergültigkeit homerischer Dichtungen – Adelsethik – Erziehung in Sparta – Erziehung in Athen – Drei maßgebliche pädagogische Modelle – Protagoras: wandernder »Weisheitslehrer« – Das wissenschaftlich begründete Curriculum – Das »Höhlengleichnis« des Platon – Der Erzieher Griechenlands und der ganzen antiken Welt: Isokrates.

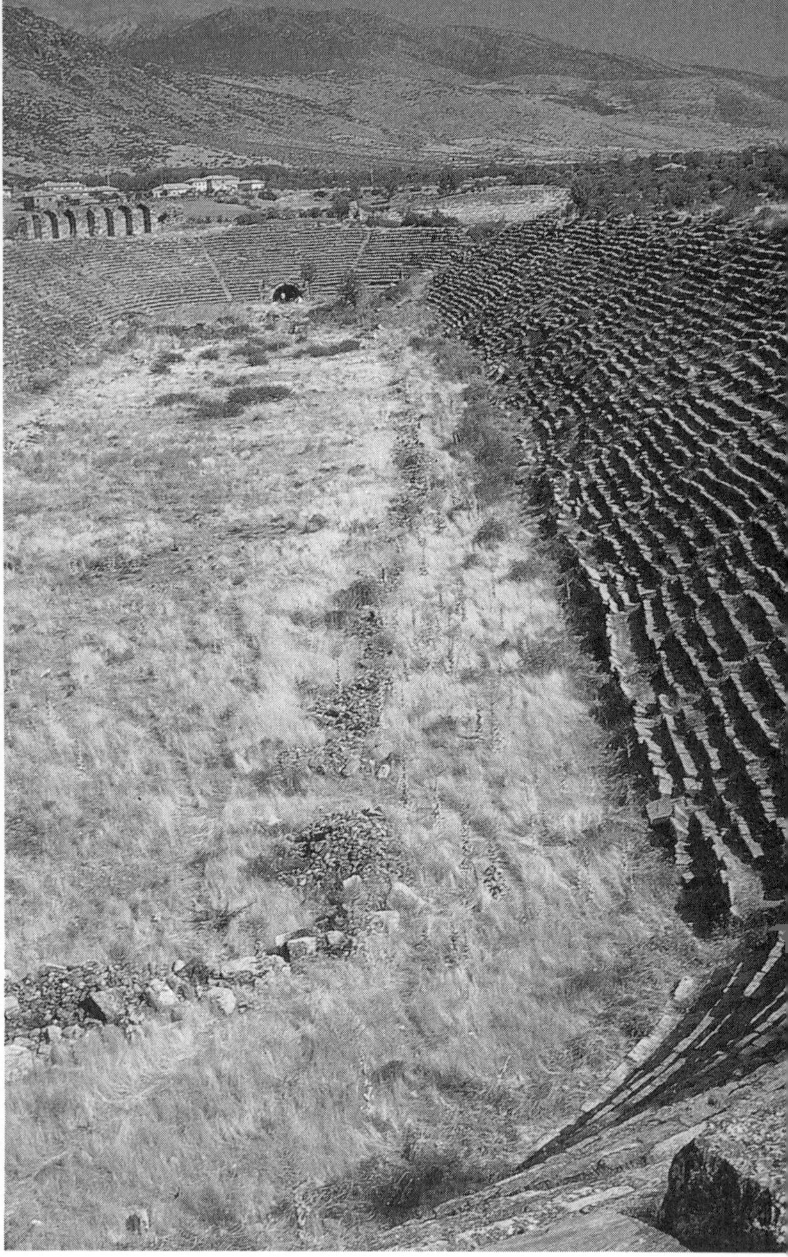

Daß Erziehung als Weitergabe von Maßregeln der Lebensgestaltung und als Übermittlung bestimmter kultureller Orientierungsmuster an die nachwachsende Generation so alt ist wie die Menschheit selbst, bedarf wohl keines historischen Beweises. Ohne Zweifel wird man die geschichtlichen Anfänge der Erziehung in eine Zeit zurückverlegen müssen, die sich als sogenannnte vorgeschichtliche Zeit der historischen Aufhellung entzieht und deshalb im Dunkel bleibt. Selbst das Nachdenken über Erziehung und somit auch die ersten tastenden Versuche, die Erziehung durch überliefertes Erfahrungswissen und durch Weistümer der Menschenkenntnis anzuleiten, reichen gewiß sehr weit zurück. Wo immer uns aber historische Quellen über die Erziehung in den Anfangszeiten der Menschheitsgeschichte vorliegen, legen sie die begründete Vermutung nahe, daß jene Erziehung zum einen aus dem in jedem Kinde spontan vorhandenen Nachahmungstrieb und zum anderen aus dem jedem Menschen von Natur aus eigenen Instinkt zur Erhaltung des Erworbenen und Errungenen hervorgegangen ist; jedenfalls zeigen diese ersten geschichtlich faßbaren Formen der Erziehung durchweg einen utilitaristischen (d.h. auf nützliche Anwendung ausgerichteten) und höchst praktischen Charakter.

Linke Seite: ***Eines der besterhaltenen Stadien*** *der gesamten antiken Welt ist dieses in Aphrodisias (Westtürkei) aus frührömischer Zeit. Hier fanden die Pythischen Spiele statt mit musischen und sportlichen Wettkämpfen. Es war eines der bedeutendsten panhellenischen Festе, während derer der »Heilige Frieden« galt.*

GRUNDZÜGE DER PRIMITIVEN ERZIEHUNG

Diese *primitive* Erziehung bewegt sich in ausgesprochen traditionalistischen und festgefahrenen Bahnen, und sie beschränkt sich im wesentlichen darauf, genau umschriebene Inhalte, vorwiegend ethisch-religiöser Art, an die Heranwachsenden weiterzugeben, ohne diesen die Möglichkeit der Kritik einzuräumen und selbst ohne sich um deren

***Ein Zweikampf** ist auf der attischen Schale aus dem 5. Jahrhundert v. Chr. zu sehen. Zu fast allen griechischen Festen und religiösen Zeremonien gehörten auch Spiele sportlicher Art. »Die Götter sind die Freunde der Spiele«, sagte Pindar. Vier der Spiele gehörten der ganzen Nation: die Isthmischen von Korinth, die von Nemea, Delphi und Olympia.*

Zustimmung zu bemühen. Große Bedeutung kommt dabei dem Vorbild zu, an dem sich beispielhaft die Normen und Gesetze darstellen, welche das gesellschaftliche Leben regeln bzw. regeln sollen. Eine Erziehung dagegen, die über das bloße Nachahmen des Herkömmlichen und Gebräuchlichen hinausgeht und auf die Freisetzung der individuellen menschlichen Möglichkeiten zielt, ist erst die Errungenschaft einer späteren Zeit, und auch ein Verständnis der Erziehung, das diese als notwendig für die volle Menschwerdung des Menschen begreift, vor allem im Hinblick auf den Gebrauch seiner Freiheit und Selbständigkeit, bildet sich erst in einer bestimmten geschichtlichen Epoche heraus. Die primitive Auffassung der Erziehung als bloßer Nachahmung der Älteren und als tätiger Eingewöhnung in das soziale Gefüge überwunden und damit zuallererst ein pädagogisches Bewußtsein hervorgebracht zu haben, ist das Verdienst der griechischen Antike. Und die Griechen wußten durchaus um diese ihre ureigene kulturelle Leistung, wofür etwa das berühmte Wort aus der »Panathenaikos«-Rede des Isokrates zeugt: Grieche wird man nicht durch Geburt, sondern durch die Erziehung, und sie ist es auch, die einen Griechen von einem Barbaren unterscheidet.

ENTWICKLUNG EINES PÄDAGOGISCHEN BEWUSSTSEINS

Den Übergang von einer primitiven Erziehung zu einem höheren, eben pädagogisch verantwortlichen Erziehungsverständnis können wir uns recht gut an dem alten griechischen Grundwort *Areté* deutlich machen. Ursprünglich bezeichnet dieses nur sehr schwer übersetzbare Wort die »Vortrefflichkeit« oder die »Vorzüglichkeit« eines Dinges bzw. eines Menschen. Zu einem für die Erziehung bedeutsamen Begriff wird Areté, wo es darum geht, auf das »Mustergültige« und damit »Vorbildhafte« eines Lebensvollzugs bzw. einer Gestalt hinzuweisen. In diesem Sinne steht Homer am Anfang der griechischen Erziehung, und durch die in seinen Epen vorgestellten Helden und Figuren hat er für Jahrhunderte bleibende Vorbilder für die Welt- und Menschenkenntnis geschaffen, an denen uns die elementare Einsicht in die menschlichen Grundgeschäfte, exemplarische Lebenssituationen und Charaktere, aber auch das Wissen um die Verschlungenheit der Lebenspfade anschaulich entgegentritt. Diese Mustergültigkeit der homerischen Dichtungen hat – wie Platon feststellt – »Griechenland erzogen«, und aus ihnen haben – wie Xenophanes im 6. Jahrhundert v. Chr. versichert – »die Griechen alles gelernt«. Bei aller Richtigkeit dieser Urteile hat man jedoch zweierlei zu beachten: Erstens lag Homer, dem Dichter,

Oben:
Reste des Zeus-Tempels in Olympia,
470–456 v. Chr. Hier auf dem Peloponnes fanden alle vier Jahre bedeutende Wettkämpfe statt.
R. Chandler hatte den Ort 1766 wiederentdeckt.

eine eigentliche erzieherische Absicht fern; zweitens spiegeln seine Epen eine höfisch-aristokratische Gesellschaftsordnung wider, in der eine relativ kleine Adelsschicht die Kultur und das Gemeinwesen trägt und über eine große rechtlose Masse des Volkes herrscht. Wenn in dieser Gesellschaft von einer bewußten Erziehung der Heranwachsenden überhaupt die Rede sein kann, dann bleibt diese beschränkt auf den Adel. Areté erscheint gleichsam als unanfechtbares Vorrecht dieses Adels.

Ein anderer Dichter, Pindar (* ca. 520, † ca. 445 v. Chr.), zu dessen Zeit die althellenische Adelswelt sich längst aufzulösen beginnt, verkörpert diese Adelsethik noch ausdrücklicher, und im Hinblick auf die Erziehung vertritt er den für eine Feudalgesellschaft typischen Standpunkt, entscheidend für die Areté eines Menschen sei sein angeborenes Wesen, seine ererbte Naturanlage. Wem seine »Vortrefflichkeit« nicht durch die Art seiner Vorfahren zugewachsen ist, der bemüht sich um dieses Privileg durch Lernen und Erziehung vergebens, und wo er sich diese Auszeichnung auf solche Weise dennoch erwerben will, erscheint er bestenfalls wie ein mißtönend krächzender Rabe neben dem in einsamer Höhe schwebenden Vogel des Zeus (dem Adler).

Auch in dem aristokratischen Kriegerstaat Sparta, dessen Gesellschaft sich streng in drei Klassen gliedert – die Heloten (eine Art Staatssklaven), die Periöken (Kleingrundbesitzer, aber ohne politische Rechte) und die herrschende Klasse der Spartiaten –, bleibt die Erziehung jenen vorbehalten, die allein als für die Staatsgeschäfte, für den Kriegsdienst und für die Jagd geeignet angesehen werden: die Kinder aus der Schicht der Spartiaten. Und die Areté dieser zum Herrschen und Kriegführen Berufenen wird – wiederum stark utilitaristisch und sehr »lebenspraktisch« – in Waffenehre, blindem Staatsgehorsam, Kampfesmut und körperlicher Tüchtigkeit gesehen. Plutarch hat ein sehr lebendiges Bild von der spartanischen Erziehung überliefert; darin heißt es: »Lesen und Schreiben lernten sie nur so viel, wie sie brauchten; die ganze Erziehung war darauf gerichtet, daß sie pünktlich gehorchen, Strapazen ertragen und im Kampfe siegen lernten.« Übrigens galten derart »spartanische« Erziehungsziele nicht nur für die Jungen, sondern auch die Mädchen wurden in eine ähnlich harte Zucht genommen. Aristoteles hat später ein gar hartes Urteil über diese Erziehung gefällt und gesagt, die Spartaner hätten ihre Kinder nicht anders als Maschinen behandelt.

Wenn auch Athen ein ganz anderes politisches und vielgestaltigeres kulturelles Gepräge zeigt als Sparta und wenn

Drei von sechs Epheben beim Ballspiel *(Ausschnitt) zeigt das attische Relief einer Statuenbasis. Im Jahre 1922 fand Alexander Philadelpheus in Athen drei solcher Reliefs in der 478 v. Chr. von dem athenischen Politiker Themistokles in Auftrag gegebenen Stadtmauer von Athen. Athen, Nationalmuseum.*

hier auch allmählich das Recht über die bloße Macht deutlich die Oberhand gewinnt, so darf man bei einer kritischen Betrachtung der athenischen Erziehung freilich nicht außer acht lassen, daß unbeschadet aller Demokratisierung der Lebensverhältnisse und trotz allen Aufschwungs des geistig-kulturellen Lebens die Frauen ebenso wie die große Masse der Sklaven und Unfreien von diesem öffentlichen Leben weitestgehend ausgeschlossen waren und selbstverständlich von der Erziehung nicht minder. Und in der Erziehungsrealität bleibt auch in Athen über lange Zeit und bis auf wenige Ausnahmen der utilitaristische und praktische Grundcharakter der Erziehung erhalten, nur ändern sich hier die Anforderungen: Wo die öffentlichen Ämter durch das Los vergeben werden und wo es darauf ankommt, in der Bürgerversammlung seinen Mann zu stehen und wortgewandt den eigenen Standpunkt zu vertreten, da muß eben jeder wenigstens schreiben und lesen können, sich eine gewisse Allgemeinbildung und politische Kenntnisse angeeignet und seine geistigen Fähigkeiten bis zu einem bestimmten Grade ausgebildet haben.

Die herausragende und zugleich zukunftsweisende pädagogische Bedeutung der Griechen hat man also nicht so sehr auf dem Gebiet der tatsächlich geleisteten Erziehung zu suchen; sie liegt vielmehr darin, daß in der klassischen Periode Griechenlands die Areté des Menschen umgedeutet wird von einer ursprünglich für angeboren gehaltenen Ausstattung zu einer vom einzelnen Menschen selbst zu vollbringenden Leistung – einer Leistung jedoch, zu der der Mensch der erzieherischen Hilfe bedarf. Damit aber haben die Griechen zum ersten Male ein eigentliches pädagogisches Bewußtsein geschaffen, und sie haben zugleich *drei pädagogische Modelle* hervorgebracht, die für die gesamte abendländische Erziehung bis heute maßgeblich geblieben sind. Daß dies zu einer Zeit geschah, als die Privilegien einer adeligen Führungsschicht abgebaut wurden und grundsätzlich jeder freie Bürger in die politische Mitbestimmung eintreten konnte, das erscheint weniger verwunderlich; daß aber etwa zur gleichen Zeit, nämlich von der Mitte des 5. bis zur Mitte des 4. Jahrhunderts v. Chr., in Athen drei so grundverschiedene Auffassungen vom Wesen und von der Aufgabe der Erziehung entstehen konnten, das erscheint überaus bemerkenswert und spricht einerseits für die Notwendigkeit, mit der die Erziehung in jeder aufkommenden Demokratie zu einem vorrangigen öffentlichen und politischen Problem wird, und andererseits zeugt es von der großen intellektuellen Kraft, mit der das griechische Denken (vgl. dazu das folgende Kapitel!) alle Lebensbereiche, so auch den der Erziehung, durchdringt.

DIE LEHREN DER SOPHISTEN

Die erste dieser drei Pädagogiken ist mit dem Auftreten der *Sophisten* verknüpft, und sie verkörpert sich vor allem in deren erster und überragender Figur, in Protagoras (* um 480, † 415 v. Chr.). In Abdera geboren, kommt er um 450 als wandernder »Weisheitslehrer«, eben als »Sophist« (von grch. *sophia* = Weisheit), nach Athen; später, nach Perikles' Tod († 427 v. Chr.), folgen ihm Gorgias aus Leontinoi in Sizilien, Prodikos von der Insel Keos, Hippias von Elis und andere nach. Sie alle treten als berufsmäßige Lehrer auf und bieten gegen (sehr gute) Bezahlung die Vermittlung brauchbarer Kenntnisse an. In heute gängiger Fachsprache würde man sagen: Sie machen ein Lehrangebot und stellen ein wissenschaftlich begründetes *Curriculum* (einen detailliert geplanten und in einzelne Lernschritte zergliederten Lehrplan) vor; dabei präsentieren sie sich selber als Fachleute der Wissenschaften – Hippias als Vertreter der Mathematik, Prodikos als Experte der Grammatik, Protagoras als Fachmann in Politik und Sozialwissenschaften. Die Sophisten verstehen ihren pädagogischen Beruf ausdrücklich als eine lehr- und lernbare Technik, mit der sie ihren Schü-

lern ein gesellschaftlich und politisch nützliches Wissen und solche Fertigkeiten beibringen, die ihnen Erfolg und Durchsetzung im Leben versprechen, zur Lebenstüchtigkeit hinführen.
Zunächst war das Wort »Sophist« frei von jedem negativen Beigeschmack und bezeichnete just diese sachverständig ausgeübte Technik; bald aber gerieten die sophistischen Lehrer ins Zwielicht, und der Geschichtsschreiber Xenophon sagt in seinen »Memorabilia« über sie: »Sophisten werden einige Männer genannt, die sich öffentlich zur Schau stellen und ihr Wissen für Geld an jeden verkaufen, der es verlangt. Sie sprechen, um zu betrügen, und schreiben, um Geld zu verdienen, und sind niemandem von Nutzen.«
Platon beurteilt sie noch vernichtender und läßt sie von Sokrates in seinen Dialogen geradezu demütigen. Woher rührt diese Ablehnung seitens der Philosophen? Ein Grund mag darin liegen, daß die Sophisten sich quasi als geldgierige Freibeuter und als skrupellose Individuen ohne höhere Ideale auf dem Markte der athenischen Bildung betätigen und sich keiner bestimmten Denkrichtung anschließen. Ein anderer und viel tieferer Grund ist darin zu sehen, daß die Sophisten grundsätzlich nur an eine Wahrheit zu glauben scheinen, nämlich, daß es Wahrheit nicht gibt. Protagoras prägt für diesen Relativismus den berühmten Satz: »Der Mensch ist das Maß aller Dinge; der seienden, daß (wie) sie sind, der nicht seienden, daß (wie) sie nicht sind. Sein ist gleich jemandem Erscheinen.« So, wie die Sophisten keine Wahrheit, sondern nur viele Meinungen kennen, existiert für sie objektiv gesprochen auch weder ein Gut noch ein Böse; der Wert eines Dinges oder einer Handlung verändert sich von Person zu Person, ja bei ein und derselben Person auch von einem Augenblick zum anderen. Die Areté des Menschen und damit Ziel und Aufgabe der Erziehung können also für die Sophisten nicht in der Wahrheitssuche und nicht in dem Ringen um sittliche Vervollkommnung bestehen; wozu sie die Jünglinge ertüchtigen wollen, ist das Durchsetzen der eigenen Meinung, das unter allen Umständen Recht- und um jeden Preis Erfolghaben. Areté wird für sie zu einer lernbaren Fähigkeit der Selbstdurchsetzung. Protagoras scheut sich denn auch nicht, das sophistische Erziehungsprogramm auf die einfache Formel zu bringen: »Über jede Sache gibt es zwei einander entgegengesetzte Aussagen. Es gilt [zu lernen], die schwächere Meinung zur stärkeren zu machen.« Grob vereinfacht könnte man auch sagen: Pädagogisch gut ist, was nützt.

Einzelunterricht im Abhören epischer Verse. *Der junge Mann, der sich schmunzelnd Notizen macht, ist der Lehrer. Er sitzt auf einem allgemein gebräuchlichen einfachen Sessel. Schale des Duris, um 480 v. Chr.*

DAS ERZIEHUNGS-VERSTÄNDNIS DES SOKRATES

Es liegt dabei auf der Hand, daß sich gegen eine solche funktionalistische Auffassung von der Erziehung und gegen eine so starke Ausklammerung der Frage nach der Wahrheit und nach dem Guten heftigster Widerspruch erheben muß. Und in der Tat ist es Sokrates, der die entscheidenden kritischen Fragen stellt: Ist Erziehung nicht gerade das Wecken der Liebe zur Wahrheit? Und muß der Mensch nicht das Gute und das Gerechte tun, auch wenn es sich nicht bezahlt macht? Muß er nicht um seiner Areté willen sogar auf materiellen Erfolg verzichten, wenn dieser durch Täuschung, Betrug und andere Schlechtigkeiten erkauft wird. Diese und andere Fragen führen zur zweiten Pädagogik, welche Platon (* 427, † 347 v. Chr.), der Schüler des Sokrates, vertritt und in der Areté geradezu als »Weg in die Wahrheit« und zur Sittlichkeit verstanden wird.
In dem berühmten Höhlengleichnis, das Platon zu Beginn des 7. Buches seiner *»Politeia«* (»Der Staat«) erzählt, wird diese ganz andere Auffassung von der Erziehung in einem Bilde schön veranschaulicht. In einer unterirdischen Höhle sitzen Menschen, von Kind auf an Hals und an Schenkeln gefesselt, und starren festgebannt auf eine Wand vor ihnen. Hinter ihnen am oberen Ende der Höhle brennt ein Feuer; zwischen diesem Feuer und den Gefesselten verläuft ein Weg oben hin, den eine niedrige Mauer – wie die Schranke der Puppenspieler – zum Höhleninneren hin abgrenzt. Auf diesem Wege tragen Menschen allerlei Gerätschaften und Figuren vorbei, deren Schattenbilder von den Gefesselten auf der Wand wahrgenommen werden. Diese wetteifern untereinander darin, wer die Schatten am schärfsten erfaßt, sich ihre Abfolge am besten einprägt und ihr Wiederauftreten am zuverlässigsten voraussagen kann.

Diese Gefesselten sind für Platon alle jene Menschen, die im Zustande der Unbildung verharren und den Schatten der Erscheinungen und den bloßen Meinungen verhaftet bleiben.
Erziehung heißt nun Befreiung aus diesen Fesseln, Umwendung des ganzen Menschen und Aufstieg aus dieser Höhle. Dabei wird der Mensch die Abbilder der Dinge und Menschen auf dem Wasser, dann diese selbst und zuletzt – unter schmerzlicher Blendung seiner Augen – das Sonnenlicht sehen, und er wird erkennen, daß die Sonne über allem waltet und die wirkliche Urheberin all jener Erscheinungen ist, die die Ungebildeten vorhin noch als die vermeintliche Wirklichkeit betrachtet hatten. Die Erziehung und Bildung des Menschen besteht also darin, von dem schattenhaften Anschein der Sinnenwelt und von unseren alltäglichen Meinungen abzusehen und – im wörtlichen Sinne des Gleichnisses – zur unsinnlichen Schau der eigentlichen Wirklichkeit der Ideen, zuletzt der von der Sonne symbolisierten Idee des höchsten Gutes aufzusteigen und aus dieser Erkenntnis der Ideen heraus zu handeln. Mit anderen Worten: Es gilt, die falschen Meinungen auszuschalten und der einen Wahrheit im Denken und Tun Recht zu verschaffen. Darin besteht die Areté des Menschen. Theodor Ballauff hat diesen erzieherischen Vorgang treffend gedeutet als einen Aufstieg von der bloßen Ansicht zur rechten Einsicht. Freilich – so räumt Platon ein – führt diese Einsicht nicht sogleich zu einem dauerhaften Besitz der Wahrheit und des Guten; an uns Menschen ist es nur, die Wahrheit ebenso wie das Gute ständig zu suchen, und eine bleibende Schau der höchsten Idee ist uns vielleicht erst nach dem Tode vergönnt. Auch führt diese platonische Erziehung zwar zur Erkenntnis des Wahren und Guten, ob diese Einsicht aber auch praktischen Lebenserfolg garantiert, das erscheint selbst Platon höchst fraglich.

DIE THEORIE DES ISOKRATES

Genau an diesem Punkt setzt der dritte pädagogische Entwurf ein, jener des Isokrates (*436, †338 v. Chr.), des großen Zeitgenossen und hartnäckigen Gegners Platons. Den Sophisten wirft Isokrates vor, sie verkehrten die Erziehung des Menschen in eine sehr bedenkliche Technik der Selbstdurchsetzung; Platon hält er die fundamentale Frage entgegen, ob sich die Praxis des menschlichen Lebens und Zusammenlebens denn wirklich nach der wissenschaftlichen Eindeutigkeit eines digitalen Falsch oder Richtig gestalten und beurteilen lasse, und ironisch fragt er weiter, was uns eine Wahrheit wohl nütze, derer wir erst nach dem Tode teilhaftig werden sollen, wo es uns doch um die Erziehung fürs Leben zu tun ist, und das geht unserem Tode allemal voraus. Isokrates These lautet: »Der menschlichen Natur ist es nicht gegeben, zu einer Wissenschaft zu kommen, durch die wir zuverlässig wissen können, was zu tun und zu sagen ist.« Wenn es aber keine eindeutige Wissenschaft der menschlichen Lebenspraxis gibt, dann kommt es darauf an, daß wir lernen, uns in einem vernünftigen Überlegen über das jeweils am meisten richtig Erscheinende, eben das am meisten Wahrscheinliche zu beraten. Das mit sich selber zu Rate gehen heißt Denken; das mit anderen Beratschlagen heißt Gespräch. Denken und Sprache zeichnen den Menschen aus, und sie befähigen ihn, zu jener vernünftigen Wohlberatenheit zu gelangen, die sich aus dem Anhören, Bedenken und Abwägen der eigenen Argumente und jener des Gesprächspartners ergibt. Nicht in der Durchsetzungsfähigkeit der eigenen subjektiven Meinung und nicht in dem (ohnehin unerreichbaren) Besitz der Wahrheit und eines allgemeinen Guten besteht die Areté des Menschen, sondern in seiner Bereitschaft und Fähigkeit, sich mit anderen zu beraten und mit ihnen verständig zu handeln.

Mit dieser seiner Pädagogik ist Isokrates – dem sachkundigen Urteil Marrous zufolge – in der nachhomerischen klassischen Epoche »der Erzieher Griechenlands, dann der ganzen antiken Welt geworden«, und er hat jenes humanistische Verständnis des Menschen und seiner Erziehung grundgelegt, auf das die Menschheit in ihrer Geschichte immer wieder zurückgreift, wenn sie sich jener Ratlosigkeit gegenübergestellt sieht, die mit der menschlichen Freiheit und mit seiner Nötigung, Wahlen und Entscheidungen zu treffen und damit die eigene Geschichte zu gestalten, nun einmal unlösbar verbunden ist.

Literatur

Ballauff, Theodor/Schaller, Klaus: Pädagogik. Eine Geschichte der Bildung und Erziehung. Bd. 1: Von der Antike bis zum Humanismus, Freiburg 1969

Böhm, Winfried: Theorie und Praxis. Eine Erörterung des pädagogischen Grundproblems, Würzburg 1985

Böhm, Winfried: Wörterbuch der Pädagogik, Stuttgart 1982 (TB)

Jaeger, Werner: Paideia. Die Formung des griechischen Menschen, Berlin 1973

Marrou, Henri Irénée: Geschichte der Erziehung im klassischen Altertum, München 1977 (TB)

WINFRIED BÖHM

Die Entwicklung des griechischen Denkens von den Vorsokratikern bis zu Aristoteles

Die Achse der Weltgeschichte – Das »neue Denken« – Trennung des Seienden vom Schein – Chinesisches, indisches und griechisches Denken – Gegenüberstellung von Schein und Sein – Über göttliche und menschliche Weisheit – Die »Sieben Weisen« Griechenlands – Milet: Geburtsstadt abendländischer Philosophie – Die Welterklärung des Thales – Pythagoras und Xenophanes – Mystische Zahlenspekulation von Pythagoras – »Das Eine ist alles« – Die Verbindung zwischen Sein und Denken – Das Denkgebäude des Parmenides – »Sokratische Ironie« – Die platonische Ideenlehre – Idealismus und Realismus – Aristoteles – Das Bild der realen Welt – Die Geographie der Griechen – Beginn der Wissenschaft.

In seinem Buch »Vom Ursprung und Ziel der Geschichte« hat der Philosoph Karl Jaspers eine sehr aufschlußreiche Beobachtung über den Gang der Menschheitsgeschichte mitgeteilt. Um 500 v. Chr. kommt es in China, Indien und dem Abendland zu so gewaltigen geistigen Umwandlungen und zu einer so deutlichen Ausprägung eines neuen Verständnisses des Menschen und der Welt, daß Jaspers hier den tiefsten Einschnitt in der gesamten Geschichte, die Achse der Weltgeschichte sieht bzw. diese Periode als die »Achsenzeit« bezeichnet (wobei Jaspers von überholten Datierungen ausging, man geht richtig von einer Zeit zwischen 600 und 450 v. Chr. aus). In *China* leben damals Konfuzius und Lao Zi (Laotse), und es werden die Grundrichtungen der chinesischen Philosophie geschaffen; in *Indien* werden die Upanischaden verfaßt, und Buddha predigt seine Lehre von der Weltverneinung; in *Persien* verkündet Zarathustra sein Weltbild des Kampfes zwischen Gut und Böse; in *Palästina* treten die großen Propheten wie Elias, Jesaja, Jeremia und Deuterojesaja auf; in *Griechenland* erlebt das Theater mit den Tragödien von Sophokles, Aischylos und Euripides seinen glanzvollen Höhepunkt, mit Thales, Parmenides, Heraklit und Platon entsteht die griechische Philosophie, und Aristoteles legt den Grund für die spätere wissenschaftliche Entwicklung des Abendlandes.

Linke Seite:
Das Schatzhaus der Athener zu Delphi.
Es handelt sich um ein Apollon-Heiligtum, das an der »heiligen Straße« liegt. Unmittelbar nach der Schlacht bei Marathon (490 v. Chr.) errichteten die Athener in beherrschender Lage den Antentempel dorischer Ordnung, um kostbare Weihegaben aufzubewahren.

GEISTIG-KULTURELLER AUFBRUCH

Obwohl die drei Welten – China, Indien und das östliche Mittelmeer – nichts voneinander wissen, ist ihnen das Neue dieses geistig-kulturellen Aufbruchs gemein: Es ist der Ausgang aus der Ruhe, Geschlossenheit und Selbstver-

Grabsteine
Griechen und Römer haben zu allen Zeiten Denkmäler auf ihre Gräber setzen lassen, meistens zeigten die Reliefs mit denen sie geschmückt waren, Szenen aus dem Leben der Verstorbenen, wie hier auf dem Grabstein eines Atheners aus dem 4. Jahrhundert v. Chr.

Pythia, die Orakel-Priesterin von Delphi, *auf ihrem Dreifuß; Malerei auf schwarzgrundiger Schale. Aus der Erdspalte, über der sie sitzt, steigen Dämpfe, die sie in Ekstase versetzen. So kann sie, von Apollon inspiriert, weissagen. Ihre Rolle bei der Entstehung von Orakeln war offenbar nicht unbedeutend, da man sie zu beeinflussen versuchte.*

ständlichkeit eines mythischen Weltbildes und der Eintritt in die Unruhe, Fragwürdigkeit und Ungewißheit einer auf sich selbst gestellten menschlichen Existenz. Jaspers sieht dieses Neue des Zeitalters genau darin, »daß der Mensch sich des Seins im Ganzen, seiner selbst und seiner Grenzen bewußt wird. Er erfährt die Furchtbarkeit der Welt und die eigene Ohnmacht. Er stellt radikale Fragen.« Und Jaspers faßt seine Deutung dieses weltgeschichtlichen Umschwungs so zusammen: »Es geschah in der Achsenzeit das Offenbarwerden dessen, was später Vernunft und Persönlichkeit hieß.«

Das Apollonheiligtum zu Delphi *liegt am Fuß der steil aufragenden, zum Parnassos gehörenden Phaedriaden über dem Pleistos-Tal. Vieles deutet darauf hin, daß der Ort bereits im 2. Jahrtausend v. Chr. an den Stellen der späteren Hauptkulte des Gottes Apollon die Funktion einer Kultstätte innehatte. Seit dem 8. Jahrhundert v. Chr. wurde er wichtigster Kultort Apollons, der der Legende nach den Drachen Python tötete und dadurch Herr dieses Ortes wurde. Der Tempel, seit dem 7. Jahrhundert mehrfach zerstört und wiederaufgebaut, galt als Mittelpunkt der damaligen Welt. Er barg den konischen Omphalos, einen ursprünglichen Steinfetisch und Altar der Erdmutter, sowie das Orakel der Pythia. Wie vielerorts vor Heiligtümern gab es auch in Delphi heilige Quellen.*

Links: ***Ein Wahrsager*** *vom Ostgiebel des Zeus-Tempels in Olympia.*

***Die Philosophenversammlung in der Akademie von Athen** zeigt das oben abgebildete Mosaik, das in einer Villa von Pompeji gefunden wurde. Der griechische Philosoph Platon, der aus adeligem Geschlechte stammte, hatte im Jahre 387 v. Chr. die Akademie gegründet. Ursprünglich handelte es sich um einen dem Heros Akademos geweihten Hain bei Athen, zu dem auch Anlagen für gymnastische Übungen gehörten. Nach der Gründung der Akademie konnten diese zum Promenieren benutzt werden, wobei sicher diskutiert und Fachfragen erörtert wurden. Außerdem befanden sich dort Diskussions- und Aufenthaltsräume sowie Wohnungen für den Schulvorsteher und sogar für einen Teil der Schüler. Die Mittel hatte Platon anfänglich seinem Privatvermögen entnommen, später jedoch mußten die Beiträge wahrscheinlich von den Schülern selbst getragen werden. Platon und Aristoteles waren die Hauptvertreter der griechischen Philosophie. Die von ihnen gegründeten Schulen bestanden bis zum Ende der Antike.*

Odysseus und seine Mannschaft versuchen, den Verlockungen der Sirenen zu widerstehen. *Odysseus ist auf dem attischen Krug aus dem ersten Viertel des 5. Jahrhunderts gemäß einer Episode aus der homerischen Odyssee an den Mast seines Schiffes gefesselt. So wollte er dem verderbenbringenden Zaubergesang der Sirenen widerstehen. Seine Gefährten wiederum konnten nichts von dem Gesang hören, weil sie sich ihre Ohren mit Bienenwachs verklebt hatten, um so ungehindert möglichst schnell vorbeirudern zu können. Die Sirenen sind als Mischwesen aus Vogelleibern mit Frauenköpfen dargestellt. Die Zauberin Kirke hatte Odysseus vor den Sirenen gewarnt, sich in acht zu nehmen, da sie alle Menschen bezaubern würden und sie außerdem »von aufgehäuften Gebeinen modernder Menschen umringt« seien. Odysseus vernahm die Lockungen der Sirenen, aber die Männer seiner Mannschaft lösten seine Fesseln nicht, so daß sie dieser Gefahr entrinnen konnten.*

Oben: ***Die Miniatur-Wandmalerei*** *mit einer tropischen Landschaft stammt wahrscheinlich aus dem 15. Jahrhundert v. Chr. Der Künstler hat auf dem fortlaufenden Fries – hier zweigeteilt – für eine Villa auf Thera vielleicht eine Entdekkungsreise in einen fernen Kontinent festgehalten, wofür die tropische Vegetation spricht. Rechts:* ***Das Fresko der blauen Affen*** *stammt aus derselben Zeit, und man fand es im Hause Beta. Es kann wohl mit Recht als das dynamischste Bild angesehen werden, das man auf Thera fand. Die zwei Wände umfassende Szene zeigt eine Horde afrikanischer Affen, die in einer stilisierten Felslandschaft herumturnt.*

DIE FRAGE NACH DEM WESEN DER WELT UND DER DINGE

Die erdichteten Bilder der Mythen, die das primitive Weltbild beherrschen, können ihre absolute Gültigkeit verlieren oder variiert werden, wenn in Völkerwanderungen und durch Zusammentreffen mehrerer Kulturen die unterschiedlichen Weltdeutungen aufeinanderstoßen und dabei ihre geschichtliche und auf die eigene kulturelle Tradition bezogene Bindung offenkundig wird. Die mythische Weltauslegung erweist sich dann vielleicht als oberflächlicher Schein; das »neue Denken« zielt darauf, das Seiende vom Schein zu trennen, es will in die Tiefen des Seins hinabsteigen und das Wesen der Welt und der Dinge ergründen. Während dabei die *chinesischen* Denker von einer organischen, unlösbaren Verschmelzung von Mensch und Welt ausgehen und Himmel, Erde und Mensch als eine große umfassende Einheit verstehen; und während sich die *indischen* Denker vorwiegend mit dem Unbewußten und mit allem befassen, was außerhalb unseres willensgesteuerten Handelns liegt, wenden sich die abendländischen Philosophen an die menschliche Erfahrung, vor allem an unsere Einsicht und an unseren Willen. Während es den *chinesischen* Philosophen vorrangig um die Glückseligkeit des Menschen hier und jetzt geht und sie sich deshalb besonders mit dem gesellschaftlichen Zusammenleben der Menschen beschäftigen, dagegen die *indischen* Philosophen die ganze irdische Welt als unwirklichen Schein entlarven, dem gegenüber die wahre Erkenntnis des Seins nur in der Weltverneinung und in der Bejahung des göttlichen Nichts be-

Ursachen der geistigen Erneuerung. *In der Bronzezeit Europas und Asiens und in der Geschichte Altamerikas trafen wiederholt Völker und Kulturen mit unterschiedlichen Weltbildern und Traditionen aufeinander, ohne daß die Mythen grundsätzlich in Frage gestellt wurden; sie wurden variiert. Was in der Eisenzeit Neues geschah, war das Zerbrechen einer Sozialordnung, in der die aristokratischen Helden- und »Göttersöhne« und die Priesterkasten unangefochten regierten und als Autoritäten respektiert wurden. Mit ihnen fielen auch die Götter, als deren Stellvertreter sie galten, oder wurden zumindest anders gesehen, ebenso die Priestervorrechte der Brahmanen in Indien und der Leviten in Israel. Die Umschichtung, Entwurzelung und geistige Neuorientierung wurde durch Kriege und Bürgerkriege beschleunigt. Neue soziale Ordnungen suchten ihre Begründung in neuen Welterklärungen ohne Mythen. Aus der politischen und sozialen Unsicherheit entsprang die Suche nach neuer individueller Sicherheit in der Erkenntnis, die Frage nach dem Wesen der Welt und der Dinge. G. St.*

stehen kann, richtet sich das *griechische* Denken darauf, hinter die erscheinungsmäßige Vielfalt veränderlicher Dinge zu blicken und das eine und dauerhafte Sein hinter allen wechselhaften Erscheinungen zu begreifen. *Heraklit* (* ca. 544, † 483 v. Chr.), einer der Väter der griechischen Phiosophie, wirft Hesiod, dem Dichter, gerade dies vor, daß er die Welt nur als ein reines Nacheinander oder als ein bloßes Nebeneinander isolierter Einzelereignisse bzw. Einzeldinge gesehen und nicht erkannt habe, daß »alles eins« ist, daß Leben und Tod, Wachen und Schlafen, Entstehen und Vergehen, Alt und Jung, Männliches und Weibliches, Gutes und Böses letztlich »dasselbe« sind, weil alle diese Gegensätze in einem einzigen Seinsgrund zusammenfallen. Deshalb ist es weise, die Vernunft – grch.: den *Logos* – zu erkennen, die in allem waltet und alles lenkt; und weise ist es, sich dieser Vernunft zu beugen. Parmenides (* ca. 540, † 480 v. Chr.) zeigt in seinem philosophischen Lehrgedicht »Über die Natur« mit aller möglichen Schärfe der Gegenüberstellung von Schein und Sein, daß zur Wahrheit nicht die Sinne führen, die uns nur Vielheit und Wandel der Dinge vorspiegeln, sondern allein die Vernunft und das Denken, welches weise erkennt, daß nur das Seiende *ist* und das Nichtseiende *nicht* ist. Lediglich die unweise, »doppelköpfige« Menge erklärt Sein und Nichtsein, Wahrheit und bloße Meinung für ein und dasselbe.

***Links: Blick von der heiligen Straße** in Delphi auf den Apollon-Tempel. An der »heiligen Straße« befanden sich zahlreiche Schatzhäuser und Denkmäler griechischer Staaten.*
Folgende Doppelseite: ***Die Ruinen von Delphi,** seit dem 8. Jahrhundert v. Chr. wichtigster Kultort Apollons. Zum Heiligtum gehören außerdem ein Stadion und das hier abgebildete Theater.*

ANFÄNGE DER GRIECHISCHEN PHILOSOPHIE

Will man diesen besonderen Denkansatz der Griechen verstehen, dann muß man sich vergegenwärtigen, daß die Liebe zu dieser Weisheit (die auf Parmenides zurückgehende Bezeichnung »Philosoph« meint – wörtlich übersetzt – nichts anderes als den die Weisheit Liebenden) in Griechenland eine lange Tradition hat. In *Delphoi*, Delphi, dem Heiligtum des Gottes Apollon, erfolgte jahrhundertelang die Anrufung der Weisheit mit der Bitte um Wissen und Erkenntnis. Als *weise* galt dabei nicht, wer über reichere Erfahrungen verfügte und die anderen mit seinen technischen Fähigkeiten überragte – Odysseus erschien den Griechen nicht als Weiser –; weise war jener, der Licht in das Dunkel bringt, der das Unbekannte aufklärt, der den verwickelten Knoten löst, der das Ungewisse faßbar macht. Apollon verkörpert im vorphilosophischen Zeitalter dieses alles durchdringende Auge, diesen erhellenden Seherblick, und der Apollonkult ist eine Verehrung eben dieser Weisheit. Das Bemerkenswerte und zugleich Eigenartige an dieser Tradition ist, daß die Griechen (ebenso die Chinesen!) Wissen und Weisheit den höchsten Lebenswert beimessen. Das Göttliche drückt sich für sie im Wissen aus, und die Göttlichkeit offenbart sich im gesprochenen *Wort*, nämlich im Orakel. Da es sich dabei um göttliche, nicht um menschliche Weisheit handelt, bleibt sie mehrdeutig, dunkel, ungewiß, schwer zu enträtseln, erscheint sogar als paradox.

Die Anfänge der griechischen Philosophie verlieren sich im Dämmerlicht dieser Tradition. Gewöhnlich beginnen die Geschichten der abendländischen Philosophie mit einer Gruppe von Herrschern und Staatsmännern aus dem 7. und 6. Jahrhundert v. Chr.; die als die Sieben Weisen bezeichnet werden, obwohl an den verschiedenen Stellen ganze 21 Namen für diese Sieben angeführt werden. Nur vier tauchen in allen Aufzählungen auf: Thales von Milet, Pittakos von Mytilene, Bias aus Priene und Solon aus Athen. Platon rechnet diesen vier Weisen noch Kleobulos aus Lindos, Periandros aus Korinth und Chilon aus Sparta hinzu. Ihre in knappe sprichwortartige Sentenzen gefaßte Lebensweisheit war in ganz Griechenland bekannt; sie diente den Vätern bei der Erziehung ihrer Söhne, Politiker und Gerichtsredner zitierten ihre Sätze, ihre Lieder erklangen bei Festen und Gastmählern. Die bekanntesten Aussprüche sind: »Der Wissende schweigt« (Solon), »Der größte Reichtum ist, nichts zu wünschen« (Bias), »Alles zur rechten Zeit« (Pittakos), »Sei begierig zu lernen und nicht zu reden« (Kleobulos). Bias wird das Urteil: »Die meisten sind schlecht« zugeschrieben, und von Chilon soll die Maxime stammen: »Erkenne dich selbst!«
Thales, der in der zweiten Hälfte des 7. Jahrhunderts v. Chr. als Sohn phönikischer Eltern in Milet geborene Ingenieur, gilt seit Aristoteles, dem ersten Geschichtsschreiber der Philosophie, als der erste der sogenannten ionischen Naturphilosophen und somit als der eigentliche Begründer der Philosophie überhaupt.

THALES: WISSENSCHAFTLER UND PHILOSOPH

Daß das ionische Milet die Geburtsstadt der abendländischen Philosophie wird, ist kein Zufall. In der geschäftigen Hafen- und Handelsstadt werden nicht nur alle Güter der damaligen Welt umgeschlagen, sondern in ihr begegnen sich Menschen unterschiedlicher Herkunft und Kulturen; das führt einerseits dazu, daß die althergebrachten Mythen und Religionen hier früher als anderswo in Frage gestellt werden, und andererseits gedeihen hier auch die ersten Untersuchungen der Natur, der Astronomie, der Navigationskunst. Thales selbst untermauert seinen Ruf als Wissenschaftler vor allem durch die genaue Vorhersage einer totalen Sonnenfinsternis im Jahre 585 v. Chr. Das aber macht ihn freilich nicht zum ersten Philosophen (selbst wenn ein übergenauer Historiker just den Tag dieser Sonnenfinsternis, den 28. Mai 585 v. Chr., zum exakten Geburtsdatum der griechischen Philosophie erklären möchte). Diesen Rang erwirbt er sich dadurch, daß er die Richtung seines

Thales von Milet *(*um 625 v. Chr., †um 545 v. Chr.), neben Anaximander und Anaximenes sowie Hekataios einer der großen Naturphilosophen und Wissenschaftler der ionischen Stadt an der Westküste Kleinasiens. Thales gelang es z. B., die Sonnenfinsternis des Jahres 585 v. Chr. genau vorherzusagen. Der griechische Philosph war einer der Sieben Weisen.*

Fragens nicht auf das *Werden* der Welt, d.h. auf die Abfolge der Zeiten und Generationen lenkt, sondern auf das *Wesen* der Welt, indem er sein Suchen darauf richtet, aus welchem Stoff denn die Welt bestehe, was der Mannigfaltigkeit der Erscheinungen einheitsstiftend zu Grunde liege, was denn die *arché* der Welt sei, d.h. ihr Anfang, Ursprung und Prinzip. Die Antwort des Thales lautet: Die Welt *ist* gestaltgewordenes Wasser, ihr Uranfang ist das Wasser, und außer diesem göttlichen Baustoff ist nichts. Zu dieser Aussage des Thales hat man freilich zugleich eine zweite hinzuzulesen, um die erste richtig verstehen zu können; diese lautet: »Alles ist voll von Göttern.« Nimmt man beides zusammen, dann kann man Thales' Satz, das Wasser sei der Ursprung von allem, nicht als einen primitiven Materialismus mißverstehen (wie es selbst in manchen Lehrbüchern der Philosophie geschieht), sondern er faßt diese Welterklärung in ihrer ganzen philosophischen Reichweite. Es geht nicht darum, die vorhandene Wirklichkeit aus einem materiellen Urstoff heraus zu erklären oder gar abzuleiten; vielmehr will Thales deutlich machen, daß wir die Welt nicht verstehen können, wenn wir nur auf die Vielheit der Dinge sehen, sondern wir müssen einsehen, wie in allem einzelnen Göttliches waltet. Der Philosoph Wilhelm Weischedel hat diesen philosophischen Kerngedanken sehr trefflich formuliert: »Wo wir philosophieren, dürfen wir die Welt nicht einfach so betrachten, als bestände sie aus einer Fülle nebeneinanderliegender Dinge. In der Welt waltet vielmehr ein einheitliches Prinzip, ein mächtig Göttliches, und aus ihm hat alles, was ist, Ursprung und Bestehen.«

Anaximander (*ca. 611, †545 v.Chr.), ein Schüler und

***Der ionische Philosoph Pythagoras** (*580 v. Chr., †500 v. Chr.) wurde in Samos geboren. Während der Tyrannenherrschaft des Polykrates emigrierte er nach Unteritalien, wo er in Kroton eine religiös-philosophische Lebensgemeinschaft gründete. Seine Forderung nach Reinheit und mathematischer Gesetzmäßigkeit wirkte bis zum Rationalismus im 18. Jahrhundert nach.*

Nachfolger des Thales, erblickt den Anfang von allem in einer unbestimmten Substanz, die er *apeiron*, das Unendliche oder Unbegrenzte, nennt. Aus diesem allein ungewordenen und unvergänglichen »Göttlichen« entstehen die Stoffe durch Ausscheidung, und dorthin vergehen sie wieder mit Notwendigkeit. Anaximenes (*ca. 585, †525 v. Chr.) bezeichnet als den Urstoff der Welt die Luft, aus der durch Verdünnung und Verdichtung die Baustoffe Feuer, Wasser und Erde hervorgehen.

DIE ZAHL ALS DAS IN ALLEM SEIENDE GRUNDPRINZIP

Mit den beiden ionischen Emigranten Pythagoras von Samos (*580, †500 v.Chr.) und Xenophanes (*580, †485 v. Chr.) verlagert sich nach der Zerstörung Milets durch die Perser der geographische Schwerpunkt der griechischen Philosophie in die süditalienischen Kolonien, besonders in die Stadt Elea und nach Sizilien. Unter babylonischem Einfluß entstand in seiner Schule (wahrscheinlich erst nach seinem Tod) eine mystische Zahlenspekulation. Für ihn und seine Anhänger, die Pythagoreer, ist die Zahl das in allem seiende Grundprinzip. Aristoteles berichtet, die Pythagoreer hätten sich zuerst mit der Mathematik beschäftigt und die mathematischen Prinzipien für die Prinzipien alles Seienden gehalten; da ihnen die ganze Natur als den Zahlen nachgebildet erschien, faßten sie das ganze Weltall als Harmonie und Zahl.

Geht Pythagoras von einer obersten Harmonie der Gegensätze aus und denkt er diese Harmonie als ein wohlgestimmtes Zahlenverhältnis, so betont Heraklit aus Ephesos gerade das spannungsvolle Ineinander dieser Gegensätze. Den ganzen Kosmos vergleicht er mit einem beständig umgerührten Mischkrug; alles ist in fortwährendem Austausch begriffen, so daß wir nicht zweimal in denselben Fluß steigen können; Krieg und Streit sind für Heraklit nicht nur »König« und Herr, sondern auch der »Vater aller Dinge«. Obwohl die menschliche Seele so tiefen Grund hat, daß wir ihre Grenzen nicht auffinden, ob wir gleich jeden Weg abschritten, findet der Mensch doch in seiner eigenen Seele jenen göttlichen Logos, der in allem Wechsel der gleiche und in allem Widerstreit der umgreifende ist.

»DAS EINE IST ALLES«

Xenophanes, der sich um 536 v. Chr. in Elea niederläßt und dort die sogenannte Schule der Eleaten begründet, versteht die Gesamtheit aller Dinge als ein einziges Ganzes von göttlichem Charakter. Er lehnt eine Vielzahl von Göttern ab und bereitet mit seinem Satz »Das Eine ist Alles« das großartige Denkgebäude des Parmenides vor. Im Mittelpunkt von dessen Denken steht der Begriff einer ungewordenen und unvergänglichen Substanz: des Seins. Nur das Sein ist, das Nichtsein ist nicht; es gibt also keinen Übergang vom Sein zum Nichtsein und umgekehrt und so auch kein Werden und Vergehen. Alle Veränderung ist nur Schein und Trug, den unsere Sinneswahrnehmungen in uns wachrufen. Während die Aussagen unserer Sinne wechseln, sich nicht in feste Begriffe fassen lassen und deshalb bloß »Meinung« – griechisch: *doxa* – hervorbringen, erschließt sich die »Wahrheit« des Seins nur dem Denken, und zwar näherhin dem logischen Denken. Ja, Sein und Denken sind sogar miteinander identisch, denn nur Seiendes kann Gegenstand des Denkens sein. Platon hat später Parmenides treffend gekennzeichnet, wenn er im »Theaitetos« sagt, er bringe das Weltall zum Stillstand.
Zenon (* ca. 490, † 430 v. Chr.) sucht die These, wonach das eigentliche Sein nur durch das Denken, nicht durch die Sinne erfaßt werden kann, dadurch zu verteidigen, daß er die innere Widersprüchlichkeit der Annahme von einer Vielheit, von der Teilbarkeit und vom Wechsel der Dinge aufweist. Am bekanntesten ist wohl sein Beweis, daß Achill in seinem Wettlauf mit der Schildkröte diese nicht erreichen kann, denn wann immer er glaubt, sie mit dem letzten Schritt eingeholt zu haben, hat sie inzwischen schon wieder ein zwar jedesmal kleiner, aber niemals gleich Null werdendes Wegstück zurückgelegt.
Das Verfahren der Eleaten, ohne Rücksicht auf die (sinnliche) Erfahrung allein durch Vernunftschlüsse zur Wahrheit über die Dinge zu gelangen, hat das griechische und abend-

Begründer wissenschaftlichen Denkens: *Die griechischen Philosophen Sokrates (links) und sein Schüler Platon (rechts). Ersterer wurde unter der Anklage der Gottlosigkeit zum Tode verurteilt. Sein Schüler Platon geriet mit 20 Jahren unter den Einfluß Sokrates'. Nach dessen Tod lehrte er in Athen.*

ländische Denken nachhaltig beeinflußt. Obwohl in der Nachfolge des Parmenides immer wieder versucht wurde, die damit aufgerissene Kluft zwischen der Idee von der Unveränderlichkeit der Dinge und der Erfahrung ihres Wechsels zu überbrücken – sei es durch eine dualistische Weltanschauung wie bei Anaxagoras (* ca. 500, † 428 v. Chr.), durch die Lehre von der Mischung und Entmischung der an sich unveränderlichen Elemente Feuer, Luft, Wasser, Erde wie bei Empedokles aus Akragas, heute Agrigent (* ca. 483, † 424 v. Chr.), oder durch atomistische Erklärungsversuche wie bei Leukippos aus Milet (um 460 v. Chr.) und Demokrit (* 460, † 371 v. Chr.) – bleibt dieses Problem offen und gibt Raum für die zwei großen Lösungen des Platon und des Aristoteles, die dann zugleich die zwei Grundmöglichkeiten abendländischen Philosophierens abstecken: den *Idealismus* und den *Realismus*.

»SOKRATISCHE IRONIE« ALS WEG ZUR ERKENNTNIS

Platon (* 427, † 347 v. Chr.) war Schüler des Sokrates (*469/70, † 399 v. Chr.), jenes Philosophen also, der keine Schriften hinterlassen hat, von dem wir aber aus dem Zeugnis seiner Schüler (vor allem von Platon und Xenophon) wissen, daß er die für die Philosophen vor ihm (die deshalb *Vor*sokratiker genannt werden) zentrale Frage nach dem Wesen der Welt und der Dinge auf den *Menschen* gelenkt hat. Ihm geht es nicht mehr in erster Linie um die Erkenntnis der Welt um dieser Erkenntnis selbst willen, sondern ihm ist es zuallererst um das *sittliche Handeln* der Menschen zu tun. Sokrates ist überzeugt, daß das Sittliche erkennbar und die Tugend lehrbar ist. Worauf es also ankommt, ist, daß der Mensch sich selber ohne Selbsttäu-

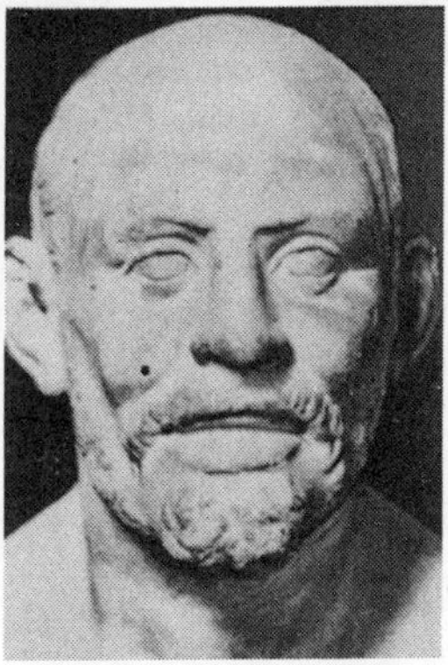

***Demokritos**, Demokrit (*um 460 v. Chr., †um 371 v. Chr.), in Abdera, Thrakien, geboren, war nicht nur Philosoph, sondern ein universaler Geist seiner Zeit. Er war ein Schüler des Leukippos aus Milet, der in Abdera eine Schule eröffnete. Demokritos unterlegt dem Sein das einzelne Seiende, das Atom, das durch das Nichts von den anderen Atomen getrennt ist. Damit wurde er zum Begründer des Atomismus.*

schung prüfen und beurteilen lernt und den richtigen *Begriff* von der Tugend gewinnt, von dem also, was gut, schön, recht und gerecht ist. In Gespräch und Unterredung will Sokrates dem vermeintlich Wissenden durch »sokratische Ironie« zeigen, daß er eigentlich nichts weiß und nur zu wissen glaubt (weil er noch keinen richtigen Begriff hat), und aus dieser Ratlosigkeit – Sokrates nennt sie *Aporie* – führt er den Gesprächspartner im »sokratischen Dialog« heraus, indem er ihn durch hervorlockende Fragen zum eigenen Denken zwingt und das wirkliche Wissen, d.h. den richtigen Begriff, aus sich selbst hervorbringen läßt; Sokrates nennt dieses Verfahren *Mäeutik*, zu deutsch: Hebammenkunst.

ÜBER DIE ERKENNTNIS DER IDEEN

Wenn Cicero später über Sokrates treffend sagt, er habe die Philosophie vom Himmel auf die Erde herabgerufen, so gilt das auch für seinen Schüler Platon, denn im Mittelpunkt seines Interesses steht die Politik und die Frage nach dem gerechten Staat und dem rechten Handeln der Bürger. Dieses politische Interesse treibt ihn an, auf dem von Sokrates gewiesenen Weg weiterzugehen und nach dem zu suchen, was jenseits unserer wechselhaften Meinungen und hinter dem äußerlichen Schein der Dinge als Dauerhaftes und Sinngebendes verborgen ist. Platon findet diese eigentliche Wirklichkeit in den Ideen. Die Dialoge »Menon« und »Parmenides« eröffnen den Zugang zu dieser platonischen Ideenlehre. Obwohl wir in der alltäglichen Erfahrung niemals einen vollkommenen Kreis antreffen (wir finden ihn weder vor, noch sind wir imstande, ihn zu zeichnen), liefert uns unser Denken eine völlig klare Vorstellung von dem,

Das geographische Weltbild der Griechen. *Thales von Milet sah in der Welt eine unermeßliche große Hohlkugel, deren untere Hälfte mit Wasser gefüllt war, das den »Okeanos« bildete. Auf ihm schwamm die Erde als flache Scheibe, während der obere Teil der mit Luft erfüllten Kugel den »Ether« bildete, in dem die Gestirne ihre Bahn zogen. Auch Anaximander betrachtete die Erde noch als eine Scheibe, die frei im Himmelsgewölbe schwebte. In ihrer Mitte schwammen die Kontinente auf dem Okeanos, der seinerseits von einem (von Menschen nie erreichbaren) Kranz von gewaltigen Gebirgen umgeben war. Die Kugelgestalt der Erde vermutete erstmals im 6. Jahrhundert v. Chr. Pythagoras. Auch für ihn bildete das Weltall eine riesige Hohlkugel, in deren Mitte das »Zentralfeuer« brannte, um das sich neun Planeten, darunter Sonne, Erde und Mond bewegten. Parmenides aus Elea stellte sich um 470 v. Chr. die Erdkugel frei schwebend in der Mitte des Weltraums vor. Platon dachte sich die Erde ebenfalls als eine mit riesigen Kratern bedeckte Kugel. Die bekannte Welt lag nach seiner Auffassung als Scheibe in der Mitte des obersten Kraters.*
*Die erste Weltkarte soll Anaximander gezeichnet haben. Auch Hekataios von Milet wird im 6. Jahrhundert die Darstellung einer Weltkarte zugeschrieben. Das geographische Erdbild Herodots läßt sich verhältnismäßig gut aus seinem Werk rekonstruieren. Die kartographischen Arbeiten von Eratosthenes (*um 276, †um 195 v. Chr.) sind nur durch Hinweise bei Strabon überliefert. Immerhin berechnete der den Erdumfang mit 44400 km schon beachtenswert genau. Den ersten Erdglobus fertigte um 150 v. Chr. Krates in Pergamon. Er soll einen Durchmesser von drei Metern gehabt haben, zeigte Europa, Afrika und Asien sowie drei weitere vermutete Erdteile. Um die Mitte des 2. nachchristlichen Jahrhunderts schuf der aus Alexandria stammende Geograph Claudius Ptolemaios die Grundlagen für Kartenzeichner, so daß nach seinen Angaben später zahlreiche »Ptolemäische Weltkarten« gezeichnet werden konnten.*

was ein Kreis ist. Obwohl wir in der gesellschaftlichen Realität niemals und nirgends einem vollkommen guten, gerechten oder ehrlichen Menschen begegnen, haben wir ein deutliches Wissen um die Tugend, die Gerechtigkeit, die Ehrlichkeit. Ja, wenn wir einen Menschen als gerecht oder als ungerecht beurteilen, messen wir ihn an eben dieser *Idee* von Gerechtigkeit. Woher aber kommen diese Ideen? Gewiß nicht aus der Erfahrung, denn diese konfrontiert uns nur mit Unvollkommenem. Platons Antwort lautet: Die Erkenntnis der Ideen ist Wiedererinnerung der Seele an Erkenntnisse, die sie aus einer anderen und idealen Welt in ihr hiesiges Dasein mitgebracht hat, die jetzt verborgen und verschüttet in ihr lagern, aber durch die sokratische Methode der Mäeutik ans Licht gehoben und zu Bewußtsein gebracht werden können. Erkenntnis und Lernen sind also nicht etwas, was einem von außen vermittelt oder beigebracht werden könnte, sondern sie lassen sich nur im einzelnen Menschen selber wecken und hervorrufen.

WISSENSCHAFTLICHE ERFORSCHUNG DER WELT

Während Platon die Ideen als die eigentliche Wirklichkeit betrachtet und damit einen Standpunkt begründet, der sich – grob gesprochen – als *Idealismus* bezeichnen läßt, vertritt Aristoteles (*384, †322 v. Chr.), der langjährige Schüler Platons, eine Position, die man demgegenüber – ebenso grob und ungenau – als *Realismus* beschreiben kann. Auch Aristoteles erkennt eine unveränderliche Ideenordnung an, und er hält mit Platon daran fest, daß wir kein Wissen und keinen Begriff von den Dingen haben könnten, wenn es nicht ein Allgemeines (Idee, Form) an den Dingen gäbe; aber im Gegensatz zu seinem Lehrer sucht Aristoteles dieses Allgemeine und Konstante nicht jenseits unserer sinnlichen Welt, sondern sieht es in den Dingen selbst. Seine Vorstellung erläutert er mit der Unterscheidung von Form und Materie, Anlage (Potenz) und Verwirklichung (Akt), Zweck und bewegender Ursache. Da die Dinge für Aristoteles Form und Materie bzw. geformte Materie *sind*, beruht alles Werden darauf, daß an einer Materie (die als solche immer nur Möglichkeit zur Verwirklichung von Form ist) eine bestimmte Form wirksam wird und hervortritt. Den Übergang von der bloßen Möglichkeit (Potenz) in Wirklichkeit (Aktualität) leistet eine Bewegung, für die eine Ursache erforderlich ist. Unser Fragen kann nun die Kette dieser unzähligen Ursachen zurückverfolgen und auf diese Weise die Welt Schritt um Schritt wissenschaftlich erforschen und erklären. Da aber die Reihe dieser bewegenden Ursachen nicht endlos sein kann, stößt unser Forschen schließlich auf eine letzte Ursache, die selbst reine Wirklichkeit ist: den ersten, in sich ruhenden Beweger – Gott.
Indem Aristoteles Werden und Vergehen als den bewegten Übergang der Materie von einer Form in die andere erklärt, gelingt es ihm nicht nur, den ewigen Wandel und die Veränderung der uns umgebenden Welt ohne Unterbrechung in ihrer logischen Abfolge, d. h. wissenschaftlich, zu erforschen und zu beschreiben, sondern er scheint dadurch zugleich eine Lösung für das seit Parmenides aufgerissene Problem vorzulegen, den scheinbar unlösbaren Widerspruch zwischen der Tatsache des Wechsels der Dinge und dem Wissen um die Beständigkeit des Wesens der Dinge

aufzuheben. Damit gelangt die griechische Philosophie zu einem vorläufigen Abschluß, nicht jedoch an ein Ende, denn alles weitere abendländische Philosophieren ist auf die eine oder andere Weise Rückgriff auf griechisches Denken – seien es nun Aristoteles, Platon oder die Vorsokratiker.

Literatur

Capelle, Wilhelm (Hg.): Die Vorsokratiker, Stuttgart 1973 (TB)
Diels, Hermann: Fragmente der Vorsokratiker, Reinbek 1984/85
Kranz, Walther: Die griechische Philosophie (Sammlung Dieterich 88), 1962
Nestle, Wilhelm: Vom Mythos zum Logos, Stuttgart 1942
Vorländer, Karl: Philosophie des Altertums, Reinbek 1971 (TB)
Weischedel, Wilhelm: Die philosophische Hintertreppe, München 1984 (TB)

HEINRICH PLETICHA

Die Erschließung der Erde im ersten vorchristlichen Jahrtausend

Die Sehnsucht nach der Ferne – Iasons Weg ins Schwarze Meer – Goldgewinnung und Goldenes Vlies – Phönikische Schiffe wenden sich nach Süden – Wichtigster Handelspartner im Westen: Tartessos – Not und Gefahren der Seefahrer – Wahrheit und Dichtung – Weltumsegelung durch die Phöniker? – Erkundung der Indusmündung – Lückenhafte Chronologie früher Entdeckungsreisen – Indien, das Wunderland – Erdkundliche Entdeckungen durch Alexander den Großen – Ein neuer Weg nach Osten – Des Griechen Pytheas Weg nach Westen – Erkundungsreise in die Länder des Nordens – Die »Insel Thule« – Das geographische Weltbild der Griechen – Bestätigung durch Forschungsreisen.

Linke Seite:
Abfahrt von Kreta.
Ariadne, sagenhafte Tochter des Königs Minos von Kreta, und Theseus, Sohn des Poseidon oder Aigeus, des Königs von Athen, besteigen das Schiff zur Abfahrt von Kreta. Er jedoch ließ sie, die ihn mit Hilfe eines Garnknäuels aus dem Labyrinth fliehen ließ, anschließend auf Naxos zurück.

Am Anfang waren die unbestimmte Sehnsucht nach der Ferne, die Lust am Abenteuer, Unternehmungsgeist, nicht zuletzt auch die Not – und das Meer. Denn die ersten Entdeckungsreisen wurden nicht auf dem Landwege ausgeführt, sondern zur See. Das Meer bestimmte Lebensrhythmus und Alltagswelt der Phöniker, der Kreter und der frühen Griechen. Schon um 3000 v. Chr. bestanden Handelskontakte zwischen den Kykladen, Westanatolien, Zypern und Sardinien. Tonmodelle zeigen, daß die frühen Seefahrer in hölzernen Plankenbooten ohne Segel ruderten. Handfeste wirtschaftliche Interessen richteten sich auf nahe Ufer und immer fernere Ziele, zögernd erst und dann zunehmend kühner. Männer waren bereit, Opfer zu bringen und ihr Leben einzusetzen. Aber die neuerworbenen Kenntnisse und Erfahrungen wurden keineswegs weitergegeben, sondern möglichst geheimgehalten, bedeuteten sie doch im Existenzkampf des einzelnen und der ganzen Nation einen nicht zu unterschätzenden Vorteil. Kein Wunder, daß vor allem die Phöniker die Beobachtungen ihrer großen Fahrten zu verheimlichen suchten und, im Gegenteil, oft sogar die wildesten Gerüchte ausstreuten, um andere von Reisen in die ihnen selbst schon bekannten Gebiete abzuschrecken.

Es waren unbekannte Seefahrer, kleine Schiffsmannschaften, die seit dem 14. vorchristlichen Jahrhundert allmählich aus dem Ostteil des Mittelmeeres nach dem Westen vordrangen. Für die Phöniker bildete ursprünglich das minoische Kreta Sperre und Hindernis, und erst nach seinem Niedergang wurde der Weg frei nach Westen. Um die Mitte des 13. vorchristlichen Jahrhunderts entdeckten ihre Schiffe die Straße von Gibraltar und tasteten sich bis an

»Expedition zur See«. Ausschnitt eines Freskos, das in einem Haus in Akrotiri auf der Insel Santorin gefunden wurde. Vermutlich gehörte es dem Admiral der Flotte. Die 6 Meter des gut erhaltenen, nur 40 Zentimeter hohen Freskos zeigen 7 Kriegsschiffe, kleinere Boote, 3 Städte, Menschen und Tiere.

den Rand des Atlantik. Zur gleichen Zeit etwa, so wird angenommen, suchte sich der thessalische Prinz Iason einen Weg ins Schwarze Meer. Seine Reise bildete später den Kern der Argonauten-Sage, aber in Wirklichkeit ging es keineswegs um ein Goldenes Widderfell, sondern um Gold, wie es in Kolchis, an der Südecke des Meeres, gewonnen wurde. Schon Strabon sucht einen möglichen Zusammenhang zwischen der Goldgewinnung und der Sage vom Goldenen Vlies. War der Trojanische Krieg dann vielleicht nichts anderes als ein Handelskrieg zur Öffnung der Meerenge und damit der Erschließung eines ungehinderten Zutritts zu den Goldquellen im Schwarzen Meer? Auch diese Theorie wird heute noch ernsthaft vertreten.

AUF DER SUCHE NACH DEM GOLDLAND

Phönikische Schiffe wendeten sich auch nach Süden über die Küsten des Mittelmeeres hinaus, drangen um 1000 v. Chr. vom Roten Meer aus bis in das Goldland Ophir vor. Das Alte Testament berichtet zwar von diesen Fahrten, gibt auch erstaunlich genau den Goldtransport mit 420 Talenten (18 500 Kilogramm) an, wo dieses Ophir lag, wissen wir aber bis heute nicht, und deshalb lokalisieren es die Fachleute im heutigen Abessinien ebenso wie in Indien oder in Südostafrika. Frühe europäische Bergleute vermuteten, daß das alte, heute noch geheimnisumwobene Ruinenge-

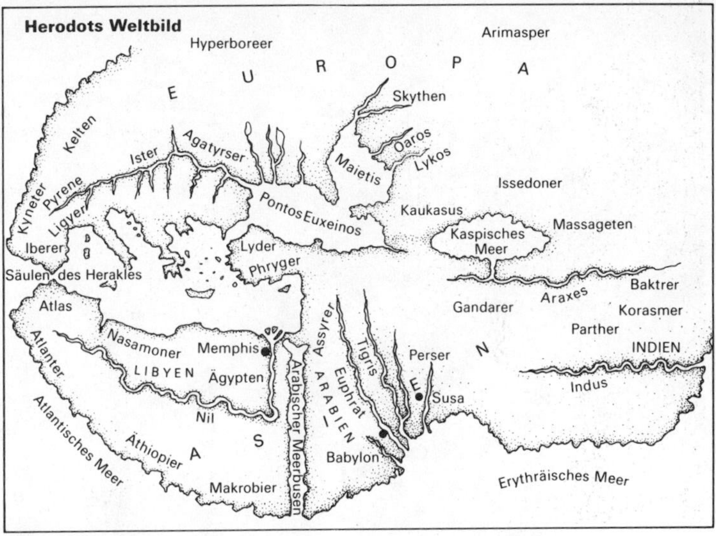

biet im Umfeld von Simbabwe zum Beispiel das Ziel dieser kühnen Fahrten war.

Kam aus Ophir das Gold, so aus Tarschisch das Silber und das Zinn. Und wieder stehen wir, wie bei Ophir, auch hier vor einem geographischen Rätsel. Eine der ältesten semitischen Inschriften, der sogenannte Norastein, nennt als ersten Ort Tarschisch, vermutlich das Denkmal eines Prospektors, der im 9./8. Jahrhundert v. Chr. auf der Iberischen Halbinsel tätig war. Tarschisch oder Tartessos wird nicht nur in der Bibel bei Ezechiel (27,12) erwähnt, sondern auch in einem »Periplus«, einer Segelanweisung, die um 525 v. Chr. ein Kapitän aus Massilia, dem heutigen Marseille, verfaßte. Dieses Tartessos war einer der wichtigsten Handelspartner im Westen jenseits der »Säulen des Herkules«, wie die Felsen von Gibraltar im Altertum genannt wurden. Um so merkwürdiger ist es, daß es nach 500 v. Chr. völlig in Vergessenheit geriet und bis heute keine Spur von ihm gefunden werden konnte. Archäologen haben es im Mündunsgebiet des Guadalquivier gesucht, andere vermuten, daß seine Überreste unter dem heutigen Sevilla liegen, und schließlich wird auch die etwas zweifelhafte Auffassung vertreten, daß Tartessos gar keine Stadt, sondern nur ein beweglicher Handelsumschlagplatz gewesen sei.

Seereisen waren damals ein kühnes Wagnis. Herodots Erzählung von der Gründung der griechischen Kolonie Ky-

Folgende Doppelseite: ***Orientierungspunkt der Seefahrer.*** *Nur noch Säulen aus weißem Marmor zeugen von dem Poseidon-Tempel aus dem 5. Jahrhundert v. Chr. Er erhebt sich in 60 Metern Höhe über dem Kap Sunion. Dieses Vorgebirge Attikas bildete einen wichtigen Brückenpfosten zwischen der asiatischen und griechischen Welt. Schon von weitem war der Tempel den Seefahrern sichtbar.*

rene an der heutigen libyschen Küste durch Seefahrer aus Thera bietet uns ein kennzeichnendes Beispiel, zeigt sie doch deutlich die Not und die Gefahren, aber vor allem die nautischen Schwierigkeiten auf, denen sich die Seefahrer ausgesetzt sahen. Sie ist in ihrer Art realistischer als Homers »Odyssee«, die ja letztlich auch eine Seefahrergeschichte erzählt. Schon seit der Antike suchen deshalb Gelehrte einen wahren Kern in diesem Epos. Tatsächlich mischen sich in ihm ja ganz allgemeine und manchmal sogar märchenhafte Aussagen mit sehr präzisen Angaben wie etwa über die Lotosesser an der nordafrikanischen Küste oder die Liparischen Inseln. Dabei vertreten moderne Fachleute verschiedentlich die Auffassung, der Dichter habe hier Erkenntnisse und Beobachtungen der Phöniker übernommen, wie sie von den Seefahrern überliefert wurden. Unabhängig davon gibt es wohl kaum einen Bereich des Mittelmeeres, aber auch des Schwarzen Meeres, in dem man nicht die Stätten der Odyssee lokalisiert hätte. Neueste Hypothesen(?) gehen sogar noch einen Schritt weiter und wollen in dem Epos den Bericht einer Weltumseglung durch die Phöniker sehen.

SEEFAHRER UND ENTDECKER TRETEN AUS DER ANONYMITÄT

Erst etwa seit der Mitte des 1. vorchristlichen Jahrtausends treten Seefahrer und Entdecker stärker aus der Anonymität heraus, lassen sich die einzelnen Reisen auch mit Namen in Zusammenhang bringen. So soll um 525 v. Chr. der Karthager Himilko sozusagen im Kielwasser tartesischer Schiffe vier Monate nach Norden zu den »Zinninseln« ins Land der »Oistrimnier« gesegelt sein. Es besteht kaum ein Zweifel darüber, daß diese Fahrt an die Südküste Englands und möglicherweise auch nach Irland führte. Der Bericht darüber existierte noch im ersten nachristlichen Jahrhundert. Er zählte alle Gefahren auf, die Himilko bestanden hatte, aber hier fragt es sich, ob der Karthager nicht, wie es schon lange bei seinem Volk üblich war, bewußt übertrieb, um andere von einer ähnlichen Fahrt abzuhalten.

Etwa zur gleichen Zeit segelte Hanno, wahrscheinlich der Bruder Himilkos, in genau entgegengesetzter Richtung von den Säulen des Herkules aus nach Süden entlang der Westküste Afrikas. Nach seiner Rückkehr ließ er in einem Tempel in Karthago einen Bericht über diese Reise aufstellen, der in einer – leider fehlerhaften und unvollständigen – griechischen Übersetzung erhalten ist. Trotz mancher Entstellungen lassen sich doch einige Punkte der Reise genau lokalisieren. Als Endziel der Reise nennt der Karthager den »Götterberg«, einen tätigen Vulkan, der nahe der Kü-

Nautische Instrumente. *Die antiken Autoren waren »technikblind«, sie interessierten sich nur für dramatische Ereignisse: Irrfahrten und Schiffsuntergänge, nicht für den Alltag an Bord und die nautischen Hilfsmittel. Um 600 v. Chr. verfaßte Thales von Milet ein astronomisches Lehrbuch zur Bestimmung von Position und Kurs mit Hilfe der Gestirne und am Tage nach dem Stand der Sonne, das man aus Erwähnungen antiker Autoren kennt. Segelhandbücher enthielten Beschreibungen der Küsten und Entfernungsangaben, Hinweise auf die Beschaffenheit des Meeresbodens in verschiedenen Seegebieten, Landmarken, regelmäßige Winde, das Vorkommen bestimmter Wasserpflanzen. Bei trübem Wetter suchte man die Position nach diesen Handbüchern mit Hilfe von Lotungen und dem Heraufholen von Grundproben zu bestimmen. Hilfsmittel der Zeitmessung waren Wasseruhren (Klepshydren). Seit dem 3. Jahrhundert v. Chr. wird gelegentlich ein Thalassometer erwähnt (ein Flügelrad unter Wasser war mit einem Zählwerk verbunden und sollte die zurückgelegte Strecke messen). Auf einem vor der Insel Kythera gesunkenen antiken Schiff fanden Taucher in der Kapitänskajüte einen komplizierten Apparat mit Zahnrädern, den sogenannten »Computer von Kythera«, der vermutlich der Berechnung des Kurses nach astronomischen Beobachtungen diente. Man darf annehmen, daß auf den griechischen und phönikischen Schiffen die gleichen astronomischen und Zeitmeß-Instrumente im Gebrauch waren wie in den ägyptischen Tempeln, wo sie z. T. erhalten blieben.*

Schiffe, die das Rote Meer befuhren, benutzten wahrscheinlich ein einfaches Hilfsmittel, das dort noch heute im Gebrauch ist: eine rechteckige Holzscheibe mit einem Loch in der Mitte, durch das eine Schnur mit genormten Knoten lief. Der Navigator nahm das Ende der Schnur in den Mund und zog sie mit ausgestrecktem Arm straff, dabei hielt er die Scheibe so, daß ihre Unterkante mit dem Horizont übereinstimmte. Wenn ein Knoten mit einem bestimmten Stern zusammenfiel, wußte man, auf der Höhe welchen Hafens man sich befand. *G. St.*

ste lag. Man vermutet heute, daß es sich dabei um den Kamerunberg im Golf von Guinea handelte. Damit wäre der Karthager bis in eine Gegend vorgedrungen, die erst rund 2000 Jahre später von den Portugiesen wieder erreicht wurde!

Diese und alle die anderen genannten Entdeckungsfahrten waren um so großartiger, als ja die damaligen Seeleute mit primitivsten nautischen Instrumenten arbeiten mußten. Zwar ließ sich die geographische Breite einigermaßen exakt bestimmen, bei Längenmessungen jedoch war man weitgehend auf Schätzungen angewiesen. Für die Zeitmessung mußten Sonnenuhren (Solarien) ausreichen. Bei der geringen Größe der Schiffe ergaben sich natürlich auch ernsthafte Versorgungsprobleme, vor allem Trinkwasser konnte nur in verhältnismäßig kleinen Mengen mitgeführt werden, so daß sich die Schiffe nach Möglichkeit in der Nähe der Küste halten und irgendwie selbst verproviantieren mußten. Verschlug sie dagegen ein Sturm auf das offene Meer, bedeutete das häufig das tragische Ende einer Reise. Bedenkt man dann noch, daß die Mannschaft wochen- und monatelang, ja sogar über Jahre hinaus ohne jede Kommunikation mit der Heimat war, wird man ihre Leistungen nicht geringer einschätzen als etwa die Unternehmen moderner Astronauten.

Ebenfalls um diese Zeit erreichte auch erstmals ein Europäer den Indischen Ozean. Der Grieche Skylax aus Karyander an der Kleinasiatischen Küste erhielt 518 vom Perserkönig Dareios I. den Auftrag, die Mündung des Indus zu erkunden. Herodot berichtet, daß er sein Unternehmen von der Stadt Kaspatyros aus begann, aber allein hier ergeben sich schon Probleme; denn der Ort läßt sich nicht sicher lokalisieren. Einige Forscher vermuten, daß Skylax auf dem Landweg bis zum Kabulfluß vorstieß und dann erst diesen und danach den Indus bis zu seiner Mündung in den Indischen Ozean befuhr. Die Rückkehr erfolgte auf einer Fahrt entlang der Südarabischen Küste und durch das Rote Meer nordwärts bis zu einem Kanal, den Dareios vom Roten Meer zum Nil hatte anlegen lassen.

ENTDECKUNGSREISEN ERWEITERN GEOGRAPHISCHE KENNTNISSE

Es ist auffallend, daß in der Chronologie der frühen Entdeckungsreisen große Lücken klaffen und neue Erkenntnisse nicht kontinuierlich gewonnen wurden, sondern ruckartig in längeren zeitlichen Abständen. Nach den Reisen Hannos, Himilkos und Skylax' sollte es immerhin 200 Jahre dauern, bis sich der Vorhang wieder ein Stückchen weiter lüftete. Hartnäckige Behauptungen, phönikische Schiffe hätten in dieser Zeit die Küsten Amerikas erreicht, lassen sich – zumindest bis heute – nirgends belegen. Die Gebiete westlich der Säulen des Herkules wurden bis auf die Fahrten nach Tartessos kaum mehr bereist. Und wenn sich auch die Kenntnis über den Küstenverlauf im Bereich des Roten Meeres und des Persischen Golfes festigte, so blieb vor allem Indien ein weitgehend unbekanntes Wunderland. Wie unsicher hier die Kenntnisse waren, beweist schlaglichtartig das Verhalten Alexanders des Großen, als seine Truppen am Hyphasis (Beas) meuterten. Damals glaubte der Makedonenkönig, der Eroberung ganz Indiens schon sehr nahe zu sein, obwohl er doch erst am äußersten

Westrand des Subkontinents stand! Immerhin erbrachte sein Feldzug wichtige geographische Erkenntnisse und wurde deshalb auch zu Recht in die Annalen der Entdekkungsgeschichte aufgenommen.
Schon Alexander von Humboldt betonte zu Recht, daß der Makedone seit 330 v.Chr. seine Feldzüge bewußt in den Dienst erdkundlicher Neuentdeckungen gestellt und sich zu diesem Zweck einen ganzen Stab wissenschaftlicher Mitarbeiter angegliedert habe. Tatsächlich bewegten sich diese Unternehmungen nach der Eroberung des Perserreiches überwiegend in wenig oder gar nicht bekannten Gebieten. So zog Alexander, wie Arrian berichtet, von Persien aus in das südliche Afghanistan und weiter über das heutige Kabul und über den Hindukusch nach Norden, erreichte 329 v.Chr. Oxus (Amu-Darja) und Jaxartes (Syr-Darja), von da aus ging es südwärts über das damals schon bekannte Baktrierreich bis in das Gebiet des Pandschab. Der südlichste Punkt des Feldzuges wurde nach modernen Untersuchungen bei Jalalpur am Beas erreicht. Aber selbst nach der erzwungenen Umkehr setzte Alexander seine Forschungen fort, indem er mit seinen Truppen auf neuerbauten Schiffen den Hydaspes und Akesines und danach den Indus bis zur Einmündung in den Indischen Ozean befuhr. Arrian hebt ausdrücklich hervor, daß er das Mündungsdelta noch sehr genau erkundete. Während dann das Heer auf dem Landweg nach Persien zog, erhielt die Flotte unter Admiral Nearchos den Befehl, vom Indus bis zur Euphratmündung zu segeln und dabei die Küste und die Seefahrtswege zwischen Indien und dem Roten Meer und dem Persergolf zu erkunden. Die Fahrt dauerte angeblich 130 Tage, von denen 67 auf See verbracht wurden. Nach Alexanders Plänen sollte sie nur den Auftakt für weitere Unternehmen wie eine Umseglung Afrikas bilden. Der Tod des Königs verhinderte aber deren Ausführung.
Alexander hatte nach Osten einen neuen Weg gewiesen, den bald auch Reisende begingen. Zu ihnen gehörte der griechische Gelehrte Megasthenes, der um 300 v.Chr. von König Seleukos I. mit einer Gesandtschaftsreise zu König Chandragupta nach Indien geschickt wurde. Dabei beobachtete er nicht nur sorgfältig, sondern sammelte auch eifrig alle erreichbaren geographischen Nachrichten. Er scheint als erster Europäer bis an den Ganges gekommen zu sein, zumindest hat er von diesem Fluß verläßliche Nachrichten gebracht. Auch die ersten Informationen über die Insel Taprobane (Ceylon) verdanken wir ihm. Allerdings wurde sein Bericht nur auszugsweise von späteren antiken Autoren wie Diodor und Strabon überliefert.

Folgende Doppelseite: ***Die »Säulen des Herkules«*** *(Herakles) bei Gibraltar. Diese soll der griechische Sagenheld und Halbgott aufgerichtet haben, der als Prototyp männlicher Kraft galt und berühmtes Vorbild für griechisches Heldentum war. Er ist der einzige panhellenische Heros, der bis heute sinnbildlich Gestalt geblieben ist.*

PYTHEAS – DER BEDEUTENDSTE FORSCHUNGS-REISENDE DER ANTIKE

Zur gleichen Zeit, in der Alexander nach Osten zog, unternahm der wohl bedeutendste Forschungsreisende der Antike seine Fahrt im Westen und Nordwesten. Es war Pytheas, ein Grieche, der etwa um 380 v.Chr. in Massilia geboren wurde. Erst im Alter von 50 Jahren, also nach damaligen Verhältnissen recht spät, trat er, wohl im Auftrag von Kaufleuten seiner Heimatstadt, eine Erkundungsreise in die Länder des Nordens an. Da die Phöniker um diese Zeit die Meerenge von Gibraltar streng überwachten und gesperrt hielten, scheint Pytheas den Landweg von Massilia aus quer durch das heutige Frankreich nach Norden an die Atlantikküste gewählt zu haben. Seine eigentliche Seereise begann er wahrscheinlich in Corbilo (wohl nahe dem heutigen Saint Nazaire). Er segelte zu der schon einigermaßen bekannten Zinnküste an der Südwestecke Englands, von da aber weiter an der Westküste Englands nach Norden. Möglicherweise landete er auch an der irischen Küste, sicher besuchte er die Hebriden. Wohl auf eigene Initiative ging dann der Abstecher zurück, den er von den Orkaden (Orkney-Inseln) aus quer über das offene Meer nach Norden unternahm und bei dem er nach sechs Tagen die »Insel Thule« erreichte, wie in späteren Darstellungen überliefert wird. Bis zum heutigen Tag ist ungeklärt, wo genau man dieses »Thule« suchen soll. Island und sogar Grönland sind als Ziele für den einmalig kühnen Abstecher genannt worden, die meiste Wahrscheinlichkeit birgt aber die Auffassung, daß Thule mit Norwegen gleichzusetzen sei und Pytheas demnach wohl bis an die Küste Mittelnorwegens bei Trondheim gelangte. Von da aus kehrte er wieder an die Nordspitze Englands zurück und segelte entlang der Ostküste nach Süden. Für die eigentliche Umseglung der Britischen Inseln benötigte er insgesamt vierzig Tage. Sein Bericht wurde von späteren antiken Gelehrten nicht geglaubt, sogar verspottet; heute lassen sich aber so viele Einzelheiten belegen, daß an dem Unternehmen nicht mehr länger zu zweifeln ist.

Literatur

Cary, Max/Warmington, Eric H.: Die Entdeckungen der Antike, München 1966

Hennig, Richard: Terrae incognitae. Bd. 1: Altertum bis Ptolemäus, Leiden 1944

Landström, Björn: Knaurs Buch der frühen Entdeckungsreisen in Farben, München 1969

DIETGER REINHOLD

Alexander der Große und die Diadochenreiche

Historische Voraussetzungen der Herrschaft Alexanders des Großen – Der Siegeszug Alexanders: Die Ausweitung der Herrschaftsbereiche im persischen Raum – Schlacht bei Issos brachte eine weltpolitische Entscheidung – Alexander: »König von Asien« – Achtung vor dem Gegner: religiöse Toleranz und Erhalt der Kultur – Einnahme persischer Residenzstädte – »Rechtsnachfolger der Achaimeniden« – Sicherung der Vormachtstellung – Kampf um die Nachfolge Alexanders – Aufteilung des Weltreichs unter den Diadochen – Die klassische Trias der Diadochenstaaten – Makedonien – Das ptolemäische Ägypten – Das Seleukidenreich – Die römische Schlüsselprovinz zur Beherrschung des Ostens Syriens.

Im Inneren von Prätendentenkämpfen zerrissen, von außen durch die Angriffe illyrischer und thrakischer Stämme bedroht, schwebte der archaisch strukturierte nordwestgriechische Randstaat Makedonien in großer Existenzgefahr, als 359 v. Chr. Philipp II. die Herrschaft antrat. Doch der neue König, ein skrupelloser, hochbegabter Herrscher, räumte rasch unter seinen Nebenbuhlern auf und bannte sehr wirkungsvoll die illyrisch-thrakische Gefahr. Dabei wurde er zum Schöpfer jenes in der damaligen Zeit konkurrenzlosen makedonischen Heeres, dessen überragende Kampfkraft auf der adeligen Gardekavallerie und der mit riesigen Lanzen ausgerüsteten Infanterie beruhte; entgegen den in Griechenland zu dieser Zeit üblichen taktischen Gewohnheiten machte Philipp die Kavallerie zur entscheidenden Offensivwaffe, und sie sollte dies auch unter Alexander bleiben. Im Besitze dieses Heeres und als Herr über die reichsten Goldvorkommen Griechenlands mischte sich dann Philipp derart erfolgreich in die innergriechischen Händel des 4. Jahrhunderts v. Chr ein, daß er schließlich nach seinem entscheidenden Sieg bei Chaironeia (338 v. Chr.) sich auf einem großen Friedenskongreß in Korinth als Einiger und Führer ganz Griechenlands installieren und die griechischen Stadtstaaten zu einem großen Rachefeldzug gegen Persien aufrufen konnte. Doch bevor Philipp seine Pläne in die Tat umsetzen konnte, wurde er 336 v. Chr. ermordet; Nachfolger wurde sein zwanzigjähriger Sohn Alexander.

Linke Seite: ***Marmorne Grabstele,*** *aus dem 5. bis etwa zum Beginn des 3. Jahrhunderts v. Chr. für einen makedonischen Bürger. Sie wurde neben etlichen anderen im Boden des Großen Tumulus bei Vergina gefunden, der seit 1951 genauer erforscht wurde, und zwar von dem griechischen Archäologen Manolis Andronikos.*

ALEXANDERZUG

Nachdem Alexander seine Stellung als Führer Griechenlands gefestigt sowie Makedonien und Griechenland als

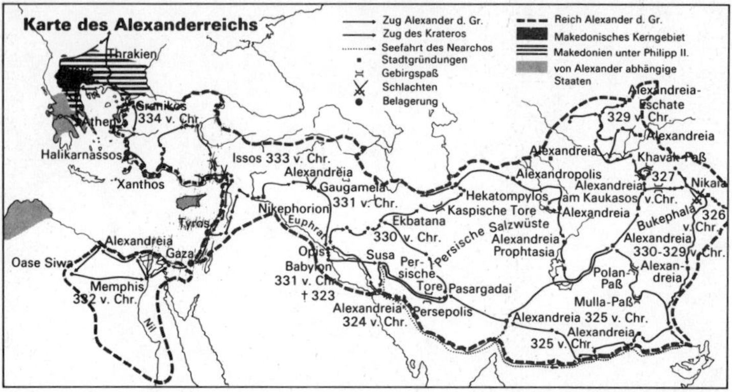

Operationsbasis und Etappe gesichert hatte, begann er unverzüglich damit, die Pläne seines Vaters zu verwirklichen. 334 v. Chr. betrat er an der Spitze eines makedonischen Heeres am Hellespont bei Abydos asiatischen und somit persischen Boden. Die Gouverneure (Satrapen) der betroffenen persischen Provinzen entschlossen sich zu einer Vorwärtsverteidigung: Alexander sollte bereits am Grenzfluß Granikos aufgehalten werden; man verwarf so persischerseits den klugen strategischen Rat des Kommandeurs der in persischen Diensten stehenden griechischen Söldnerkontingente, Memnon, Alexander erst einmal nach Kleinasien hereinzulassen und währenddessen die persische Flottenherrschaft über die Ägäis dazu zu nutzen, das makedonische Heer in Asien von seiner Heimatbasis abzuschneiden. Die so im Frühsommer 334 v. Chr. am Granikos geschlagene Schlacht wurde für Alexander als kämpfenden Feldherrn und sein hervorragendes Heer zu einem totalen Erfolg, den Persern brachte sie den Verlust Kleinasiens. Es zeigte sich, daß die persische Zentralregierung unter König Dareios III. Kodomannos kein schlüssiges Abwehrkonzept besaß, Alexander und sein Stab aber einem wohlüberlegten strategischen Plan folgten. Auf makedonischer Seite hatte man nämlich immer vor Augen, die Seeherrschaft über die Ägäis und das östliche Mittelmeer (noch) nicht zu besitzen; man mußte also die persischen Flottenbasen in West- und Südkleinasien, auf Zypern und an der phönikischen Küste zuerst methodisch ausschalten und so die Seeherrschaft gewinnen, um einen Vormarsch gegen das Herz des Perserreiches nicht zu einem Hazardspiel werden zu lassen. Im Laufe dieser Operationen war Alexander im Spätherbst des Jahres 333 v. Chr. unter Siche-

Wurde hier der Makedonenkönig Philipp II. bestattet? *Bereits Mitte des vergangenen Jahrhunderts war die Ortschaft Vergina, das antike Aigai, Archäologen durch mehrere Grabhügel aufgefallen. Damals stieß man auf menschliche Gebeine aus der Eisenzeit. Den größten Tumulus erforschte man Mitte des 20. Jahrhunderts. Doch erst 1977 entdeckte Manolis Andronikos unter dem »Großen Tumulus« ein unversehrtes Grab. Oben: Teilansicht des Vorraums mit dem mit Goldblech beschlagenen Behälter für Pfeile und Bogen; rechts daneben die Beinschienen Philipps (?). Unten: Hauptgrabkammer mit Bronzegefäßen, Teilen der Rüstung. Ist es das Grab des makedonischen Königs Philipp II.?*

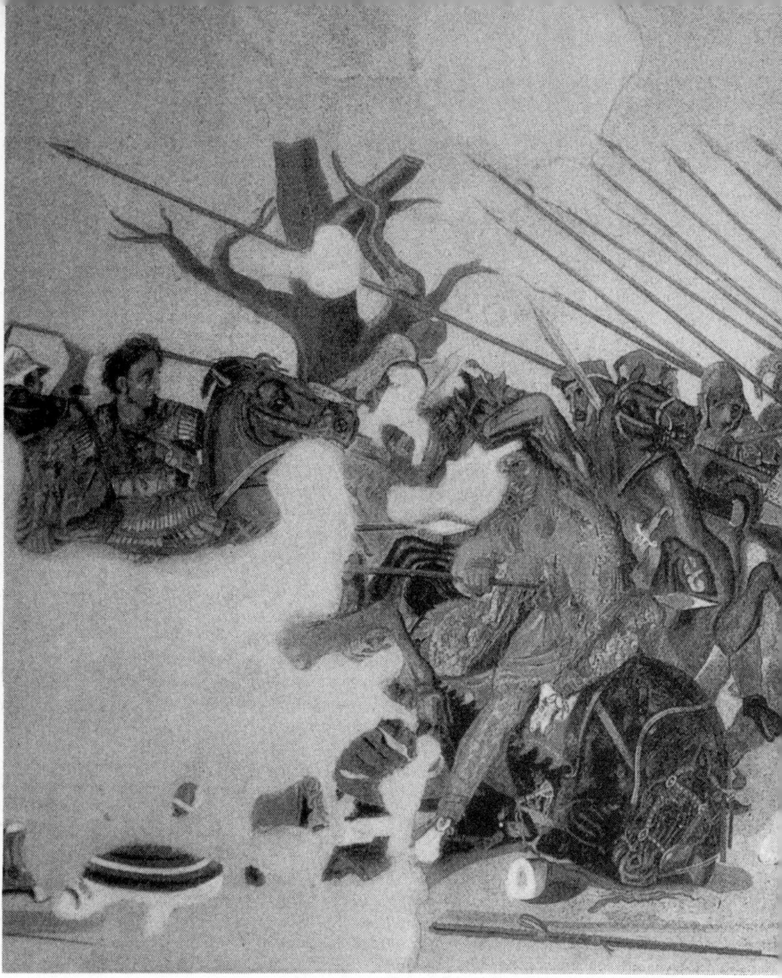

***Eine dramatische Szene aus der Schlacht bei Issos** zeigt das inzwischen berühmte Mosaik (272 × 513 Zentimeter), 2. bis 1. Jahrhundert v. Chr., aus Pompeji. Es handelt sich bei diesem Mosaik um eine Kopie nach einem griechischen Gemälde aus dem 3. vorchristlichen Jahrhundert. Es scheint ein reales Ereignis dargestellt zu sein, jener Augenblick, in dem sich der Krieg zwischen beiden Völkern in einem alles entscheidenden Moment wandelte: Das Kriegsglück schlägt um. Ein unbehelmter griechischer Jüngling, Alexander, durchbohrt von links kommend mit seinem Speer einen persischen Reiter. Unverwandt scheint er dabei Dareios III., dem persischen König der Könige ins Auge zu blicken. Dieser hingegen wendet sich mit hilfloser Gestik, die seine rechte Hand bezeugt, dem Sieger zu. In demsel-*

ben Augenblick hebt der Wagenlenker seine Peitsche, um die Pferde zum Rückzug anzutreiben. Auf Symbolik ist weitgehend verzichtet worden, wenn man einmal von dem versengten Baum absieht. Bei dem Mosaik sind alle bildnerischen Möglichkeiten, die zur Zeit der Klassik entwickelt wurden, benutzt worden, um dreidimensionale Bewegung abzubilden. So werden beispielsweise die Pferde mit perspektivischer Verkürzung gezeichnet, was besonders deutlich bei dem Pferd in Rückansicht, das sich vor Dareios befindet, festzustellen ist. Festgehalten wird es von einem persischen Soldaten, der voller Angst zu Alexander blickt. Rechts davon ist ein Gefallener von hinten zu sehen, dessen Gesicht sich allerdings in seinem polierten Schild spiegelt.

Goldschmuck aus der Zeit des Hellenismus. *Im ganzen Altertum galt Gold als das kostbarste und edelste Metall. Zwar gab es in Griechenland selbst nur geringe Goldvorkommen, doch gelangte seit Alexander dem Großen vermehrt Gold aus Persien und Lydien nach Griechenland, das vor allem zu Schmuck und Gefäßen verarbeitet wurde. Oben: Goldkranz aus Kleinasien, 4. bis 3. Jahrhundert v. Chr. Unten: Ohrgehänge aus Kalymnos, 4. Jahrhundert v. Chr.*

Oben links:
***Der Makedonenkönig Philipp II.** (382–336 v. Chr.) auf einer römischen Silbermünze, daneben die Rückseite, die den Herrscher hoch zu Roß zeigt.*
Links: Diese goldene Larnax (Schrein) mit dem Symbol der Sonne, dem Königsemblem, auf dem Deckel, enthielt vermutlich die Gebeine Philipps II.

rung der wichtigen Tauruspässe bis in die nordsyrische Küstenebene bei Issos (das von Alexander gegründete Alexandrette und heutige Iskenderun) vorgedrungen. Genau dort versuchte Dareios III. nun persönlich mit einem zahlenmäßig überlegenen, freilich etwas buntgemischten Heer, den Makedonen am weiteren Vordringen zu hindern, ja ihn zu vernichten, was sich viele Makedonenfeinde in Griechenland innigst wünschten. Wie schon am Granikos befehligte auch bei Issos Alexander persönlich die Gardekavallerie des rechten makedonischen Offensivflügels, der nach harten Kämpfen die persische Front durchbrach, worauf Dareios die Flucht ergriff. Der ganzen Mittelmeerwelt war klar, daß Issos eine weltpolitische Entscheidung gebracht hatte, und Alexander beanspruchte seitdem den Titel eines »Königs von Asien«!

Alexander der Große *auf seinem legendären Schlachtroß Bukephalos. Angeblich soll er das Tier bereits im Alter von nur 12 Jahren gezähmt haben. Diese Bronzekopie wurde nach einem Original von Lysippos angefertigt. Der griechische Bildhauer war etwa von 380–310 v. Chr. Hofbildhauer Alexanders des Großen und Wegbereiter des hellenistischen Stils.*

Trotz dieses Erfolges wichen der Sieger und seine Generäle von ihrer einmal gefaßten strategischen Planung nicht ab: zunächst mußte Persien von seinen mittelmeerischen Seeverbindungen abgeschnitten werden. Und so richteten sich die nächsten makedonischen Aktionen gegen die Seestädte Phönikiens, welche das Gros der persischen Flotte von alters her stellten. Die meisten öffneten dem Sieger von Issos kampflos die Tore, und die Städte Zyperns schlossen sich dem bald an, nur Tyros trotzte einer von aller Welt bestaunten achtmonatigen Belagerung, und auf den Fall dieser Stadt reagierte Dareios III. mit dem Angebot einer dynastischen Heirat und der Abtretung aller persischen Gebiete bis zum Euphrat. Alexander lehnte ab – sein Anspruch, von Dareios »König von Asien« genannt zu werden, hatte ja schon seinen Anspruch auf das ganze Perserreich signalisiert – und setzte seinen Vormarsch, entlang der palästinensischen Küste, gegen Ägypten fort. Nachdem der persische Widerstand in der Grenzfestung Gaza gebrochen war, zog Alexander kampflos in Ägypten ein, wo er als Befreier vom persischen Joch und als Nachfolger der Pharaonen begrüßt wurde.

Wie später Cäsar und Augustus erkannte Alexander sehr bald, welch wichtige und auch prekäre Rolle dieses reiche

Alexander bei der Löwenjagd. *Fußboden-Kieselmosaik aus dem Palast von Pella, der Hauptstadt Makedoniens, dem Geburtsort Alexander des Großen. Es entstand voraussichtlich Ende des 4. Jahrhunderts v. Chr. Das Motiv war bei den orientalischen Herrschern sehr beliebt, so daß Alexander als Nachfolger im Achaimenidenreich auch die Symbolik übernahm.*

Land mit seinen uralten Traditionen spielen könnte und würde, und traf deshalb eine Reihe besonderer Maßnahmen: Religiöse Toleranz gegenüber Religion und Kultur Ägyptens bei gleichzeitiger, sehr gezielter Förderung des makedonisch-griechischen Elements vor allem durch die überaus geglückte Gründung Alexandrias an der westlichen Nilmündung (332/331 v. Chr.). Des weiteren behielt Ägypten den klaren Status eines vor allem durch die Person des Pharaonennachfolgers Alexander mit dem übrigen Reich verbundenen Sonderterritoriums, dessen Verwaltung mit Bedacht so organisiert wurde, daß unter den neuen staatlichen Funktionären keine Sezessions- und Selbständigkeitsgelüste aufkommen sollten (Trennung der Militärgewalt, der Zivilverwaltung und der Finanzen voneinander!).

Erst eineinhalb Jahre nach Issos verließ Alexander das Nilland und stieß gegen die persischen Kernprovinzen vor, wo es dann am 1. Oktober 331 v. Chr. bei Gaugamela (in der Nähe des heutigen Mossul) zur letzten Schlacht mit König Dareios III. kam; das persische Heer, meist in der Osthälfte des Reiches rekrutiert, war diesmal zahlenmäßig noch stärker überlegen, jedoch an Kriegserfahrung und Kampfkraft unterlegen, auch war sein Kavallerieanteil zu hoch, es fehlte an standfester und gut trainierter Infantrie, wie sie am Granikos und bei Issos noch durch die griechischen Söldnerabteilungen gestellt worden war.

Wiederum entschied auch diese Schlacht Alexander durch seine Gardekavallerie und durch seine umsichtigen Dispositionen gegen die persische Überzahl; der fliehende Dareios wurde bis Arbela verfolgt, aber auch diesmal nicht eingeholt.

***Französische Archäologen** bei Ausgrabungen in Susa, das nicht nur Hauptstadt der Elamiter und Achaimeniden war, sondern auch in hellenistischer Zeit als einer der vielen Orte namens Seleukia weiterbestand. Hier wurde der aus Babylon stammende »Codex Hammurabi« gefunden. Später fiel Seleukia in die Hände der Parther und Sassaniden.*

Text der Zeit

Die Pläne Alexanders

Als Alexander nach Pasargadai und Persepolis gekommen war, ergriff ihn das Verlangen, den Euphrat und Tigris zum Persischen Meere hinabzufahren und die Mündung der beiden Ströme in den Golf zu schauen ... Manche Autoren haben auch folgendes behauptet: Alexander hätte beabsichtigt, den größten Teil Arabiens und das Land der Äthiopen und Libyen wie auch die Nomaden jenseits des Atlasgebirges (die Numider) zu umsegeln und dann bei Gades in unser Meer hineinzufahren. Erst dann, wenn er Libyen und Karthago unterworfen hätte, würde er mit Recht König von ganz Asien heißen. Denn die Könige der Perser und Meder, die Teile von Asien beherrschten, hätten sich nicht mit Recht Großkönige genannt. Daher behaupten denn die einen, daß er die Absicht hatte, in das Schwarze Meer einzufahren zu den Skythen und dem See Maiotis; die anderen, daß er nach Sizilien und dem Iapygischen Vorgebirge (an der Südspitze Kalabriens) hätte fahren wollen. Denn es hätte ihn schon heimlich der Ruhm der Römer gereizt, der immer weiter vordrang. Ich für meine Person vermag darüber, was für Gedanken Alexander gehabt hat, weder mit Sicherheit zu urteilen, noch habe ich Neigung, mir darüber den Kopf zu zerbrechen. Das aber glaube auch ich behaupten zu können, daß Alexander nicht etwas Kleines und Belangloses vorgehabt hat. Und ebenso bin ich überzeugt, daß er sich bei keinem der schon eroberten Länder beruhigt haben würde, auch nicht, wenn er Europa zu Asien hinzu erobert hätte, sondern daß er noch jenseits nach unbekannten Ländern getrachtet hätte, wenn auch mit keinem andern Gegner, so doch mit sich selber im Wettstreit. Daher lobe ich denn die indischen Sophisten, von denen man erzählt, daß Alexander einige von diesen unter freiem Himmel auf einer Wiese angetroffen hätte, wo sie zu weilen pflegten. Sie hätten, wie sie ihn und seine Soldaten sahen, weiter nichts getan als mit den Füßen auf die Erde gestampft, auf der sie gegangen wären. Als Alexander sie durch seine Dolmetscher fragen ließ, was sie durch das Verhalten ausdrücken wollten, hätten sie folgendermaßen geantwortet: »O König Alexander, jeder Mensch hat nur so viel von der Erde inne, wie der Raum groß ist, auf dem wir schreiten. Du aber bist ein Mensch, ähnlich wie die anderen, nur daß du vielerlei unternimmst und maßlos handelst, wo du aus deiner Heimat über so viele Länder hinwegziehst und dadurch dir und anderen so viel Unruhe machst. Und so wirst du, wenn du in Bälde gestorben bist, so viel von der Erde besitzen, wie als Grab für deinen Körper ausreicht.«

Aus: Arrian, Alexanders des Großen Siegeszug durch Asien, Artemis Verlag, Zürich, 1950
Übers. v. W. Capelle

Wichtiger für Alexander war in diesem Augenblick die Einnahme der persischen Residenzstädte Babylon, Susa, Persepolis und Ekbatana, wobei ihm in Susa der riesige persische Staatsschatz in die Hände fiel. Der größte Teil dieses Edelmetalls wurde sofort ausgemünzt bzw. in Umlauf gebracht: So verfügte Alexander jetzt in der antiken Welt

Sophisten *(griech. »Weisheitslehrer«).*
1. Bezeichnung für griechische Philosophen und Rhetoriker im 5. und 4. Jahrhundert v. Chr. Sie stellten die unveränderliche Ordnung der Natur den wandelbaren Satzungen menschlicher Ordnungen (Recht, Sitte, Gesetz) gegenüber. Sie versuchten theoretisches Wissen und praktisches Leben zu verbinden.
2. Die zweite Sophistik der römischen Kaiserzeit entstand unter Hadrian im 2. Jahrhundert n. Chr. aus dem Bildungsstreben. Die Gebildeten versuchten, dem aufkommenden Christentum eine Erneuerung der antiken Traditionen entgegenzusetzen.
3. Griechische Bezeichnung für indische Priester, Asketen, Sektenprediger und buddhistische Mönche. Die Griechen hatten nur eine sehr oberflächliche Kenntnis indischer Lehren und deuteten indische Rituale nach Gutdünken. Falls die bei Arrian geschilderte Begegnung Alexanders d. Gr. mit indischen Sophisten stattgefunden hat, so begrüßten ihn wahrscheinlich indische Priester als großen Zerstörer, denn Tänze mit stampfenden Schritten gehören zum Kult Shivas in seiner mythischen Rolle als Zerstörer der Welt. Die griechische Deutung des Ritus siehe »Text der Zeit«, links. *G. St.*

nicht nur über die absolute militärische Dominanz zu Wasser und zu Lande, sondern bestimmte auch die Wirtschaft eines Riesenraumes; seine Tetradrachme wurde für Jahrhunderte zur gängigsten Münze der Alten Welt.
Die persischen Königspaläste von Persepolis steckte Alexander eigenhändig in Brand – dies und die Heimsendung der griechischen Heereskontingente signalisierten aller Welt den Machtwechsel und das Ende des griechischen Vergeltungsfeldzuges. Von da ab handelte Alexander nur mehr als »König von Asien«, als Eroberer eigenen Rechtes, und nicht mehr als Feldherr des Korinthischen Bundes.

SICHERUNG DES HERRSCHAFTSBEREICHES

Immer deutlicher wurde jetzt auch, daß Alexander eine Verschmelzung von Makedonen und Persern anstrebte: immer mehr Iraner nahm er in sein Heer auf und berief hohe persische Adelige, die erst kürzlich noch gegen ihn gekämpft hatten, auf hohe Verwaltungsposten, wobei aber die Trennung von militärischer Kommandogewalt, Zivil- und Finanzverwaltung als Sicherung eingebaut war.
Nachdem die Verhältnisse in den ehemals persischen Zentralländern geordnet waren, brach Alexander im Anfang des Jahres 330 v. Chr. von Ekbatana aus zur Verfolgung Dareios' III. auf; bevor Dareios aber in makedonische Hände fallen konnte, wurde er vom Satrapen Bessos ermor-

Alexander, der Große, **356 v. Chr., †323 v. Chr., hinterließ bei seinem Tod das größte Reich in der Geschichte der Alten Welt. Seine Feldzüge, die ihn bis nach Indien führten, hatten den Griechen neue Räume erschlossen und einen Welthandel begründet. Nach seinem Tod zerfiel sein Weltreich innerhalb kurzer Zeit.*

det, so daß sich Alexander nun auch als »Rechtsnachfolger der Achämeniden« (Wilcken) sehen konnte. Die nächsten Jahre bis 325 v. Chr. dienten dazu, die persischen Provinzen in Nordostiran, in Afghanistan und Turkestan unter makedonische Herrschaft zu bringen; zur dauernden Sicherung gründete dort Alexander eine Reihe von Griechenstädten wie das heutige Herat, Kandahar, Chodschent und Samarkand. Diese Sicherung der Nordostgrenzen bedeutete drei Jahre lang Kleinkrieg mit Hilfe eines Heeres, dessen Iraneranteil ständig stieg, womit sich auch die Stellung des Heerführers und Herrschers hin zu der eines persischen Großkönigs wandelte. Diese Veränderungen führten zusammen mit der Verschmelzungspolitik zu schweren Spannungen mit dem z. T. »altmakedonisch« (Bengtson) gesonnenen Offizierskorps. Im Juni des Jahres 326 v. Chr. sicherte dann ein Sieg am Hydaspes über den indischen König Poros die Indusgrenze des Reiches; nach dieser letzten Feldschlacht seines Lebens kehrte Alexander in sehr mühseligen Märschen durch Belutschistan in die Zentrale zurück. Am 13. Juni des Jahres 323 v. Chr. ereilte den König von Asien, der jetzt auch nach griechischem Brauch göttliche Ehren genoß, im Alter von erst 33 Jahren ein früher, von niemandem erwarteter Tod.

DER KAMPF UM ALEXANDERS ERBE (323–281 v. CHR.)

Alexander starb zu einem für das Gesamtreich recht ungünstigen Zeitpunkt: Es gab keine ernstzunehmenden Erben (Alexanders Halbbruder Arrhidaios war geisteskrank, das Kind Alexanders und der iranischen Prinzessin Roxane noch nicht geboren), jedoch eine ganze Reihe erprobter und ehrgeiziger Generäle.
Sehr schnell war man sich darüber einig, daß die Verschmelzungspolitik Alexanders sofort beendet werden müsse: Die Makedonen sollten wieder eindeutig die Herren sein, die Asiaten aber die Untertanen bleiben, welche die Lasten zu tragen hatten. Unüberbrückbare Meinungsverschiedenheiten aber gab es in der Hauptsache: die Frage nach der Erhaltung des Alexanderreiches als Einheit oder Aufteilung in mehrere makedonisch-griechisch beherrschte Territorialstaaten.
Die Einheitsthese wurde zunächst von Perdikkas, dem tatsächlichen Herrn über Staatsschatz und die asiatischen Reichsteile, und dem ehemaligen Kabinettschef Alexanders, Eumenes, vertreten. Doch Perdikkas wurde bereits 321 v. Chr. ermordet, Eumenes 317/16 v. Chr. hingerichtet. Fortgesetzt wurde diese Einheitslinie dann von Antigonos und seinem Sohn Demetrios; diesem Gespann gelang es, Kleinasien bis zum Euphrat sowie Syrien und Palästina unter ihre Herrschaft zu bringen, doch wurden ihre Ansprüche auf Gesamtherrschaft nie anerkannt: Ptolemaios Lagos, seit 323 v. Chr. Gouverneur bzw. Beherrscher Ägyptens, Lysimachos als Herr Thrakiens und der Meerengen, Antipater und sein Sohn Kassandros, die Regenten Makedoniens, Seleukos, der Gouverneur Babyloniens – keiner wollte Antigonos und Demetrios als Nachfolger Alexanders, dessen Familie mit der Ermordung Roxanes und ihres Sohnes 310/309 v. Chr. ausgestorben war. In der Schlacht von Ipsos (Sommer 301 v. Chr.) erlagen Antigonos, der selbst fiel, und Demetrios der Koalition ihrer Gegner Lysimachos, Seleukos und Ptolemaios, die sich das »Zentralreich« des Antigonos untereinander aufteilten. Nach Ipsos werden die Umrisse der klassischen hellenistischen Staatenwelt, deren Herrscher nach 301 v. Chr. alle den Königstitel tragen, immer deutlicher sichtbar: Ein asiatischer, griechisch-makedonisch beherrschter Staat unter Seleukos mit Zentren in Babylonien und später Syrien, ein weiterer Staat, nur geographisch viel geschlossener auf dem Territorium Ägyptens und Palästinas unter Ptolemaios sowie das Kernland Makedonien; dazu kamen noch das kleinasiatisch-thrakische Reich des Lysimachos sowie das Seekönigreich des Demetrios. Bis zum Jahre 281 v. Chr. war diese Staatenwelt noch nicht stabil; Unruhe stiftete bis 286

Diadochen Alexanders des Großen. *Oben: Seleukos I. Nikator und Lysimachos, beide Feldherren Alexanders. Unten: Ptolemaios I. Soter, Begründer der Ptolemäer-Dynastie in Ägypten und Satrap Alexanders sowie Antiochos I. Soter.*

v. Chr. Demetrios, und vor allem Palastintrigen am Hofe des Lysimachos führten dazu, daß 281 v. Chr. bei Kurupedion (Westkleinasien) sich Seleukos und Lysimachos gegenüberstanden. Lysimachos fiel, und mit ihm verschwand auch sein Reich, dessen asiatischer Teil zu Seleukos bzw. dessen Sohn Antiochos kam und dessen europäischer Teil Makedonien zugeschlagen wurde. Von da ab ist die Vollendung der klassischen Trias der Diadochenstaaten gegeben: Makedonien, Ägypten und das Seleukidenreich in Mesopotamien/Syrien.

DIE DIADOCHENSTAATEN

Makedonien: Nachdem der neue König, Antigonos I. Gonatas (R 276–239 v. Chr.), das Land vor dem großen Kelten(= Galater)einfall gerettet hatte, erlebte dieser kleinste, patriarchalisch regierte Diadochenstaat eine längere Blütezeit. Durch seine Garnisonen in Athen, Korinth, Chalkis, Eretria und Methana beherrschte Makedonien große Teile Griechenlands direkt bzw. indirekt und stand mit dem ptolemäischen Ägypten in lebhafter Rivalität um die Seeherrschaft in der Ägäis, wobei es punktuell vom Seleukidenreich unterstützt wurde. Im Kampf mit dem Achäischen und dem Ätolischen Bund in Zentralgriechenland erlitt Makedonien größere Machteinbußen und stand seit 230 v. Chr. unter der Bedrohung Roms, das seine Einflußsphäre auf die Adriaküsten Illyriens ausgedehnt hatte. Als Makedonien wohl daraufhin 215 v. Chr. mit Roms Todfeindin Karthago ein Bündnis schloß, verwickelte es sich in einen tödlichen Konflikt; von nun an wartete Rom nur mehr auf die passende Gelegenheit. Diese kam, als Philipp V. von Makedonien mit dem Seleukidenreich eine Geheimallianz schloß, nach der das in eine tiefe Krise geratene Ptolemäerreich aufgeteilt werden sollte. Dies gab Rom, das nun entschlossen war, auch im östlichen Mittelmeerraum expansiv zu werden, den Anlaß, diesbezüglich im Jahr 200 v. Chr. an Makedonien ein unannehmbares Ultimatum zu stellen, dem die Kriegserklärung auf dem Fuß folgte. In der Schlacht von Kynoskephalai (197 v. Chr.) verlor Makedonien dann seine Souveränität an Rom. Als Staat unter römischer Kuratel, beschränkt auf sein Kernterritorium, existierte es dann noch bis zur Schlacht von Pydna (168 v. Chr.), in der Makedonien einen letzten Versuch zur Erlangung seiner Freiheit wagte. Zunächst in vier pseudoautonome Zonen aufgeteilt, wurde es dann 148 v. Chr. als erster Diadochenstaat römische Provinz.

Das ptolemäische Ägypten: Wenn auch die Ptolemäer dem Traum einer Wiederherstellung des Alexanderreiches nie nachgejagt sind, so hinderte sie dies keineswegs daran, innerhalb des Gleichgewichts der Diadochenstaaten eine Weltmachtrolle anzustreben. Dies führte zu heftigen Auseinandersetzungen mit Makedonien und vor allem mit dem Seleukidenreich: Die Ptolemäer beanspruchten nämlich die Seeherrschaft im östlichen Mittelmeer, weil sie ohne Flottendominanz ihre außerägyptischen Besitzungen in Thrakien, auf den Kykladen und Kreta, in Kilikien, Zypern und Nordsyrien nicht hätten halten können; auch mußte das ökonomisch äußerst aktive Staatshandelsland Ägypten seine lebenswichtigen Seehandelsrouten schützen, denn die eigentliche Macht der Ptolemäerdynastie, die ihren Höhepunkt unter Ptolemaios II. Philadelphos (R 284–246 v. Chr.) erlebte, beruhte gerade deswegen, weil Ägypten wie die anderen Diadochenstaaten auch, eine Militärmon-

Text der Zeit

Ägypten unter Ptolemaios V. Aus dem »Dekret von Rosette«

Und, soweit er (Anm.: König Ptolemaios V.) es vermochte, regierte er human, von den Steuern und Abgaben, die in Ägypten bestanden, hob er einen Teil ganz auf, die anderen senkte er, damit es dem Volke und allen anderen unter seiner Regierung wohl ergehe. Und die Rückstände, die die Einwohner Ägyptens und seines übrigen Herrschaftsbereiches dem Königsschatz schuldeten und die sehr groß waren, die erließ er.

Die Leute, die im Gewahrsam waren, und die, gegen die man seit langem Gerichtsverhandlungen führte, sie sprach er von allen Beschuldigungen frei.

Und weiter befahl er: die Einnahmen der Tempel und die Spenden, die man ihnen alljährlich an Lebensmitteln und an Geld darzubringen pflegte, sowie die Gaben, die den Göttern von den Weingärten, den Gärten und den anderen Ländereien zustehen, all das sollte, soweit es den Göttern unter der Regierung seines Vaters gehörte, ihnen erhalten bleiben. Und ferner befahl er wegen der Priester, daß sie für ihre Weihe nicht mehr zahlten, als man bis zum Jahre 1 der Regierung seines Vaters dafür gegeben hatte; und er befreite die Leute aus den Priesterkollegien von der Fahrt, die sie alljährlich nach Alexandria machen mußten; zudem befahl er, für die Flotte keine Abgaben mehr zu leisten, und die Menge des Leinengewebes, das die Tempel für den Königsschatz zu geben hatten, setzte er um zwei Drittel herab.

Und all das, worin man früher fahrlässig gehandelt, brachte er in gute Ordnung, von dem Wunsche beseelt, daß man alle Dinge, die um der Götter willen zu tun üblich waren, in richtiger Weise durchführe.

Die Anführer der Aufständischen, die zur Zeit seines Vaters das Land verwüstet und die Tempel geschändet hatten, sie bestrafte er, wie sie es verdienten, als er in Memphis erschien, um seinen Vater und die Krone zu rächen, an dem Fest, als ihm die Krone feierlich übergeben wurde.

Er erließ ferner den Tempeln die rückständigen Abgaben, die sie dem Staatsschatz bis zum achten Jahre schuldeten, was eine bedeutende Menge an Lebensmitteln und Geld ausmachte; ebenso die Zahlungen, die sie deshalb verschuldet, weil sie dem Königsschatz Leinengewebe nicht abgegeben hatten, und schließlich noch die Differenz zwischen dem Soll und den bis zu dieser Zeit geleisteten Abgaben. Ferner befreite er die Tempel von der Verpflichtung, eine Artabe Getreide je Arura (Anm.: Raummaß 30–40 l) Tempelland und ein Maß Wein je Arura von den Weinbergen zu geben. Er tat viel Gutes für den Apis und Mnevis (Anm.: die als Götter verehrten Stiere) und die anderen heiligen Tiere Ägyptens, mehr als das, was die Könige vor ihm getan hatten, indem er sich um alles kümmerte, was diese Tiere anging, indem er reichlich und prächtig gab, was man für ihr Begräbnis brauchte, sowie die Mittel, welche die ihnen geweihten Tempel benötigten, um Opfer darzubringen [...].

Aus: Dekret von Rosette (Stein von Rosette). Nach Dittenberger, Orientis Graeci Inscriptiones selectae 90. Übers. nach Struwe, Chrestomathie II, S. 362 f.

archie war, auf wirtschaftlicher Stärke! Diese Ambitionen führten zu langwierigen, teuren ägyptischen Interventionen in der makedonischen Haupteinflußsphäre Griechenland – Makedonien stemmte sich nämlich gegen die ägyptische Seeherrschaft – und, was noch erheblich bedeutungsvoller war, zu einer 150 Jahre andauernden Serie von »Syrischen Kriegen« mit dem Seleukidenreich. Der Kampfpreis war Südsyrien, wo das Bauholz für die ägyptische Flotte wuchs und wo die für Ägypten genauso wichtigen phönikischen Seestädte lagen. In diesen Auseinandersetzungen blieb Ägypten bis gegen Ende des 3. Jahrhunderts eindeutig der dominierende Diadochenstaat und beherrschte das östliche Mittelmeer. Das änderte sich freilich sehr schnell, als mit Ende dieses Jahrhunderts (205–186 v. Chr.) Ägypten von schweren Aufständen der einheimischen Bevölkerung erschüttert wurde – dazu kamen 180 v. Chr. Thronstreitigkeiten. Dies und der 6. Syrische Krieg (170–168 v. Chr.) ließen Ägypten immer mehr in römische Abhängigkeit geraten. Nach Pydna (168 v. Chr.) wurde das Ptolemäerreich geradezu zu einem römischen Klientelstaat, dem reisende Senatskommissionen, aber auch einzelne römische Spitzenpolitiker und -finanziers sagten, was er zu tun hatte. Ein letztes Aufbäumen der Ptolemäerdynastie erleben wir unter Kleopatra VII. (51–30 v. Chr.): Zuerst mit Cäsar, dann mit Antonius versuchte diese begabte Herrscherin, Rom zur Bildung eines hellenistischen Weltreiches einzuspannen. Dies schlug in der Schlacht von Actium (2. Sept. 31 v. Chr.) fehl, und im Jahre 30 v. Chr. wurde Ägypten eine spezielle Krondomäne der römischen Kaiser.

Das Seleukidenreich: Nach der Schlacht von Kurupedion begann für dieses Reich eigentlich eine negative Entwicklung: Der Kelteneinfall nach Kleinasien konnte nur unter großen Anstrengungen eingedämmt werden, in zwei »Syrischen Kriegen« (274–271 v. Chr.; 260–253 v. Chr.) gelang es nicht, Ägypten das begehrte Südsyrien zu entreißen. Zwischen 253 und 223 v. Chr. wird das Reich immer wieder von großen Aufständen, Spaltungen und riesigen Gebietsverlusten in Kleinasien und im Ostteil heimgesucht. Besonders die Entstehung des Partherreiches auf seleukidischem Reichsboden (zw. 240 und 230 v. Chr.) signalisierte eine sehr gefährliche Entwicklung. Unter solch ungünstigen Vorzeichen trat Antiochos III. 223 v. Chr. die Herrschaft an und zeigte sich den Schwierigkeiten mehr als gewachsen: Aufstände in Mesopotamien und Kleinasien wurden niedergeworfen, ein großer Zug in den gefährdeten Osten des Reiches (212–205 v. Chr.) sichert dem Seleukidenreich nochmals die Indusgrenze. Doch damit war auch der Zenit erreicht. Als Antiochos mit Makedonien jenen Vertrag über die Aufteilung Ägyptens schloß, gelangte er ins Visier der neuen Weltmacht Rom, mit deren kleinasiatischen Verbündeten der Seleukide seit 200 v. Chr. aneinandergeraten war; als Antiochos dann noch dem flüchtigen Hannibal Zuflucht gewährte, begann es nach Krieg zu riechen. Präventiv setzte Antiochos mit einem zu kleinen Heer nach Griechenland über, ein Jahr später (191 v. Chr.) erschien ein römisches Heer auf dem Schauplatz, 190 v. Chr. überschritten die Römer den Hellespont und schlugen das seleukidische Heer bei Magnesia (Westkleinasien) vernichtend. Antiochos verlor ganz Kleinasien bis zum Taurus, mußte seine Flotte ausliefern, und eine horrende Kriegsentschädigung von 15 000 Talenten ruinierte die Finanzen seines Staates. Unter Antiochos IV. erholte sich das Reich nochmals etwas und war drauf und dran, sich Ägypten einzuverleiben, doch Rom ließ das nicht mehr zu (168 v. Chr.). Von da ab setzte ein steiler Verfall ein, und 129 v. Chr. bestand das Seleukidenreich nur mehr aus Syrien. Im Jahre 64 v. Chr. setzte der römische Prokonsul Pompeius den letzten Seleukiden ab und verleibte die Provinz »Syria« ein, die vom Issos bis Damaskus und am Euphrat vom Taurus bis zur Mündung des Chabur reichte. Der Rest Mesopotamiens fiel an die Parther, die dadurch zu Nachbarn und Feinden Roms wurden.

Literatur

Bengtson, Hermann: Griechische Geschichte, München 1977

Bengtson, Hermann: Herrschergestalten des Hellenismus, München 1975

Berve, Helmut: Griechische Geschichte III, Freiburg 1965

Fuller, John F.: Alexander der Große als Feldherr, Stuttgart 1961

Green, Peter: Alexander der Große. Mensch oder Mythos, Würzburg 1977

Hatzopoulos, Miltiadēs B.: Ein Königreich für Alexander. Philipp von Makedonien. Sein Leben, sein Werk und die erregende Entdeckung des Grabschatzes in Vergina. Hg. v. Loukopoulos, L. D., Bergisch Gladbach 1982

Savill, Agnes: Alexander der Große, Frankfurt/Bonn 1963

Wilcken, Ulrich: Griechische Geschichte, München/Berlin 1973

Wirth, Gerhard: Alexander der Große in Selbstzeugnissen und Bilddokumenten, Reinbek 1973 (TB)

GERHARD SCHATT

Die Kultur des Hellenismus

Was heißt »Hellenismus«? – Weltbürger im Weltstaat – Griechisch als Sprache der Gebildeten – Das Weltbild erweitert sich – Eratosthenes: Begründer der wissenschaftlichen Erdkunde – Der erste Globus – Intensives Geistesleben – Gründung von Bibliotheken – Entstehung einer Vielzahl kleinerer Kulturzentren – Systematische Geschichtsschreibung – Vergleichende Literaturwissenschaft – Textkritik – Stilvergleiche – Kunstkritik – Religiöser Neuansatz und philosophischer Wandel – Von der Polis zum Gottkönigtum – Religiöser Verfall – Orientalische Götter in europäischem Gewand – Griechische Intelligenz wendet sich der Philosophie zu – Der Hellenismus und seine Bedeutung für uns.

Der Begriff Hellenismus hat seinen Inhalt mehrfach gewechselt. In seiner heutigen Bedeutung, die sich im Anschluß an den deutschen Historiker Johann Gustav Droysen (* 1804, † 1884) eingebürgert hat, versteht man darunter im allgemeinen eine griechisch-römische Einheitskultur mit orientalischem Einschlag, die die drei Jahrhunderte von Alexander d. Gr. bis zum Herrschaftsantritt des Kaisers Augustus bestimmte. Diese Definition ist in mehrfacher Hinsicht nicht befriedigend. Alle Elemente des Hellenismus waren schon vor Alexander vorhanden; sie wurden nur konsequent fortgesetzt und verstärkt. Vor allem aus griechischen und nahöstlichen Elementen entstand eine sehr fruchtbare Gesamtkultur, in der das Ganze wesentlich mehr war als die Summe seiner Teile. Diese Kultur hatte ihren Schwerpunkt im Gebiet der Diadochenreiche und wirkte von dort aus stark und weit über die Grenzen von Alexanders Reich hinaus, vor allem hat sie auch den lateinischen Teil des Imperium Romanum stark beeinflußt. Es geht aber zu weit, von einer griechisch-römischen Einheitskultur zu sprechen, wie es William Tarn tut. Abgesehen davon, daß dabei die orientalische Komponente zu kurz kommt, dürfen wir nicht übersehen, daß es gerade in Rom heftigen Widerstand gegen den östlichen Einfluß gegeben hat (z. B. Marcus Cato). Manche Autoren haben die Bürgerkriege nach Caesars Tod geradezu als eine abendländische Abwehr des durch Kleopatra und Marcus Antonius repräsentierten griechisch-orientalischen Menschenbildes und seiner Staatsgesinnung vom lateinischen Westen gedeutet.

Wir wollen uns weder der extremen Auffassung von einer

Linke Seite:
Die Stoa des Attalos
konnte nach Funden während langjähriger Ausgrabungsarbeiten der Athener Agora rekonstruiert werden. Die unter Attalos II., König von Pergamon, im 2. Jahrhundert v. Chr. erbaute Säulen-, Markt- und Wandelhalle befindet sich auf der Ostseite der Athener Agora.

griechisch-römischen Einheitskultur anschließen noch die lateinisch-römische Eigenständigkeit überbetonen. Die Wirkung des Hellenismus auf den lateinischen Westen war stark, auf manchen Gebieten dominierend, andererseits zeigt die schließliche politische und religiöse Spaltung der antiken Welt in einen mehr hellenistisch bestimmten Osten (Byzanz) und einen lateinischen Westen, daß eben doch die eigenständigen Elemente des lateinischen Raumes nie in einer Einheitskultur aufgegangen sind, so sehr sie auch vom Hellenismus überformt wurden.
Wir dürfen ferner nicht übersehen, daß die Wirkung des Hellenismus weit über die Grenzen von Alexanders Reich wie des Imperium Romanum hinausgegangen ist. Wir finden seinen Einfluß in Indien ebenso wie auf der Krim oder der Arabischen Halbinsel. Und was das Ende des Hellenismus mit dem Beginn der Alleinherrschaft des Augustus angeht, so ist diese Begrenzung völlig willkürlich und vielleicht zur Not von der politischen Geschichte her vertretbar, nicht aber von einer kulturhistorischen Position aus; und der Hellenismus ist nun einmal ein Begriff der Kulturgeschichte. Wenn wir zwar nicht von einer Einheitskultur des Römischen Reiches, wohl aber von einem gewissen Integrationsprozeß zwischen dem Osten und dem westlichen Mittelmeerraum sprechen wollen, dann läßt sich das für die römische Kaiserzeit jedenfalls noch stärker vertreten als für die letzten vorchristlichen Jahrhunderte.

OIKOUMENE UND WELTSTAAT

Umreißen wir die Ziele Alexanders mit den zwei Begriffen Weltherrschaft und Weltbürgertum, dann wird deutlich, daß er nicht nur ein politisches, sondern auch ein kulturelles Konzept gehabt hat. Sicher hat die Persönlichkeitsstruktur Alexanders dabei eine Rolle gespielt, doch hinter ihm stand sein Lehrer Aristoteles (*384, †322 v. Chr.), der als erster ein umfassendes Weltbild entworfen hat, das seinerseits die Frucht einer jahrhundertealten Entwicklung in der griechischen Philosophie war. Alexander wollte einen von Weltbürgern getragenen weltumfassenden Staat. Es liegt nahe, daß der Gedanke des Allumfassenden vom Lehrer auf den gelehrigen Schüler abgefärbt hat.

Oikoumene: *grch. bewohnte Erde, im übertragenen Sinne: zivilisierte Welt, Gemeinschaft der Menschen, woraus der Gedanke des Weltbürgertums folgt. Später wurde der Begriff auf die Gemeinschaft der Christen eingeengt.*

***Aristoteles,** *384, †322 v. Chr., der vielleicht wirkungsmächtigste Philosoph der Antike, hatte als Lehrer Alexander des Großen wesentlichen Einfluß auf dessen Idee von Weltherrschaft und Weltbürgertum.*

Wir gehen heute davon aus, daß Voraussetzung eines Staates der kulturelle Grundkonsens seiner Bürger sein muß. Diese Idee war schon Alexander und Aristoteles bekannt. Wir können auch davon ausgehen, daß Alexander von der kulturellen Überlegenheit des Griechentums über den Nahen Osten überzeugt war und erwartete, daß die militärisch Unterlegenen die überlegene Kultur des Siegers annehmen würden. Allerdings verfolgte Alexander dieses Ziel nicht mit Gewalt, sondern er hat sich und seinen Staat stets den örtlichen Gegebenheiten angepaßt, wenn es seinen Zielen als dienlich erschien. Dabei ist manches orientalische Element, so im Hofzeremoniell oder in der Stellung des Königs gegenüber seinen Untertanen, dem Selbstverständnis Alexanders entgegengekommen.

SPRACHE PRÄGT DIE KULTUR

Mittelpunkt jeder Kultur ist die Sprache. Auf diesem Gebiet hatte der Anpassungsprozeß schon lange vor Alexander begonnen. Griechenland selbst hatte lange keine Gemeinsprache, sondern nur eine Gruppe verwandter Dialekte, aus der sich in voralexandrinischer Zeit der attische zum gesamtgriechischen Verständigungsidiom entwickelte, aus dem schließlich in hellenistischer Zeit unter Beimischung ionischer Elemente die »koinē dialĕktos« als Hochsprache hervorging.
Die vielen Kolonialstädte der Griechen und deren raumgreifender Handel hatten dem Griechischen schon vor Alexander im östlichen Mittelmeer, in Süditalien und auf

Mathematik im Orient und in Griechenland. *Die Mathematik des Orients war anwendungsorientiert, das Sexagesimalsystem (mit der Einheit Sechzig) gab den Sumerern und ihren Vorläufern (siehe Seite 329) bereits im 4. Jahrtausend v. Chr. die Möglichkeit, mit einem fein abgestimmten Maßsystem bequem zu rechnen, das von den Babyloniern übernommen wurde: Die Elle (*kùš*) war die Grundeinheit für Vertikalmaße, das* mindan *für horizontale Messungen. Das kleinste sumerisch-babylonische Flächenmaß* sár *war demzufolge ein Quadratmindan, die kleinste Volumeneinheit war ein Körper mit einer Grundfläche von einem Quadratmindan und einer Höhe von einer Elle. So brauchte man für gewöhnlich nicht mit kleinen Bruchteilen einer Raumeinheit zu rechnen. Probleme der räumlichen Geometrie wurden durch Zurückführung auf kubische Gleichungen und das Ziehen von Kubikwurzeln gelöst. Die sumerischen und babylonischen Mathematiker waren Meister in der Handhabung von ziemlich abstrakten Problemen mit sehr großen und sehr kleinen Zahlen, von Rechenverfahren für Multiplikation und Division. Sie benutzten zur Flächenberechnung Tabellen quadratischer Flächenmaße.*
*Die Griechen kamen mit dem Dezimalsystem häufiger auf schwierige Brüche. Sie versuchten, algebraische Probleme (lineare und quadratische Gleichungen) mit Hilfe geometrischer Konstruktionen zu lösen und stießen dabei auf irrationale Streckenverhältnisse. Archimedes entwickelte daraufhin infinitesimale Methoden. Durch ihr unzulängliches Maß- und Zahlensystem stießen die Griechen auf Grenzwerte. Eudoxos von Knidos (*408, †355 v. Chr.) gelang die Rauminhaltsbestimmung nicht ebenflächig begrenzter Körper, er entwickelte eine auch das Irrationale umfassende Größenlehre. So wurde aus der praktischen Schwäche der griechischen Mathematik ihre theoretische Stärke.* *G. St.*

Sizilien den Rang der ersten Fremdsprache unter Kaufleuten und Reisenden eingebracht. Je mehr dann griechische Philosophie und Wissenschaft im 5. und 4. Jahrhundert v. Chr. die ganze antike Welt beeinflußten, um so mehr wurde Griechisch zur Sprache der Gebildeten auch außerhalb Griechenlands und seiner Kolonialstädte, und es trat im Nahen Osten die Nachfolge des Sumerischen als Sprache der Wissenschaft an.
Mit Alexander wurde Griechisch nun auch noch zur Sprache des siegreichen Eroberers und seines Herrschaftsapparates. Auf allen Gebieten wurde Griechisch also tonangebend, ja zur Umgangssprache der politischen, wirtschaftlich und kulturell führenden Schichten. So wie heute in der ganzen Welt Werke vor allem der naturwissenschaftlichen

Literatur in Englisch veröffentlicht werden, schrieben in der Zeit des Hellenismus ägyptische, babylonische und andere Wissenschaftler und Philosophen ihre Werke in griechischer Sprache.

Sprache ist aber nicht nur äußere Form, sondern auch Trägerin von Denkweisen. Übernahme der griechischen Sprache bedeutete also auch Übernahme griechischer Ansichten und Gebräuche. Insofern können wir sagen, daß der Mittelmeerraum in hellenistischer Zeit ein griechisches Gesicht bekam. Andererseits wurde auf diesem Wege aber auch orientalisches Denken in den griechischen Kulturkreis eingebracht. Zum Beispiel förderte das Durchdringen des Nahen Ostens durch die Griechen die Verbreitung der »geometrischen Algebra«, während die Mathematik des Orients auf einer anderen Grundlage beruhte. Dafür lernten die Griechen die hochentwickelte Astronomie der Babylonier kennen, und unsere heutige Astrologie und Magie wie mancher Aberglaube stehen auf sumerisch-babylonischen Wurzeln, die über den Hellenismus bis zu uns gedrungen sind. Daß eine schwarze Katze von links über den Weg oder das Aufstehen mit dem linken Fuß zuerst Unglück bringe, glaubten schon viele Sumerer vor 5000 Jahren.

Ab etwa 200 v. Chr. machte sich Rom daran, die Staaten der hellenistischen Welt zu erobern. Riesige Mengen an Kriegsbeute flossen nach Rom. Darunter waren ganze Bibliotheken und viele gebildete Sklaven, die als Hauslehrer oder Sekretäre in römische Haushalte kamen und Italien für hellenistische Einflüsse öffneten, zumal Rom hellenistischer Wissenschaft und Philosophie nichts Gleichwertiges entgegenzusetzen hatte. Griechisch wurde auch in der Hauptstadt des Imperiums zur Sprache der Gebildeten und blieb es für mehrere Jahrhunderte.

EROBERUNGEN UND HANDEL ERWEITERN DAS WELTBILD

Schon zu Zeiten der Achäer waren die Griechen eine der führenden Handelsmächte im Mittelmeer. Im Laufe der Jahrhunderte bauten sie diese Position auf Kosten der Phöniker und Karthager weiter aus und lernten dadurch immer neue Gebiete kennen. Allerdings gingen ihre Kenntnisse über das Mittelmeer und dessen küstennahe Umgebung nicht wesentlich hinaus. Schon die Weiten Persiens kannte man nur vom Hörensagen, von Indien, China oder Afrika jenseits des Niltals oder des Maghreb ganz zu schweigen, und auch von Europa hatten die Griechen nur eine bescheidene Vorstellung. Das änderte sich mit Alexander schlagartig. Nicht nur, daß ihn seine Feldzüge bis in die Steppen

Weltbilder des Aristarch und Claudius Ptolemäus

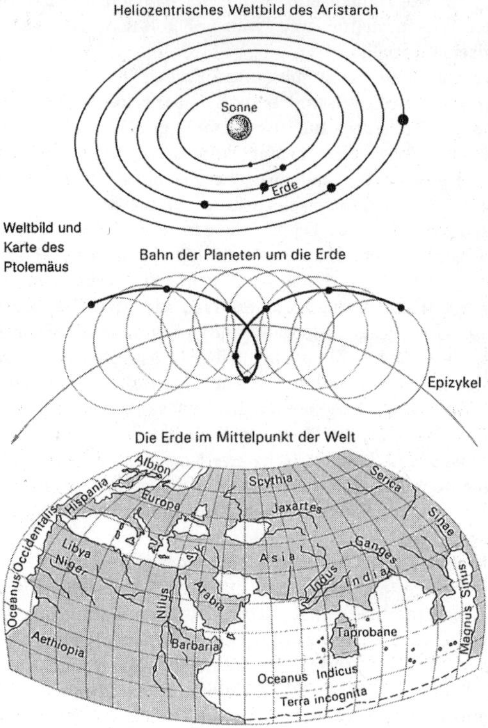

Turkestans, in die Gebirge Afghanistans und an den Indus führten. Entscheidender war, daß das bis dahin völlig mittelmeerorientierte Weltbild der Griechen einen Stoß bekam, denn einmal lernte man Kulturen kennen, von denen man keine Vorstellung gehabt hatte und die sich von den mittelmeerischen grundsätzlich unterschieden, dann aber mußte man lernen, daß die Welt nicht nur wesentlich vielfältiger, sondern auch viel größer war, als man sich hatte träumen lassen. Spätestens am Indus muß Alexander erkannt haben, daß sein Traum von dem einen Weltreich und der einen Weltkultur unerfüllbar war.

Wenn Griechenland die Welt auch nicht erobern konnte, so hat es doch einen wesentlichen Beitrag zu ihrer Entdekkung und wissenschaftlichen Erforschung geleistet. Um die Mitte des 2. Jahrhunderts kam der Handel über die Seiden-

Eratosthenes – Messung des Erdumfangs

Sonneneinstrahlung zur Zeit der Sommersonnenwende

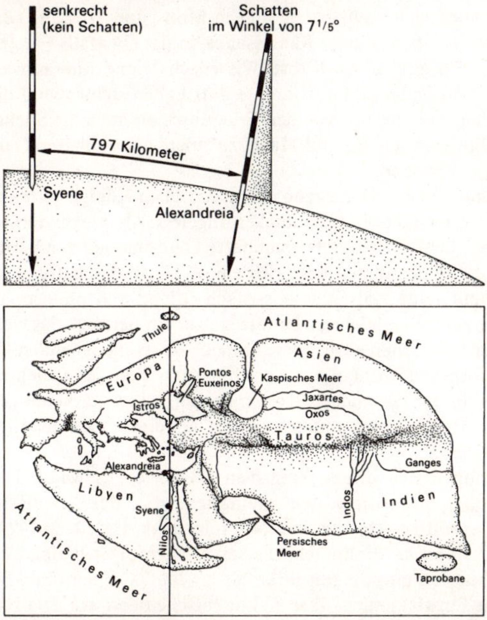

Zur Messung benutzter Meridian

straße (Persien – Pamir – China) in Blüte, und griechische Seeleute stießen in den Indischen Ozean vor. Der Seefahrer Hippalos entdeckte dort um 100 v. Chr. die Regelmäßigkeit der Monsunwinde, und Poseidonios aus Apameia in Syrien (135–51 v. Chr.) sah den Zusammenhang von Gezeiten und Mondphasen. Ihren ersten Höhepunkt erreichte die Geographie mit dem etwa 63 v. Chr. geborenen und etwa 20 n. Chr. gestorbenen Strabon aus Amaseia, der sich als praktischer und theoretischer Geograph wie als Historiker einen Namen machte. Seine siebzehn Bücher umfassende »Geographica« ist das einzige fast völlig erhaltene antike Werk, sie gewann erst in der Spätantike und in Byzanz Ansehen.

EIN ZEITALTER DER WISSENSCHAFTEN

Nicht nur die Geographie, sondern auch zahlreiche andere Wissenschaften entstanden im Hellenismus oder erzielten große Fortschritte. Verantwortlich war dafür einmal das erweiterte Weltbild, das zahllose Anregungen brachte, zum anderen aber eine systematische Förderung der Wissenschaften wie auch der Künste durch die Herrscher der Diadochenreiche. Wir haben hier in Motiv und Wirkung eine gewisse Parallele zur Renaissance, in der ebenfalls Fürsten die Förderung von Kunst, Wissenschaft und Literatur als ihre Aufgabe sahen. Hier wie dort haben sich sowohl die Freude an der wachsenden Erkenntnis als auch die Spekulation auf Prestige und Macht zu einem untrennbaren Ganzen verwoben.

Schon die babylonischen und assyrischen Könige hatten in ihren Residenzen Bibliotheken angelegt. Als Alexander seinem Lehrer Aristoteles namhafte Geldsummen zur Verfügung stellte, damit jener sich eine Bibliothek schaffen und damit seine vielseitige wissenschaftliche und philosophische Arbeit erleichtern konnte, gab er ein Beispiel, das viele der Diadochen eifrig nachahmten. Die so entstehenden Bibliotheken wurden zu Anziehungspunkten für Gelehrte, die in der räumlichen Konzentration in viel stärkeren geistigen Austausch treten konnten, als dies vorher möglich gewesen war.

Hauptstätten dieses intensiven Geisteslebens waren Pergamon im Nordwesten Kleinasiens und das ägyptische Alexandria. Dort gründete Ptolemaios II. (R 284–246 v. Chr.) eine Bibliothek, die seine Nachfolger laufend erweiterten und die mit ihren bis zu 700 000 Buchrollen für die Entwicklung antiker Kultur entscheidend war. Die Ptolemäer stellten aber nicht nur erhebliche Beträge für den Ankauf wissenschaftlicher, philosophischer und literarischer Werke sowie für deren Unterbringung und Pflege zur Verfügung, sondern sie haben im Museion, das den Musen, den Göttinnen der Künste und der Wissenschaften geweiht war, schließlich auch ein Zentrum der Lehre und der Forschung geschaffen.

Staatlich besoldete Gelehrte aller Disziplinen konnten dort ihr ganzes Leben der Wissenschaft widmen. Wer nach Alexandria berufen wurde, hatte nicht nur materiell ausgesorgt, sondern er erfuhr auch eine Auszeichnung, wie sie heute vielleicht die Verleihung eines Nobelpreises darstellt. Deshalb versammelten sich die größten Geister des Hellenismus an diesem Ort, mit dem dann auch viele neue Ideen verbunden sind. Eine solche kulturelle Konzentration zog alle Wißbegierigen an, so daß wissenschaftliche Erkenntnisse oder weltanschauliche Ideen sich schneller verbreiteten als früher. Andere Herrscher des Hellenismus sind dem Beispiel Alexanders und der Ptolemäer gefolgt. Neben Alexandria entstand eine Vielzahl kleinerer Kulturzentren,

aus denen vor allem die antiken Städte Pergamon und Antiochia hervorragten.

Die Konzentration von Ideen an einigen Brennpunkten reizte zum Vergleich und zum kritischen Betrachten. So entstand aus den Schriftensammlungen eine vergleichende Literaturwissenschaft und in deren Folge Textkritik und Philologie. Das Sammeln historischer Dokumente regte eine systematische Geschichtsschreibung an, und die Kunstwerke, mit denen die Herrscher die neuen Stätten der Kultur schmückten, führten zu Stilvergleichen und Kunstkritik. Der Hellenismus hob also die Kultur auch auf eine neue Stufe, indem man anfing, sich kritisch mit ihren Ergebnissen auseinanderzusetzen. Damit aber ist ein entscheidender Schritt in Richtung auf Kulturkritik in unserer heutigen Welt getan.

Das Gymnasion, *hier in Pergamon, war während des Hellenismus ein Gebäude zur körperlichen und geistigen Erziehung der Jugend. Begonnen wurde das für ältere Schüler bestimmte Gymnasion um 200 v. Chr.*

Kleinplastik in Vollendung. *In der hellenistischen Kunst verlor sich die klassische Ausgeglichenheit, die monumentale Form wurde ebenso gepflegt wie die idyllisch-kleine Form, die hohes künstlerisches Niveau erreichte.*

Die klassische griechische Kunst stand vor allem im Dienste der Religion. Hauptthema der Architektur war der Tempel, Hauptaufgabe der Bildhauer der Schmuck der Tempel mit Götterbildern und Votivgaben. Auch Grabmal und Gymnasion standen im religiösen Bezug. Die Darstellung des Menschen und der menschengestaltigen Götter sah ihr Ideal in Gleichmaß und vollendeter Schönheit.
Mit dem Niedergang der olympischen Götter stand im Hellenismus das Religiöse nicht mehr im Zentrum der Kunst. Zwar wurden noch Kultanlagen größten Stils gebaut, daneben aber gewannen Theater und Palast, Bibliothek und Bad, Rathaus und Markthalle an Bedeutung. Die Kunst wurde immer mehr zur Hofkunst. Sie hatte den Staat, seinen Herrscher und dessen Taten zu verherrlichen.

NEUE AUFGABEN FÜR DIE KUNST

Das Kunstwerk sollte aber nicht nur verherrlichen, sondern auch beeindrucken; Die Kunst erhielt teilweise Propagandacharakter, Pathos wurde zu einem ihrer Stilmittel. Körper und Raum traten in ein bisher unbekanntes Spannungsverhältnis. Doch nicht nur der Ruhm der Könige, sondern auch jener der Dichter, Künstler und Philosophen wurde in zahllosen Porträtbüsten verewigt. Da die Welt nicht mehr als ein von den Göttern wohl eingerichteter Lebensraum gesehen wurde, sondern der Mensch über Sinn und Inhalt seiner Existenz kritisch nachzudenken begann, waren nicht mehr Schönheit und Ebenmaß die Kriterien seiner Darstellung, sondern Dynamik und psychologisierende Analyse.

Alexander der Große, *hier auf einer zeitgenössischen Tetradrachme, hatte den von ihm eroberten Raum und seine Zeit so nachhaltig geprägt, daß ein neues Zeitalter eingeleitet wurde, in dem das Griechentum Weltgeltung erlangte: das Zeitalter des Hellenismus.*

Bedauerlich ist, daß wir über die Malerei des Hellenismus sehr wenig wissen. Die spärlichen auf uns überkommenen Zeugnisse zeigen, daß sie auf einem technisch wie künstlerisch sehr hohen Stand war. Auch das Münzbild und die Kleinplastik (z. B. die Tanagra-Figürchen) erreichten ein vollendetes Niveau.
In Ägypten paßte sich die hellenistische Kunst weitgehend den überlieferten Formen an, wenn auch im Porträt europäische Einflüsse wirksam wurden. Im Nahen Osten entstanden Mischstile aus griechischen und orientalischen Elementen, Italien aber kopierte weitgehend die Kunst Griechenlands und Kleinasiens, obwohl einzelne Elemente aus anderen Regionen Gefallen fanden, wie der Obelisk und die Pyramide aus Ägypten (Obelisken wurden aus Ägypten importiert, z. B. die Cestiuspyramide des 12 v. Chr. verstorbenen Beamten Gaius Cestius Epulo in Rom).

KÖNIGE, GÖTTER UND DESPOTEN

Schon Alexanders Vorgänger auf dem makedonischen Thron waren nur der Theorie nach Volkskönige, doch wahrten sie immerhin noch den Anschein der Abhängigkeit von der Heeresversammlung und gaben dem Adel das Gefühl einer gewissen Mitentscheidung und Mitverantwortung. Anders wurde das Bild, als Alexanders Vater, Philipp II., Griechenland unterwarf, denn nun trat ein siegreicher Eroberer Unterworfenen gegenüber, auch wenn die Unterwerfung durch den Schein von Bündnisverträgen gemildert wurde.

Einen weiteren Schritt zum autokratischen Alleinherrscher tat Alexander nach der Eroberung Ägyptens und des Nahen Ostens, denn er beanspruchte die legitime Nachfolge der persischen Dynastie und übernahm nicht nur deren Herrschaftsanspruch, sondern auch deren Herrschaftsstil, d. h. er betrachtete sich als einen niemandem verantwortlichen Herrn, der über Menschen und materielle Mittel nach Belieben verfügen konnte.
Die Entwicklung erreichte ihren Höhepunkt, als sich Alexander 332 v. Chr. in der ägyptischen Oase Siwa von den dortigen Priestern als Sohn des Gottes Amun und damit selbst zum Gott erklären ließ – eine Denkweise, die sich weit von allem entfernt hatte, was alten griechischen Vorstellungen entspricht. Nun waren schon in vorhellenistischer Zeit nach Ansicht der Griechen Menschen und Götter nicht prinzipiell geschieden, wie es Christen, Juden und Moslems lehren, sondern es bestand nur ein gradueller Unterschied. Die antiken Götter waren eigentlich Übermenschen mit ins Grenzenlose gesteigerten Fähigkeiten, und die griechischen Mythen berichten oft genug von Fällen, in denen die Grenze zwischen Göttern und Menschen fließend wurde, wenn z. B. manch göttliches Abenteuer mit einer Menschenfrau nicht ohne Folgen blieb und die Kinder aus diesen Verhältnissen als Halbgötter galten. Nur blieb dies im Bereich des Mythos, während nun ein realer Mensch Anspruch auf Göttlichkeit erhob.
Manche Diadochen sind Alexanders Beispiel gefolgt. Die Griechen nahmen diese Entwicklung hin, da die alten Götter ihre Glaubwürdigkeit verloren hatten. Dies belegt ein Hymnos, den die Athener im Jahr 291 v. Chr. auf König Demetrios von Makedonien verfaßten, als er ihre Stadt besuchte: »[...] Die anderen Götter sind entweder weit entfernt, oder sie haben keine Ohren, das heißt, sie können uns nicht hören, oder es gibt sie gar nicht, oder sie interessieren sich nicht im geringsten für uns. Dich aber sehen wir gegenwärtig, nicht aus Holz oder Stein, das heißt wie die Kultbilder der anderen, unsichtbaren Götter, sondern wirklich, das heißt als einen wirklichen, unzweifelhaft wahren Gott. Daher beten wir zu Dir, daß Du als erstes Frieden schaffen

Mysterienreligionen. *Mysterium = Geheimnis. Im Hellenismus entstanden zahlreiche Geheimreligionen, deren Lehren nur Eingeweihten, den Mysten, geoffenbart wurden. Sie stammten überwiegend aus dem Orient und haben oft einen stark magischen Einschlag gehabt.*

mögest, Liebster; denn Du bist dazu imstande [. . .].« Überragende Leistung konnte also Anspruch auf Göttlichkeit erheben. Insofern ist die Vergöttlichung der römischen Kaiser eine Fortsetzung hellenistischer Ideen. Ein äußeres Zeichen des Wandels war, daß in Alexanders Todesjahr (323 v. Chr.) erstmals Münzen mit seinem Bild als Herakles geprägt wurden, während die Münzbilder bis dahin göttlichen Symbolen vorbehalten waren. Ab etwa 315 v. Chr. hat sich das Herrscherbild dann im ganzen hellenistischen Raum auf den Münzen durchgesetzt.

HERRSCHERKULT UND HELLINISTISCHE MISCHRELIGIONEN

Wir dürfen die Vergöttlichung der Herrscher nicht nur als Zeichen des Machtstrebens oder persönlicher Fehlhaltungen sehen. Schon seit dem Peloponnesischen Krieg war der religiöse Niedergang unverkennbar. Zwar ging der Kult der olympischen Götter weiter, doch suchten die Volksmassen ihr Heil immer mehr in der aus Babylonien kommenden Magie und Astrologie, während sich die Gebildeten mit zunehmendem Eifer der Philosophie zuwandten. Der religiöse Verfall schritt so schnell fort, daß der römische Komödiendichter Plautus (* um 250, † 184 oder 183 v. Chr.), dessen Stücke für das europäische Lustspiel wegweisend wurden, die Götter in seinem »Amphitruo« schon als Witzfiguren auf die Bühne stellen konnte.

Kam nun dieser Zerfall einerseits der Vergöttlichung des Königs entgegen, so haben andererseits verantwortungsbewußte Herrscher erkannt, daß ein religiöser Neuanfang nötig war. Der religiöse Umbruch hatte viele Menschen tief verunsichert und verbreitete Heilshoffnungen freigesetzt. Die Vergöttlichung des Königs sollte diese Erwartungen auf den Herrscher lenken und dadurch auch den Staat festigen. Daneben versuchte mancher König, die alten Kulte neu zu beleben oder neue zu schaffen. So haben die Ptolemäer in Ägypten den Sarapis-Kult geschaffen und den Isis-Kult gefördert. Die Kulte von Isis und Sarapis wurden von den römischen Legionen an Donau, Rhein und Themse verbreitet. Die Muttergöttin Isis mit dem Horuskind, einer Erscheinungsform des königlichen Himmelsgottes, wurde zu einem Götterpaar, mit dem sich vor allem einfache Menschen identifizierten; ist doch jedes Kind Träger einer neuen Hoffnung. Bei Votivgaben aus der christlichen Frühzeit kann man oft nicht entscheiden, ob sie Isis und Horus oder Maria und Jesus darstellen sollen.

Neben der Isisverehrung verbreiteten sich auch Kulte aus dem Nahen Osten im ganzen Mittelmeerraum. Oft traten ihre Götter in europäischem Gewande auf. So wurde der

Religiöse Erneuerung. *Der alte Götterglaube hatte an Kraft eingebüßt, neue Kulte traten an seine Stelle. So förderten die Ptolemaier in Ägypten den Kult der Muttergöttin Isis, mit dem sich vor allem einfache Menschen identifizieren konnten. Hier: Isis mit der Geierhaube, Kalksteinrelief aus Herakleopolis, 3. bis 2. Jahrhundert v. Chr.*

syrische Wettergott Hadad als Personifizierung des griechischen Zeus und des römischen Jupiter angesehen, Astarte und Kybele traten in Form der griechischen Aphrodite auf. Unverkennbar schaut aber der orientalische Charakter dieser Götter hinter ihren griechischen oder römischen Masken hervor. Auf dem Gebiet der Religion hat der Orient einen Sieg über Europa errungen. Die Koinē hat den Weg dazu geöffnet; auch das Alte Testament kam in griechischer Sprache zu uns.

Entscheidende Ursache für diesen Sieg des Ostens war, daß ägyptische und orientalische Religionen attraktiver waren, denn manche von ihnen lehrten eine positivere Beziehung zwischen Menschen und Göttern als etwa die griechische Theologie, die auch keine befriedigende Antwort auf Fragen nach dem Schicksal des Menschen nach seinem Tod hatte.

STOA – DIE NEUE HEILSLEHRE DER GEBILDETEN

Angesichts des religiösen Verfalls hatten sich die Gebildeten immer mehr von den Göttern ab- und der Philosophie zugewandt. Sie folgten aber nicht der von Platon und Aristoteles vorgegebenen Richtung, sondern den neuen Lehren des Epikur, der Skeptiker und des Neuplatonismus, vor allem aber der von Zenon dem Jüngeren (aus Kition auf Zypern um 336–264 v. Chr.) begründeten philosophischen Schulrichtung, benannt nach ihrem Versammlungsort in Athen, Stoa poikile.

Sie lehrte, alles Leiden komme aus dem Streben nach Lust und materiellen Gütern. Wahres Glück könne nur aus Gehorsam gegenüber dem göttlichen Gesetz kommen und damit aus der Gleichgültigkeit gegenüber weltlichen Glücks- und Unglücksfällen. Für Menschen, die durch die politischen, sozialen und geistigen Umwälzungen der hellenistischen Zeit oft genug in Not kamen, war dieser Rückzug aus der Welt eine anziehende Idee. In der römischen Kaiserzeit hat sich die Stoa teilweise von ihrer weltfeindlichen Haltung abgewendet, ja sogar ein neues Staatsethos geschaffen, das aus dem Gehorsam gegenüber dem göttlichen Gesetz die Pflicht zum gottgefälligen Wirken in der Welt ableitete; doch kam das erst mehrere Jahrhunderte nach Alexander. In der Zwischenzeit aber hat die Stoa viele Kräfte der Elite vom Staat ferngehalten.

MYSTERIEN RELIGIONEN UND ERLÖSUNGS-HOFFNUNG

Viele, denen die alten Religionen nichts mehr gaben und für die die Stoa als elitäre Philosophie unannehmbar oder unverständlich war, haben Trost in Astrologie, Magie und allen möglichen Mysterienreligionen gesucht. Solche Trends sind uns ja aus zeitgenössischer Erfahrung bekannt. Vor allem die Astrologie fand auch unter den Gebildeten so großen Anhang, daß sie die Ansätze einer wissenschaftlichen Astronomie zerstörte und das Denken der Menschen bis in die Zeit des Kopernikus (1473–1543 n. Chr.) beherrschte. Geholfen war den Menschen damit nicht.

Schon früher vorhanden und sich seit dem vierten vorchristlichen Jahrhundert geradezu dramatisch verstärkend, finden wir deshalb eine Vielzahl von Messiashoffnungen. Das vorhellenistische Griechenland hatte manchen seiner Götter, so Zeus und Asklepios, den Beinamen Soter, das heißt Erretter, Heiland oder Erlöser, gegeben. Bei den Nachfolgern Alexanders finden wir diesen Titel dann auch bei Königen, die versuchten, die Erlösungshoffnung haltlos gewordener Menschen auf sich und den Staat zu lenken. Im Weltlichen wie im Religiösen gewann die Hoffnung auf Erlösung immer breiteren Raum. An vielen Stellen des Alten Testaments finden wir Aussagen über einen von Gott verheißenen Erlöser, der die Juden geistig, aber auch weltlich retten soll. Diese Erwartung eines Messias (grch. Umformung des hebr. maschiach, d.h. ›der Gesalbte‹, grch. Christos, lat. Christus) oder Soter (grch.), Heiland, Retter, Erlöser, in die seit dem Babylonischen Exil auch persische Gedanken Eingang fanden und die sich in hellenistischer Zeit rapide verstärkte, war aber nicht auf das Judentum beschränkt, sondern in der theologischen wie der profanen Literatur der letzten vorchristlichen Jahrhunderte weit verbreitet. Wir wollen hier nur die 4. Ekloge des Vergil (70–19 v.Chr.) nennen, die sich teilweise wie eine christliche Verkündigungsschrift liest. Die Lehre von Christus als dem Erlöser der Welt faßte schließlich viele dieser schon alten Erlösungshoffnungen zusammen.

WAS BEDEUTET DER HELLENISMUS FÜR UNS?

Heute gehen wir als Touristen durch unsere Museen und durch die Ruinenstätten der Alten Welt und bestaunen die Wunderwerke ihrer Kunst. Wir sollten dabei nicht vergessen, daß der Hellenismus nicht eine längst vergangene und abgeschlossene Epoche ist, sondern daß seine Nachwirkungen noch überall zu spüren sind. Ob es unser geographisches Weltbild ist, ob die Mathematik oder Lehren der Philosophie; bis in die Fachbegriffe hinein arbeiten wir täglich mit Material, das uns diese Phase der Antike zur Verfügung gestellt hat und die wir deshalb nicht nur mit den Augen antiquarischen Interesses sehen sollten.
Wie in einem Brennglas haben sich im Hellenismus die aus den verschiedenen Kulturen Europas, Asiens und Nordost-Afrikas kommenden Ideen gebündelt, sich verstärkt und gegenseitig angeregt und in Wissenschaft, Kunst und Religion jenen kulturellen Großraum geschaffen, auf dessen Fundamenten wir heute noch stehen.

Literatur

Cornfeld, Gaalyahn/Botterweck, G. Johannes (Hg.): Die Bibel und ihre Welt, 6 Bde., München 1972

Tarn, William/Griffith, G. T.: Die Kultur der hellenistischen Welt, Darmstadt 1966

Webster, Thomas Bertram Lonsdale: Hellenismus, Zürich 1966

***Das Asklepieion von Pergamon,** im Westen der heutigen Türkei gelegen, war eines der Heiligtümer, die dem Gott der Heilkunst, Asklepios, geweiht waren und die seit dem 5. Jahrhundert v. Chr. an verschiedenen Orten in Griechenland als Wallfahrtsstätten für die Kranken entstanden. Bekannte Asklepieien befanden sich auf der Insel Kos, in Knidos und in Epidauros. In der Kaiserzeit entwickelten sie sich zu heilklimatischen Kurorten oder zu einer Art von Sanatorium, wo die Kranken von Priesterärzten psycho- und physikotherapeutisch behandelt wurden, oftmals unter Anwendung strenger diätetischer Vorschriften. Bei der abgebildeten Heilstätte von Pergamon diente der Rundbau des Telephorus-Tempels mit einem Durchmesser von sechzig Metern und zwei Geschossen als Kurgebäude. In den Gewölbegängen des unteren Stockwerks waren die Behandlungsräume untergebracht.*

***Tanagra-Figur.** Ein junges Mädchen, das einen Pilos trägt und einen Fächer in der Hand hält, stellt diese traumhafte Terrakotta-Figur aus Tanagra dar, um 320/300 v. Chr. In ihr kommen die Gestik und die Kleidung, aber auch das Auftreten der Frauen im hellenistischen Zeitalter voll zum Ausdruck.*

Termessos, die antike Stadt *im Südwesten Kleinasiens wurde das erste Mal in der Geschichte erwähnt, als dort im Jahre 333 v. Chr. Alexander der Große ankam. Der griechisch attizistische Schriftsteller Arrian beschreibt sie in der Anabasis Alexanders. Oben: Das hellenistische Theater. Links: Reiterrelief, das wahrscheinlich einen Feldherrn Alexanders des Großen darstellt.*

Der Bau eines großen ionischen Tempels *in Didymaion (Didyma) wurde unter Alexander d. Gr. von den Architekten Daphnis und Paionios begonnen, aber nie vollendet. Rechts:* ***Medusenhaupt,*** *das schlangenhaarige Schreckensbild der Menschen, geprägt vom tragischen Wissen um das Unheil der Welt.*

HEINRICH PLETICHA

Alexandria

Es gibt kaum eine moderne Großstadt, deren Gründung wir so genau auf Jahr und Monat festlegen können wie die von Alexandria in Ägypten. Alexander der Große hatte die Siedlung, die seinen Namen erhielt, im Winter 332 auf 331 v. Chr. – möglicherweise im April 331 v. Chr. – im Nildelta an der Küste des Mittelmeeres unmittelbar gegenüber der kleinen Insel Pharos an einem natürlichen Hafen gegründet. Ihre Umrisse soll er selbst mit Gerstenmehl in Form eines Chlamys, eines Soldatenmantels, auf dem Boden vorgezeichnet haben.

Die Lage an der sonst weitgehend hafenlosen Küste begünstigte das rasche Aufblühen der Siedlung, die an die Stelle einer alten ägyptischen Ortschaft getreten war. Die besten damals bekannten Baumeister planten den Bau und überwachten ihn. Im Nordwesten bildete das Meer eine natürliche Grenze, im Südwesten der sogenannte Mareotis-See, ein großer, durch die Seitenkanäle eines Nilarms gebildeter Stausee. Durch diese günstigen Voraussetzungen mußten nur zwei Seiten der Stadt stärker befestigt werden.

Das Aufblühen der Stadt

Die Wohn- und Geschäftsviertel zogen sich etwa fünf Kilometer an der Küste entlang, die Breite der neuen Siedlung betrug dagegen nur knapp 1,5 Kilometer. Das gesamte Stadtgebiet war von einem sorgfältig angelegten Netz sich rechtwinklig kreuzender befahrbarer, d. h. also verhältnismäßig breiter Straßen überzogen.

Natürlich konnte eine Generation die Anlage nur planen und in den Grundzügen ausführen, aber sie blühte rasch empor und wurde schon von den ersten Ptolemäern zur Residenz erhoben. Dementsprechend stieg auch die Einwohnerzahl, und schon Diodor spricht um die Mitte des ersten vorchristlichen Jahrhunderts von »mehr als dreißig Myriaden«, das wären 300 000 freie Bürger, zu denen noch die gleiche Anzahl von Sklaven kamen.

Alexandria zerfiel in zwei Hauptbezirke, im Südwesten lag Rhakotis, die alte ägyptische Siedlung und Keimzelle der Stadt, wo nach wie vor die einheimische Bevölkerung überwog, während Griechen und Makedonen in der östlichen Stadthälfte, der Neustadt (Neapolis), und dem Hafengebiet Brucheion und dem Königsviertel (Regia) wohnten.

Das Herz Alexandrias schlug in seinen Häfen, dem »Großen Hafen« im Osten, dessen Umfang auf knapp sechs Kilometer geschätzt wird, und dem »Hafen der glücklichen Heimkehr« im Westen (Eunostos). Ein sieben Stadien (ca. 1350 Meter) langer Damm (Heptastadion), der die Insel Pharos mit der Stadt verband, trennte diese beiden Becken voneinander. Durchfahrten mit Zugbrücken an den beiden Dammenden garantierten den reibungslosen Durchgangsverkehr zwischen den beiden Hafenbecken. Die Waren, die auf den Seeschiffen in den

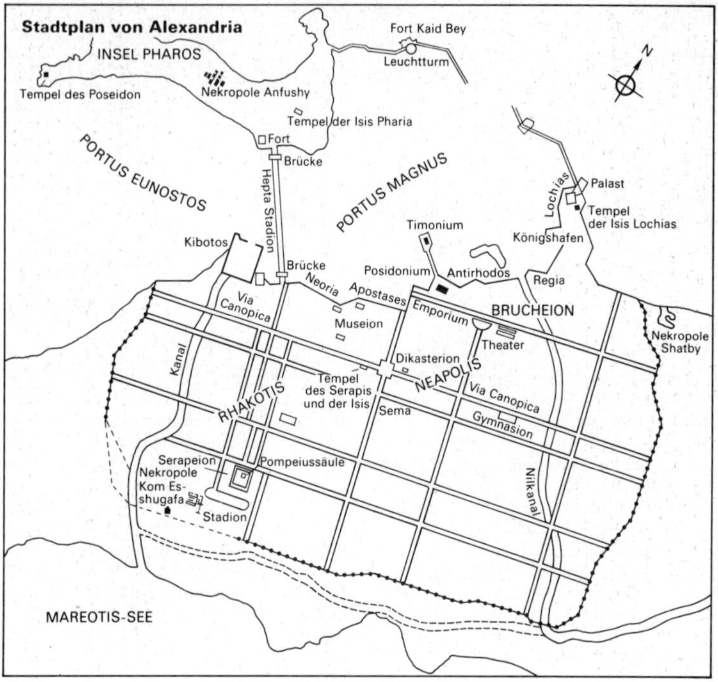

Großen Hafen gelangten, wurden dort rasch umgeschlagen, vielfach auf Flußschiffe verfrachtet und über die Nilkanäle zum Mareotis-See und von da weiter zum Nil und nach Ägypten hineingebracht. Ebenso wichtig war aber auch der umgekehrte Weg; denn Alexandria galt ebenfalls als ein bedeutender Ausfuhrhafen.

Der Leuchtturm – ein Meisterwerk der Technik

Zum Hafenbezirk gehörte auch der große Leuchtturm auf der Insel Pharos, der den Namen der Stadt über Jahrtausende hinweg bis heute bekanntgemacht hat; denn er wurde von den Zeitgenossen zu den »Sieben Weltwundern« gezählt. Der Baumeister Sostratos von Knidos schuf zwischen 299 und 279 v. Chr. dieses Meisterwerk der damaligen Technik und Architektur. Es stand auf einer durch vorgelagerte Wellenbrecher geschützten rechteckigen Terrasse und erreichte eine Höhe von etwa 130 Metern. Auf einem quadratischen Sockelgeschoß von 31 Metern Kantenlänge und 71 Metern Höhe, das ein Wasserreservoir und Ställe für 300 Lasttiere enthielt und in einer reichgeschmückten Plattform endete, erhob sich ein zweites achteckiges Geschoß von etwa 30 Metern Höhe, und erst darauf stand der eigentliche runde Leuchtturm mit den Blink- und Leuchtanlagen. Ein gekrümmter Metallspiegel reflektierte das Licht, das auf eine Entfernung von ca. 30 Kilometern zu sehen war. Man weiß heute noch nicht, was als Brennmaterial diente, möglicherweise war es harzgetränktes Holz. Bis zum 20. Jahrhundert war er das höchste Bauwerk der Welt.

Rekonstruktion des Leuchtturms von Pharos *vor Alexandria. An der Ostspitze der Insel befindet sich der im Altertum als »Weltwunder« bestaunte Leuchtturm.*

Stätte des Geistes und der Kultur

Aber Alexandria besaß nicht nur dieses Wunderwerk der Technik, sondern beherbergte auch eines der Zentren antiken Geisteslebens, nämlich die größte Bibliothek der alten Welt. Etwa zur gleichen Zeit, als der Leuchtturm errichtet wurde, ließ König Ptolemaios II. Philadelphos im Brucheion-Bezirk das Museion errichten, eigentlich einen Tempel für die Musen, in dem aber zahlreiche bedeutende Gelehrte Aufnahme und Wohnung fanden. Frei von materiellen Sorgen durften sie hier ihren Studien und Forschungen nachgehen. Zu diesem Zweck ließ ihnen der König auch eine großartige Bibliothek einrichten, die hundert Jahre nach ihrer Gründung schon an die 400000 Papyrusrollen umfaßte und zur Zeit ihrer Zerstörung durch die Truppen Cäsars im Jahr 47 v. Chr. an die 700000. Sogar einen eigenen zoologischen Garten mit seltenen Tieren gab es hier im Museion. Kein Wunder, daß die bedeutendsten Gelehrten des östlichen Mittelmeerraumes sich danach drängten, in dieser Geistesoase sorgenfrei arbeiten zu dürfen.

Die Bevölkerung der Stadt interessierte sich allerdings wenig dafür und spottete über die weltfremden Gelehrten. Für sie gab es anderes, Wichtigeres und Aufregenderes zu sehen. Da waren die Gebäude des königlichen Palastes und des Isis-Tempels auf der Halbinsel Lochias, die den Großen Hafen begrenzten. »Die Stadt hat herrliche heilige Haine und auch königliche Paläste, die ein Viertel oder sogar ein Drittel des ganzen Stadtgebietes ausmachen«, berichtet Strabon in seiner Beschreibung Alexandrias, die um 5 v. Chr. entstand. Die Ptolemäer ließen diese Bauten mit der ihnen eigenen

***Die Pompeiussäule** auf dem Gelände des einstigen Serapeums in Alexandria war bis vor kurzem das nahezu einzige schmückende Element. Höchstwahrscheinlich zu Ehren Diokletians wurde sie nach 297 errichtet, als der Kaiser einen achtmonatigen Aufstand der Bürger erstickt hatte. Mit Basis und Kapitell ist die Säule, die aus rotem Granit besteht, 27 Meter hoch.*

Prachtliebe ausstatten und nutzten darüber hinaus auch jede sich bietende Gelegenheit, um ihren immensen Reichtum zur Schau stellen zu können. Offiziell, um das Andenken seiner Eltern zu ehren, tatsächlich allein zum Zweck der Schaustellung, veranstaltete beispielsweise König Ptolemaios II. alle fünf Jahre eine große Prozession, in der seine Goldschätze durch die Stadt geführt wurden. Auch für das Vergnügen des Volkes war gesorgt. Es gab schon seit der Mitte des 3. vorchristlichen Jahrhunderts ein schönes Theater im Brucheion, und in Rhakotis lag unmittelbar neben dem großen Serapis-Heiligtum ein Stadion. Später kamen ein Gymnasion mit Sportanlagen und in römischer Zeit noch mehrere Thermen dazu. Diese Stadt, die seinen Namen trug, wählte Alexander auch als Begräbnisort. Sein einbalsamierter Leichnam wurde hier in einem goldenen Sarkophag, der im ersten vorchristlichen Jahrhundert durch einen gläsernen ersetzt worden sein sóll, beigesetzt. (Dieser gläserne Sarg soll noch 1850 in einer Moschee nahe der Eisenbahnstation Kairo gesehen worden sein!) Das Grabmal lag im königlichen Bezirk nahe am Hafen. Mehr weiß man nicht. Es ist verschollen. Eine moderne Großstadt verbirgt heute und vielleicht für immer unter ihren Bauten das Geheimnis des Grabes dieses großen Herrschers.

Allgemeine Literaturhinweise

Allein in deutscher Sprache sind mehrere hundert wichtige Bücher zur griechischen Geschichte erschienen, dazu eine Fülle von wissenschaftlichen Aufsätzen zu Einzelfragen. Für den Nichtfachmann ist es schwierig, sich zurechtzufinden. Die folgende Übersicht beschränkt sich daher auf die wichtigsten Standard- und Nachschlagewerke, soweit sie nicht schon bei den Literaturhinweisen zu den einzelnen Kapiteln genannt wurden. Alle diese Bücher bringen ihrerseits sehr ausführliche Literaturangaben, die eine vertiefte Beschäftigung mit Einzelthemen ermöglichen. Zugleich wird auch auf die Allgemeinen Literaturhinweise zu Band I der »Weltgeschichte« verwiesen. Eine Reihe der dort genannten Werke bietet auch Material für die hier behandelte Zeit.

Austin, Michel/Videl-Naquet, Pierre: Gesellschaft und Wirtschaft im Alten Griechenland, München 1984

Bengtson, Hermann (Hg.): Griechen und Perser, Frankfurt 1984 (TB) Fischer Weltgeschichte Bd. 5

Cassin, Elena/Bottero, Jean/Vercouter, Jean (Hg.): Die Altorientalischen Reiche. Bd. III, Frankfurt 1982 (TB) Fischer Weltgeschichte Bd. 4

Chamoux, François: Griechische Kulturgeschichte, München 1966. – Mit zahlreichen Abbildungen, einem übersichtlichen Lexikon und ausführlicher Zeittafel.

Davies, John K.: Das klassische Griechenland und die Demokratie, München 1983 (TB)

Durant, Will: Kulturgeschichte der Menschheit, Bd. 2: Das Leben Griechenlands, Bern 1957 (und andere Ausgaben)

Fassmann, Kurt (Hg.): Die Großen der Weltgeschichte, Bd. 1: Amhotep bis Cicero, Zürich 1971. – Mit fundierten kürzeren Biographien der wichtigsten Gestalten auch der griechischen Geschichte, dazu jeweils Einzelliteraturhinweise.

Finley, Moses I.: Die antike Wirtschaft, München 1977 (TB)

Friedell, Egon: Kulturgeschichte Griechenlands, München 1984

Frye, Richard Nelson: Persien, Darmstadt 1965

Grant, Michael: Mittelmeerkulturen in der Antike, München 1981 (TB)

Grimal, Pierre (Hg.): Der Hellenismus und der Aufstieg Roms, Frankfurt 1982 (TB) Fischer Weltgeschichte Bd. 6

Hunger, Herbert: Lexikon der griechischen und römischen Mythologie, Reinbek 1974 (TB). – Sehr gute, knappe Übersicht, die zugleich auch auf das Fortleben in der Kunst und Literatur eingeht.

Kienitz, Friedrich-Karl: Völker im Schatten. Die Gegenspieler der Griechen und Römer von 1200 bis 200 v. Chr., München 1981

Kirsten, Ernst/Kraiker, Wilhelm: Griechenlandkunde. Ein Führer zu klassischen Stätten. 2 Bde., Heidelberg 1967. – Ein unentbehrliches Handbuch.

MacKendrick, Paul: Hellas steinernes Erbe, Bergisch Gladbach 1979 (TB). – Bietet eine gute Einführung in die griechische Archäologie.

Anhang

Kultur und Geschichte:
Alte Schriftensysteme,
Urkunden und Datierungen

Glossar

Übersicht identischer
Personen- und Ortsnamen

Sach- und Namensregister

Abbildungsnachweis

GERHARD STEINBORN

Alte Schriftensysteme, Urkunden und Datierungen

Die Keilschrift und die ägyptischen Hieroglyphen sind die ältesten bekannten Schriftsysteme, beide dienten frühstaatlichen Kulturen zur Informationsspeicherung und Kommunikation und entwickelten sich von Begriffs- zu Lautschriften. Die ältesten Tontafeln mit Schriftzeichen stammen aus der sumerischen Stadt Uruk (4. Jahrtausend v. Chr.).

Vorläufer des Keilschriftsystems war ein Repertoire kleiner Tonobjekte (Kugeln, Scheiben, Kegel, Tetraeder, Ovoiden, Zylinder usw.), von denen einige Markierungen trugen (eingeritzte Linien oder Punkte). Sie symbolisierten bestimmte Waren und wurden bei deren Transport als »Begleitpapiere« in Tonbälle fälschungssicher eingeschlossen. Auf der Oberfläche der Hüllen drückte man die Tonmarken wie Siegel ab. Die Hüllen wurden in Archiven aufbewahrt, bis man sie durch Tontafeln als Informationsträger ersetzte. Zahlzeichen auf gesiegelten Tontafeln dokumentierten die Menge der Güter. Dieses Dokumentationssystem diente dem Handelsaustausch und war im Irak, im Iran, in Syrien, der Türkei und Israel verbreitet (in Jarmo [Dscharmo] schon um 6500 v. Chr.!). Einige dieser Tonmarken ähneln archaischen Schriftzeichen, z. B. kennen wir eine Scheibe mit einem Kreuz als Schriftzeichen »Schaf«, ein Dreieck mit fünf eingeritzten Linien als Zeichen für »Metall«, Kugeln und Kegel ähneln Zeichen für Getreidemaße, Zylinder und Scheiben jenen für Einheiten der Viehzählung. Zu diesen abstrakten Piktogrammen (lat. pictus = gemalt + griech. gramma = Schriftzeichen) kamen auf den Tontafeln neue bildhaftere Zeichen für Dinge hinzu, die nicht gehandelt wurden sowie für Begriffsgruppen aus den Bereichen Religion und Gesellschaft.

Indem aus den Wortzeichen Lautbezeichnungen wurden, verringerte sich rasch die Zahl der sumerischen Schriftzeichen, die mit einem angespitzten Schreibrohr zuerst eingeritzt, später eingedrückt wurden, wodurch sich das Schriftbild der Keilschrift wandelte. Dieser Prozeß war in der frühdynastischen Periode (2700–2350 v. Chr.) abgeschlossen. Die ältesten Texte waren Wirtschaftsurkunden. Seit der Wende vom 4. zum 3. Jahrtausend v. Chr. gibt es Quellen zu den politischen Verhältnissen in Mesopotamien (Berichte über Ereignisse, Selbstdarstellungen vieler Fürsten in Wort und Bild). Die semitischen Nachbarn übernahmen die sumerische Schrift und paßten sie ihren Dialekten an – unter weitgehendem Verzicht auf die ursprüngliche Bedeutung der Zeichen. Die Keilschrift wurde zu einer Silbenschrift mit einer Kombination von Lautzeichen und Deutzeichen, die auch von den Hurritern und Hethitern übernommen wurde. Sie drang auch in den Iran vor, wo es zu weiteren Änderungen des Zeichensystems kam.

Bei Inschriften, die von verschiedenen Fundorten und aus verschiedenen Kulturen stammten, konnte ein und dasselbe Zeichen für mehrere verschiedene Silben stehen und umgekehrt verschiedene Zeichen dieselbe Silbe ausdrücken – ähnlich wie die französischen Wörter cou, coup und cous, die gleich ausgesprochen werden. Durch Fehler in Schülerarbeiten lernte man die Aussprache von Keilschrifttexten kennen, denn was man verwechselte, mußte gleich oder ähnlich klingen. Die Schreiber von Ugarit wechselten mitunter zum Spaß beim Kopieren alter Hymnen die Schreibweise. In einem Fall ist ein Wort, das fünfmal vorkommt, auf vier verschiedene Arten geschrieben worden! Ein bestimmtes Keilschriftzeichen (ursprünglich das Bild eines Sterns) war das Ideogramm für Himmel und wurde im Sumerischen an, im Akkadischen šamû und im Hethitischen nepiš gelesen, in der Bedeutung Gott jedoch als dingir, ilu und šiuni. »Gott« ist als Determinativ mit jedem Götternamen verbunden. Das Zeichen »König« wurde sumerisch lugal und akkadisch šarru (Scharru) gelesen, die Hethiter hängten im Nominativ ein us an und lasen hassus (chaschusch). Einige verbreitete Zeichen und Determinative zeigen auch bei Texten in unbekannten Sprachen an, wovon die Rede ist.

Auch nach der Erfindung der Buchstabenschrift blieb die Keilschrift in Mesopotamien in Gebrauch. In der Seleukiden-Ära (312–64 v. Chr.) schrieb man sogar Griechisch in Keilschrift. Der jüngste Keilschrifttext stammt aus der Zeit des Kaisers Augustus. Auch die Hieroglyphen waren ein gemischtes System von Laut-, Begriffs- und Deutzeichen. Der älteste Text stammt aus der Zeit um 2500 v. Chr. Von den Herrscherpersönlichkeiten des Alten Reiches erfahren wir allerdings kaum mehr als die Namen. Der letzte Hieroglyphentext datiert aus dem Jahre 476 n. Chr., als das Koptische bereits seit langem gebräuchlich war. Für die diplomatische Korrespondenz mit nahöstlichen Mächten benutzten auch die Ägypter die Keilschrift. Bei den Kanaanäern, wo sich die Einflußbereiche beider Schriftsysteme überschnitten, entstand das Alphabet.

Die frühesten Zeugnisse der chinesischen Schrift stammen aus der Mitte des 2. Jahrtausends v. Chr., sie hat sich ohne große Brüche bis heute weiterentwickelt. Seit der Zeit des Konfuzius (* 551, † 479 v. Chr.) haben sich die Zeichen wenig geändert und blieben ungeachtet aller sprachlichen Wandlungen (siehe Anhang zu Bd. 1) verständlich. Die Sprache der klassischen Zeit (7.–3. Jahrhundert v. Chr.) wurde erst teilweise aus der Reimanalyse alter Schriften und aus Schülerfehlern rekonstruiert. Keine heutige Namensform eines Personen- oder Ortsnamens des Altertums ist authentisch!, z. B. sprach sich der Han-Kaiser Liu Che (Liu Ch'e) »Lyog D'yat« aus. Würde Konfuzius heute zu den Chinesen sprechen, verstünden sie kein Wort!

Die chinesischen Herrscher versuchten, aus historischen Fehlern zu lernen, deshalb gab es schon im Altertum ausführliche Chroniken, die ältesten Dokumente waren auf Bambus geschrieben. Im Westen hat nur Ägypten eine ähnlich umfangreiche und genaue Chronologie, an ihr wurde mit Hilfe von Datierungsbrücken ein »Mosaik« dynastischer Urkunden der Bronze- und Eisenzeit aufgehängt, wobei es für die Zeit vor 1500 v. Chr. mehrere Ansätze gibt (z. B. eine kurze, mittlere und lange Chronologie des Nahen Ostens).

Probleme der Chronologie

Inschriften an Bauten, auf Gedenk- und Grenzsteinen, Briefe und andere Urkunden auf Tontafeln oder Papyrus, Münzen, Siegel und viele andere Objekte enthalten Namen und Daten, häufig verweisen sie auf die Regierungszeit eines Herrschers oder auf historische Ereignisse. Die Zeitrechnungen, auf die sie sich beziehen, haben meist nur eine zeitlich und örtlich begrenzte Gültigkeit. Um mit diesen Angaben etwas anfangen zu können, müssen wir sie in einen Zusammenhang bringen und »eichen«, auf unsere Zeitrechnung übertragen.

a) Neuzeit und Mittelalter:

Wir zählen heute die Jahre nach Christi Geburt (in nichtchristlichen Staaten als Jahre u. Z. = unserer Zeit). Diese Datierung geht auf eine Anregung des Abtes Dionysius Exiguus zurück, der um 500 bis ca. 550 in Rom lebte. Allerdings bürgerte sie sich nur langsam ein. Auf dem Grabmal Karls des Großen ist sein Todesjahr mit 814 n. Chr. angegeben. Allgemein üblich wurde diese Jahreszählung erst im 10. Jahrhundert n. Chr. Der französische Gelehrte Denis Petavius

(* 1583, † 1652) führte die Angabe v. Chr. (heute auch v. u. Z. = vor unserer Zeit) und eine »Rückwärtszählung« für die Antike ein. Seit dem 18. Jahrhundert ist dieses System das chronologische Rückgrat der Weltgeschichte. (Einige Gelehrte meinen zwar, daß Jesus von Nazareth einige Jahre vor diesem Nullpunkt geboren wurde, doch ändert dies nichts am praktischen Nutzen dieser Zeitskala.)

Für die Zeit zwischen den letzten römischen Kaisern (Ende des 4. Jahrhunderts) und Karl dem Großen (9. Jahrhundert) stützt sich die Datierung der »Barbaren«-Dynastien z. T. auf deren Beziehungen zu Byzanz, wo sich die Dynastienfolge vom Altertum zum Mittelalter gut dokumentiert fortsetzte. Bei der Umrechnung läßt sich mitunter ein Unsicherheitsfaktor von einigen Jahren nicht ausschließen.

b) Antike:

Für die vorchristliche Zeit haben wir in Rom seit Varro (* 116, † 27 v. Chr.) die Angabe »ab urbe condita« (»nach Gründung der Stadt Rom«). Ob dieses Anfangsdatum (753 v. Chr.) exakt ist, ist ebenso umstritten wie das Geburtsjahr Jesu Christi, denn die Vertreibung der Könige aus Rom bedeutete einen Bruch mit der Vergangenheit. Die Frühgeschichte wurde erst sehr viel später aus sagenhaften und reichlich lückenhaften Überlieferungen zusammengestellt und berechnet. Aber ungeachtet ihres ungewissen Ausgangspunktes ist diese Chronologie für einige Jahrhunderte der römischen Republik zuverlässig und läßt sich zur Zeit des Kaisers Augustus mit der christlichen Zeitrechnung verknüpfen.

Neben der römischen Zeitrechnung läuft die griechische nach den Olympiaden einher, die uns einige Jahrhunderte weiter in die Vergangenheit führt. Die erste Siegerliste stammt aus dem Jahre 776 v. Chr., welches das Basisdatum der griechischen Chronologie ist. In Griechenland und Rom wurden die einzelnen Jahre nach führenden Priestern und Staatsbeamten benannt, deren Namen in langen Listen erhalten sind. Diese Amtsjahre lassen sich zu den beiden Hauptdatierungslinien in Beziehung setzen. Damit ist die klassische Antike chronologisch festgelegt.

Bei verschiedenen Kalendersystemen begann das Jahr zu unterschiedlichen Terminen. Die griechischen Städte legten den Jahresbeginn zwischen Ende Juni und Ende Juli fest. Bei den Römern begann das Jahr bis zu Caesars Kalenderreform am 1. März. Bei den Umrechnungen auf unsere Zeitskala kann sich ein Datum daher um ein Jahr verschieben. Wenn das kalendarische Bezugssystem unklar ist, gibt man häufig ein Doppeldatum an (z. B. 230/29 v. Chr.). Auch persische Daten kann man in unsere Zeitskala eintragen, da wichtige Schlachten sowohl in griechischen wie in persischen Quellen erwähnt wurden. Bei mehrfachen Umrechnungen ergibt sich ein Unsicherheitsfaktor, der sich in den extremsten Fällen sogar auf mehrere Jahre erstrecken kann.

c) Altägypten:

Es gab Reichsannalen, in denen die Jahre nach einem Hauptereignis benannt waren (z. B. nach dem Beginn großer Baumaßnahmen oder der Thronbesteigung eines Pharao). Auf derartige Aufzeichnungen stützte sich der ägyptische Priester-Gelehrte Manetho, der zu Beginn des 3. Jahrhunderts v. Chr. unter Ptolemaius II. eine nur indirekt in Zusammenfassungen erhaltene Geschichte Ägyptens schrieb, deren Einteilung in 31 Dynastien wir heute noch verwenden. Die widersprüchlichen Angaben dieser Fragmente über die Regierungsdauer der Könige werden ergänzt durch Hieroglyphen-Zeugnisse: so z. B. die Liste des fragmentarischen »Königspapyrus« des Turiner Museums wie auch drei steinerne Tafeln mit abgekürzten Königslisten ohne Zahlen, die für religiöse Zwecke aufgestellt wurden: Eine befindet sich im Tempel Sethos' I. in Abydos, die beiden anderen im Museum von Kairo und im Louvre. Aus dem Alten Reich kennen wir sechs Bruchstücke von Annalen (darunter den Palermo-

Stein) mit Aufzeichnungen der Ereignisse jedes Jahres von der 1. bis zur 5. Dynastie. Ferner entdeckten die Archäologen viele Denkmäler mit Namen und Daten.

Man könnte nun meinen, es sei ein leichtes, die Regierungsdauer der Herrscher zu ermitteln, diese in die überlieferte Reihenfolge der Pharaonen einzutragen und von einem feststehenden Datum – etwa der Begegnung von Caesar und Kleopatra – aus rückwärts zu rechnen. Aber so einfach geht das nicht. Für viele Regierungszeiten fehlen uns Angaben, bei anderen sind sie widersprüchlich. Die Könige folgten auch nicht direkt aufeinander. Es gab Thronwirren und Perioden der Anarchie (»Zwischenzeiten«). Mitunter herrschten mehrere Dynastien nebeneinander, auf den Listen aber werden sie hintereinander aufgeführt. Es gab auch Mitregentschaften, d.h. ein Thronfolger begann seine Regierungszeit schon zu Lebzeiten seines Vorgängers zu zählen.

In dieses Chaos konnte man nur von außen her mit Hilfe von Querverbindungen Ordnung bringen. Das war bei den Fremdherrscher-Dynastien einfach durch Anschluß an die griechische und die mit ihr durch mehrere Schlüssel-Daten verklammerte persische Chronologie. Sehr zuverlässig war auch die durch eine Sonnenfinsternis astronomisch geeichte assyrische Chronologie für den Zeitraum zwischen 981 und 648 v. Chr., in dem die assyrischen Königslisten lückenlos erhalten sind. (Von daher konnte man auch griechische und persische Daten überprüfen und festlegen). Im 1. Jahrtausend v. Chr. stand man daher auf einigermaßen sicherem Boden, aber dann ergaben sich Unsicherheitsfaktoren nicht nur von Jahren sondern von Jahrzehnten, die sich rasch zu Jahrhunderten summierten.

Hilfe kam von den Astronomen: Am 17. (oder 19.) Juli des julianischen Kalenders erscheint der Sirius (Hundsstern) – von den Ägyptern Sothis genannt –, nachdem er längere Zeit nicht sichtbar war, zum ersten Male wieder kurz vor Sonnenaufgang am Horizont. Da zu diesem Zeitpunkt die Nilüberschwemmung begann, machten ihn die Ägypter bei der Einführung ihres Kalenders zum Neujahrstag. Ihr Kalenderjahr mit 12 Monaten zu 30 Tagen und 5 Schalttagen war um einen Vierteltag zu kurz, und die an Wachstum und Ernte gebundenen Feste verschoben sich alle vier Jahre um einen Tag. Nach 1460 Tagen (einem Sothis-Zyklus) fiel der Frühaufgang des Sothis wieder auf den ersten Kalendertag, so z.B. in den Jahren 139–143 n.Chr. Dieses Ereignis wurde gefeiert und auf den Münzen des Kaisers Antonin vermerkt. Einige ägyptische Inschriften enthalten auch den Kalendertag im soundsovielten Regierungsjahr eines Pharaos, auf den der Sothis-Frühlingsanfang fiel; danach kann man dieses Jahr (mit einem Unsicherheitsfaktor von vier Jahren) bestimmen. Leider gibt es nur wenige solcher Zeugnisse: vier für das Neue Reich und nur eines beispielsweise für das Mittlere Reich.

Auf diesen Pfeilern (z.B. ist das siebente Regierungsjahr Sesostris III. das Jahr 1872 v. Chr.) ruht das Gerüst der ägyptischen Chronologie ab der 12. Dynastie. Je weiter wir uns zeitlich von diesen Sothis-Achsen entfernen, desto größer wird der Unsicherheitsfaktor. Für die ältere Zeit helfen uns z.T. noch Kulturbeziehungen zu Mesopotamien bei der Datierung. Wie lange die Zeiten zwischen dem Alten, Mittleren und Neuen Reich dauerten, ist unklar. Deshalb schwanken die Ansätze für den Beginn der 1. Dynastie zwischen 3200 und 2800 v. Chr. Einige Ägyptologen verlegen den Beginn des Sothis-Zyklus (17. oder 19. Juli 2769) in die 2. Dynastie.

Da die Kreter mit den Ägyptern in der relativ sicher datierten Bronzezeit um die Mitte des 2. Jahrtausends v. Chr. Handel trieben, ebenso Handelskontakte mit Sardinien und indirekt mit England unterhielten, andererseits auch Handelsgüter aus bestimmten Perioden der minoischen Kulturentwicklung über den Balkan nach Norden gelangten, haben wir »Datierungsbrücken« nach Alteuropa. Inschriftlich datierte ägyptische Objekte in vorderasiatischen Fundzusammenhängen tragen zur Datierung dieses Fundmaterials bei.

d) Alter Orient:

Herrscherlisten und Jahresnamen aus Mesopotamien lassen Abfolgen und Zusammenhänge erkennen, doch sind sie leider unvollständig. Am besten dokumentiert sind die assyrischen Herrscher, doch wurden einige »illegitime« aus den Königslisten gestrichen und mit ihnen verschwanden ihre Regierungsjahre aus der Zählung! Solange es nicht gelingt, diese »Unpersonen« zu identifizieren und zu datieren, ist die Chronologie vor 1000 v. Chr. Stückwerk. Noch größere Lücken weisen die babylonischen Listen auf. Man konnte also nicht einfach von einer bekannten Basis aus rückwärts rechnen, sondern mußte – wie in Ägypten – nach astronomisch datierbaren Ereignissen suchen.
Hauptproblem ist der Zeitansatz der 1. Dynastie von Babylon, dessen »Eichmarke« bestimmte Venusbeobachtungen sind, die sich entweder auf das Jahr 1651 v. Chr. oder auf die Jahre 1595, 1587 oder 1531 beziehen können. Je nachdem, für welche Möglichkeit sich die Archäologen entschieden, ergab sich eine lange, mittlere und kurze Chronologie. So wird z. B. die Regierungszeit des Königs Hammurabi (Hammurapi) von Babylon von einigen um 1728–1686 v. Chr., von anderen um 1792–1750 v. Chr. oder 1930–1888 v. Chr. angesetzt.
Aus den genannten Gründen schwanken die Daten zwischen 1500 und 1000 v. Chr. zum Teil um Jahrzehnte, zwischen 2000 und 1500 v. Chr. um 100 oder mehr Jahre. Im Rahmen bestimmter Fixpunkte dienen Daten vor 1500 v. Chr. nur einer allgemeinen Orientierung. Fest steht die Gleichzeitigkeit bestimmter Ereignisse und Personen, nicht aber das genaue Datum.
Der französische Archäologe Claude Frédéric A. Schaeffer versuchte, zu den astronomischen Anhaltspunkten noch weitere Indizien für eine Datierung zu finden, indem er »Zerstörungshorizonte« großer Städte im östlichen Mittelmeerbecken konstruierte, die von Erdbeben verursacht waren. So brachte er beispielsweise die Zerstörung des spätbronzezeitlichen Ugarit mit einem Amarna-Brief in Zusammenhang, in dem eine derartige Katastrophe erwähnt wird, und kam auf das Jahr 1365 v. Chr. Aber diese Hypothese ist nicht schlüssig: Es gab zu häufig schwere Erdbeben im Nahen Osten!

e) Indien:

Durch den Zug Alexanders des Großen nach Indien (327–325 v. Chr.), die hellenistischen Reiche und die Kontakte mit Persien läßt sich Indien in die antike und mittelalterliche Chronologie einbauen. Den Überlieferungen der Buddhisten und Jainas verdanken wir ein chronologisches Gerüst, das bis zur Lebenszeit der Gründer dieser Bewegungen zurückreicht. Davor existieren nur sagenhafte Berichte ohne zeitliche Anhaltspunkte und archäologische Datierungen.

f) China:

Die chinesischen Herrscher versuchten, aus den Fehlern früherer Dynastien zu lernen, deshalb gab es schon im Altertum ausführliche Chroniken. Archive und Annalen wurden für eine Statistik ausgewertet, aus der man Rückschlüsse auf die Weltgesetze des Dao (Tao) zu gewinnen erhoffte. In seinen »Frühlings- und Herbstannalen« stellte Konfuzius die Fakten derart zusammen, daß sich eine normative Verhaltenslehre historisch belegen ließ. Alle Erfolge und Mißerfolge der Herrscher wurden in Beziehung gesetzt zu ihrem Verhalten.
Jede Dynastie begann eine neue Zählung, aber anders als in Ägypten und im Orient vermerkten die chinesischen Chroniken häufig auch das Kalenderdatum. Danach können wir Lücken in der Abfolge der Dynastien und Doppelzählungen bei Überschneidungen der Herrschaftszeiten erkennen und auf das Jahr, z. T. sogar auf den Tag genau bestimmen. Nur in der Frühzeit

der Zhou- (Chou-)Dynastie (ca. 1100–249 v. Chr.) haben wir zu wenig Dokumente (die ältesten waren auf Bambus geschrieben) für eine exakte Datierung: Wir müssen uns wieder auf die Astronomen verlassen! Die Mondfinsternis des Jahres 841 v. Chr. ist ein Fixpunkt in der absoluten Chronologie. Sie wurde in den Annalen als ein böses Omen für die Zhou-Dynastie gewertet. Für die Zeit davor gibt es unterschiedliche Ansätze.
Als im Jahre 279 n. Chr. eine Räuberbande das Grab des Prinzen von Wei aus der späten (Östlichen) Zhou-Dynastie plünderte, fiel den ungebildeten Dieben die auf Bambustäfelchen geschriebene Chronik des Staates Wei aus dem Jahre 299 v. Chr. in die Hände. Sie benutzten einige Bambustäfelchen als Fackeln und brachten andere in Unordnung. Die Diebe wurden gefaßt und ihre Beute zusammen mit anderen Texten dem Kaiser Wu (R 266–290 n. Chr.) übergeben. Es gelang chinesischen Historikern, den Urtext der Bambus-Annalen aus alten Zitaten teilweise zu rekonstruieren. Damit gewannen sie Anhaltspunkte für eine Datierung der Shang-Könige, die im Unterschied zu älteren annalistischen Daten zur archäologischen Datierung paßt.
Die Chronologie der anderen ostasiatischen Kulturen orientiert sich an der chinesischen.

g) Altamerika:

Nur die Maya haben historische Inschriften hinterlassen. Ihre Kalenderrechnung begann mit einem hypothetischen Datum wie die Chronologie der Juden und der Römer: 3113 v. Chr., damals gab es noch keine Maya-Kultur und nirgends in Altamerika Anzeichen für den Beginn einer Hochkulturentwicklung! In den Maya-Städten wurden (ursprünglich in Kalenderabschnitten von 20 × 360 Tagen, später auch von 10 und 5 Jahren) mit Kalenderzeichen und Schriftzeichen bedeckte Monolithen (Stelen) errichtet. Die Stadt Uaxactún lieferte sowohl das früheste als auch das späteste Stelendatum (328 n. Chr. und 889 n. Chr.). Das früheste bekannte Datum steht auf der »Leidener Platte« aus Jade (320 n. Chr.) und das späteste auf einem Brustschmuck (909 n. Chr.).
Wenn es keine Maya-Daten aus der Zeit der spanischen Eroberung gibt, wie war es dann möglich, diese Daten in unsere Zeitskala einzutragen? Sie beziehen sich auf ein kompliziertes Kalendersystem, das in der frühen Kolonialzeit noch in Gebrauch war. In einheimischen Chroniken wird berichtet, daß die Gründung der Stadt Merida durch die Spanier (1542) kurz nach dem Schlußpunkt einer bestimmten Periode des »Long Count« erfolgte. Bischof Landa bezeugt, daß ein Maya-Datum im 52-Jahre-Zyklus auf den 26. Juli 1533 fiel. Aus beiden Angaben ergaben sich zwei Korrelationsmöglichkeiten (benannt nach den Forschern Thompson und Spinden mit einer Diskrepanz von 260 Jahren). Welche Berechnung war die richtige? Da es in einigen Maya-Tempeln Holzbalken mit Datums-Inschriften gab, konnte die Universität von Pennsylvania Holzproben nach der C-14-Methode datieren. Die Untersuchungen bestätigten die von den meisten Amerikanisten bevorzugte Thompson-Korrelation.
Von der Maya-Datierung hängen letztlich alle archäologischen Chronologien Mesoamerikas ab.

Naturwissenschaftliche Datierungen:

Für die vorgeschichtliche Zeit ohne Schriftzeugnisse sind wir auf naturwissenschaftliche Datierungsmethoden angewiesen. Die wichtigste und bekannteste ist die bereits erwähnte Untersuchung des prozentualen Anteils an radioaktivem Kohlenstoff (C-14) in organischen Materialproben. Dieses Isotop entsteht beim Einfall kosmischer Strahlen in die Erdatmosphäre, wird von Pflanzen aus der Luft aufgenommen und in Tieren und Menschen gespeichert. Es zerfällt langsam, nach etwa 5370 Jahren ist noch die Hälfte vorhanden. Das physikalische Meßverfahren hat einen statistischen Unsicherheitsfaktor; diesen Grenzwert gibt man mit ± an (z.B. 5000 ± 250 Jahre), das Alter liegt innerhalb der genannten Toleranz. Einige dieser C-14-Daten der »Radiokarbon-Uhr« waren falsch, weil der C-14-Anteil im Laufe der Zeit schwankte. Orientalisten und Ägyptologen protestierten dagegen, daß sichere Daten in Frage gestellt wurden. Die Widersprüche gaben Außenseiter-Theorien Auftrieb. Es galt also die Radiokarbon-Uhr zu eichen. Dafür zog man die Baumring-Chronologie (Dendrochronologie) heran: Die Grannenkiefer (Pinus aristata) in Nordamerika wird über 4000 Jahre alt, in einigen Ruinen in Wüstengebieten hatten sich alte Holzreste erhalten. Durch die Auszählung von Jahresringen dieser Hölzer bis zum Jahre 6270 v. Chr. konnte man im Vergleich die Werte der C-14-Datierung überprüfen und korrigieren. Die neuen korrigierten (kalibirierten) Daten bestätigten die so mühsam errechneten Eckdaten unserer Chronologie, aber bei den durch typologische Vergleiche angeschlossenen Randkulturen gab es Überraschungen: die Kulturentwicklung Alteuropas begann eher als erwartet, die Megalith-Bauten des Westens erwiesen sich als älter als die mediterranen und orientalischen Kulturen, auf deren Einflüsse man ihre Entstehung zurückführte (siehe Kap. 1). Die unerwarteten Zeitangaben zwangen die Archäologen das Bild der Vergangenheit zurechtzurücken. Zur Ergänzung und Sicherung der Daten werden noch weitere Messungen herangezogen, beispielsweise jene des Zerfalls des radioaktiven Kaliums (K-40) zu Argon.

Laienhaftes Datenchaos:

Während Fachleute die Unsicherheitsfaktoren und Toleranzgrenzen der verschiedenen Chronologien kennen und wissen, welche historischen Persönlichkeiten zur gleichen oder zumindest ungefähr gleichen Zeit gelebt haben, werden Laien durch die unterschiedlichen Ansätze verwirrt. Wer wiederum Daten verschiedener Chronologien miteinander kombiniert, kann Generationen durcheinanderbringen.

So erging es dem Philosophen Karl Jaspers, der wie Hegel an einen »Gang Gottes durch die Geschichte« glaubte, als er Daten aus unterschiedlichen Quellen zusammentrug. Er hat dabei eine soziale und geistige Entwicklung, die mehrere Jahrhunderte dauerte und deren Höhepunkte in den einzelnen antiken Kulturen in verschiedenen Generationen lagen, auf eine »Achsenzeit um 500 v. Chr.« zusammengezogen. Nach Protesten der Historiker war Jaspers einsichtig genug, seine »Achsenzeit« in späteren Ausgaben seines Werkes als begriffliche Vereinfachung eines lange andauernden Prozesses zu definieren.

An solch einer Einsicht mangelt es seinen Epigonen, die an Stelle eines göttlichen Einwirkens auf die Geschichte das Eingreifen von außerirdischen Astronauten setzen. Wir wollen nur ein Beispiel herausgreifen: Wenn, wie einige Autoren glauben, sagenhafte Berichte und archäologische Funde verschiedene Aspekte des gleichen Geschehens dokumentieren, dann müssen sie auch gleichzeitig sein: so beispielsweise Ezechiel (Hesekiel) als Augenzeuge des Tempelbaus in Chavín de Huántar. Solche »Astronauten-Achsen« sind Zeitsprünge über Jahrhunderte hinweg.

Der Astronom Immanuel Velikovsky griff die Idee der Katastrophenachsen von Claude Schaeffer auf und kombinierte historische und sagenhafte Katastrophenberichte zum Kolossalgemälde eines Beinahezusammenstoßes zwischen Erde und Venus. Wenn man in Gedanken mit den Himmelskörpern Billard spielt, dann setzt man damit auch die astronomischen Datierungen außer Kraft – insbesondere den Sothis-Zyklus. Ausgehend von seinem Katastrophen-Horizont kommt Velikovsky zu überraschenden neuen Datierungen, Deutungen und Identifikationen, seine vielleicht interessanteste Hypothese ist folgende: Salomo und die ägyptische Königin Hatschepsut waren nach seinen Berechnungen zeitgleich. Der Autor identifiziert die Pharaonin mit der biblischen Königin von Saba. Die Expedition der Hatschepsut nach Punt (1482 v. Chr.) führte sie demnach nach Phönikien, das mit Punt gleichgesetzt wird, und weiter nach Israel. Auf den ersten Blick verblüffend einfach, eine brillante Idee! Dagegen muß man einwenden, daß die Ägypter

Phönikien seit Jahrtausenden kannten und nie Punt nannten. Da die korrigierten C-14-Daten die traditionelle Chronologie Ägyptens und des Nahen Ostens bestätigten, sind die historisch-chronologischen Spekulationen hinfällig und damit ist auch indirekt deren Basis die Katastrophentheorie widerlegt!

Ohne eine gesicherte Chronologie sind auch die brillantesten Ideen wertlos. Ähnlichkeiten beweisen weder Zusammenhänge noch Gleichzeitigkeit.

Glossar

Ahura Mazda: »Der weise Gott«, oberster und Schöpfer-Gott in der Lehre des Zarathustra (Zoroaster), er besitzt Allmacht, Weisheit, Gerechtigkeit und überträgt seine Macht auf ein Gefolge von Genien (vergleichbar mit den christlichen Engeln). Der persische König galt als sein Vertreter auf Erden, dies wurde durch die Darstellung einer menschlichen Figur in einem geflügelten Ring über dem Thron bildlich symbolisiert. Er war der große, aber nicht einzige Gott der Achaimeniden.

Aristeides, lat. Aristides: Aristokratischer Politiker in Athen, Vertreter der Landbesitzer, 478 v. Chr. wurde er Flottenbefehlshaber und Initiator des Attischen Seebundes.

Chaironeia, lat. Chaeronea: Stadt in Böotien, Geburtsort Plutarchs, Siege Philipps II. von Makedonien 338 v. Chr. und Sullas 86 v. Chr. in Chaironeia.

Eleusis: Einst selbständiger Stadtstaat, seit dem 7. Jahrhundert v. Chr. mit Athen vereinigt und durch eine »Heilige Straße« verbunden, einer der berühmtesten antiken Kultorte mit Mysterien zu Ehren von Demeter und Persephone. Des Heiligtum bestand seit der Bronzezeit! An der Stelle eines mykenischen Megarons wurde im 6. Jahrhundert v. Chr. eine quadratische Säulenhalle mit umlaufenden steinernen Sitzreihen errichtet, im 5. Jahrhundert v. Chr. ausgebaut zu einer der größten Hallen der griechischen Kultur mit 42 Innensäulen und 3000 Sitzen.

Gorgias aus Leontinoi, * um 480, † um 380 v. Chr., war neben Protagoras der Hauptvertreter der Sophistik und fand in Athen als Redner und Redelehrer Anklang. Platon hat einen seiner Dialoge nach Gorgias benannt.

Hammurabi, Hammurapi: Babylonischer König, bekannt durch seine Gesetzgebung.

Heliaia: Von Solon eingesetzter Gerichtshof (wörtlich: »sonniger Versammlungsort«, auf dorischem Gebiet die Volksversammlung, ursprünglich demnach eine Art Thing), seit der Mitte des 5. Jahrhunderts v. Chr. wurden aus der Athener Bürgerschaft 6000 Heliasten ausgelost, die bei Streitfällen Recht sprechen mußten, sie erhielten für ihre Tätigkeit 2, später 3 Obolen pro Tag.

Hellenistische Architektur: Die Baukunst der hellenistischen Zeit verband ionische und dorische Bauformen, wobei Details von der einen in die andere Ordnung übertragen wurden. Ein imposantes Monument ist der unvollendete Apollon-Tempel von Didyma, Kleinasien, der kurz nach dem Sieg Alexanders des Großen 334/333 v. Chr. vom Baumeister Paianios entworfen wurde und an dem man noch in der Römerzeit baute. Hier wurden 1980 antike Bauzeichnungen entdeckt, die auf Hunderten von Quadratmetern der steinernen Sockelwände eingeritzt waren. Der Baumeister hatte die Wandflächen zuvor mit Rötel gefärbt, so daß seine Ritzzeichnungen gestochen scharf hervortraten. Durch weiteren Auftrag von Rötel konnte der Entwurf korrigiert werden. Die Konstruktionszeichnungen stammen aus der Zeit um 250 v. Chr., wie man aus den erhaltenen Bauabrechnungen jener Konstruktionsteile errechnen kann, die auf dem Entwurf dargestellt sind. Dies sind die ersten bekannt gewordenen Originalpläne aus dem Altertum, sie geben uns einen Eindruck von der Arbeitsweise der hellenistischen Architekten.

Hipparchos: Sohn des Peisistratos, jüngerer Bruder des Hippias, Freund der Künste und Wissenschaften, 514 v. Chr. von Harmodios und Aristogeiton ermordet, deren Tat 477 v. Chr. durch die Aufstellung ihrer Statuen auf der Agora von Athen verherrlicht wurde. Diese »Tyrannenmörder«-Gruppe des Kritios und Nesiotes ersetzte eine ältere Gruppe des Antenor, die nach der Vertreibung der Peisistratiden (510 v. Chr.) geschaffen und von den Persern verschleppt wurde. Diese jüngere Gruppe ist in einer römischen Kopie erhalten.

Hippias: Sohn und Nachfolger des Peisistratos, er führte die Münzen mit dem Bild der Athene und der Eule ein, begann nach der Ermordung seines mitregierenden Bruders Hipparchos ein Gewaltregime. Regierungszeit: 528–510 v. Chr.

Ilion: Anderer Name für Troja, nach mehreren Zerstörungen erfolgte die Besiedlung durch aiolische Griechen um 700 v. Chr. (Troja VIII). Bei Ausgrabungen dieser Schicht fand man nur einfache Wohnhäuser aus unregelmäßigen Bruchsteinen erbaut. Der Standort des in antiken Zeugnissen erwähnten Tempels aus der Zeit des Lysimachos (*360, †281 v. Chr.) konnte nicht nachgewiesen werden, da die Römer den mittleren Teil des Hügels einebneten und ein riesiges Heiligtum der Athena Ilias errichteten, eine Inschrift nennt Kaiser Augustus als Erbauer, Reste in der Berliner Antiken-Sammlung, darunter eine Helios-Metope.

Isokrates war der Sohn eines wohlhabenden Flötenfabrikanten in Athen, ein Schüler des Gorgias. Er eröffnete um 390 v. Chr. eine Rhetorikschule, die großen Zulauf hatte. Er wollte aus der Beredsamkeit eine Universalwissenschaft machen, die den Menschen zur praktischen Lebenstüchtigkeit erzieht. Deshalb gilt er als Vater der Allgemeinbildung. Von ihm sind 21 Reden und neun (z. T. unechte) Briefe überliefert. Cicero übernahm sein Bildungsideal.

Konfutius (Kong Fuzi, Kong Qiu, Kongzi, Meister Kong oder in der älteren Transkription Kung): Er lebte von 551 bis 479 v. Chr. (siehe Band 1).

Kroisos, lat. Croesus, dt. Krösus: Letzter König von Lydien (R 560–547 v. Chr.), bekannt wegen seines sprichwörtlichen Reichtums, spendete für griechische Heiligtümer in Delphi und Athen.

Kynoskephalai (griech. »Hundeköpfe«): Hügelkette in Thessalien.

Laokoon-Gruppe: Römische Kopie eines spätgriechischen Werkes, auf vielen Abbildungen sieht man die alte Rekonstruktion durch Michelangelo (mit der Ergänzung des ausgestreckten rechten Armes). Im Jahre 1906 wurde der richtige Arm gefunden und nach längerem Gelehrtenstreit in die neu zusammengesetzte Gruppe montiert, die im neuen Zustand mit angewinkeltem Arm einen weniger theatralischen Eindruck macht.

Laozi (Lao-tse, »alter Weiser«): Chinesischer Philosoph, seine geschichtliche Existenz ist umstritten, er soll im Jahre 604 v. Chr. im südchinesischen Staat Zhu (Chu) geboren sein. Sein Todesjahr ist unbekannt, sein Familienname war Li, sein Vorname Er (siehe auch Band 1).

Lykurgos: Sagenhafter Gesetzgeber Spartas, historische Existenz und Zeitstellung umstritten: zwischen dem 9. und dem frühen 7. Jahrhundert v. Chr., ihm wurden in Sparta kultische Ehren zuteil.

Mantineia, Hauptstadt von Ostarkadien, 223 v. Chr. von Antigonos zerstört und in Antigoneia umbenannt, in römischer Zeit wieder in Anlehnung an den alten Namen Mantinea.

Mykale, heute Samsun-Daği bei Milet: Ort des zentralen Heiligtums der Ionier, das Poseidon geweiht war.

Myron: Griechischer Bildhauer und Erzgießer, tätig zwischen ca. 460 und 450 v. Chr.; berühmte Werke: eine bronzene Kuh, eine Statue des Läufers Ladas und der in römischen Kopien erhaltene Diskuswerfer sowie eine Athena-Marsyas-Gruppe.

Paestum: Das alte Poseidonia in Lukanien.

Paian: Festgesang von Männer- oder Mädchenchören, der Name ist abgeleitet von einem Beinamen des Apollon: Paian (»Nothelfer«), der in diesen Liedern mit den Worten »ié Paian« angerufen wurde.

Panathenäen: Hauptfest von Athen zu Ehren der Stadtgöttin, seit 636 v. Chr. von Peisistratos neu begründet, Prozessionen und Wettkämpfe. Der Sieger erhielt eine eigens angefertigte Amphore mit Darstellung des Wettkampfes. Die mit Archontennamen versehenen Gefäße aus der Zeit von 373 bis 322 v. Chr. sind eine wichtige Stütze der griechischen Chronologie.

Peisistratos: Tyrann von Athen seit 561/60 v. Chr., bekämpfte die Aristokratie, konfiszierte Güter und verteilte Land an kleine Bauern. In Athen ließ er großartige Bauwerke errichten, stiftete 366/65 das Fest der Panathenäen neu und ließ die Gesänge Homers erstmals aufzeichnen. Er förderte den Export Athens (Keramik, Öl und Wein).

Pergamon, heute Bergama: Festung und Stadt in Kleinasien, Königreich von 283 bis 133 v. Chr., regiert von der Dynastie der Attaliden, danach Hauptstadt der römischen Provinz Asia. Der von Eumenes II. gestiftete monumentale Altar des Zeus und der Athena (erbaut 197–159 v. Chr.) ist heute im Pergamon-Museum in Berlin rekonstruiert.

Phaleron: Vor dem Ausbau von Piräus einziger Anker- und Landeplatz von Athen, von dort soll Theseus nach Kreta gesegelt sein.

Pheidias: Der größte Bildhauer der Antike, ein Freund des Perikles, sein Leben ist in legendären Berichten überliefert, deren Wahrheitsgehalt sich nicht eindeutig feststellen läßt. Im Jahre 1958 wurde in Olympia seine Werkstatt unter einer byzantinischen Kapelle entdeckt, darin Tonformen für das goldene Gewand der Zeus-Statue und Reste einer antiken Vase, in deren Fuß eingeritzt war: »fidiou eimi« (»ich gehöre dem Pheidias«). Die lateinische Schreibweise Phidias paßt besser zu diesem »Autogramm« als die übliche klassisch-griechische. Viele Namensformen der klassischen Überlieferung sind nicht authentisch.

Phorminx: Viersaitiges Saiteninstrument, seit dem 9. Jahrhundert auf Vasenbildern nachweisbar, bei Homer erwähnt.

Polyklitos, dt. Polyklet: Griechischer Bildhauer, tätig ca. 450 bis 420 v. Chr., bekannt wegen seiner Beschäftigung mit den Proportionsverhältnissen, dem »Kanon«.

Praxiteles: Athenischer Bildhauer, tätig 360 bis 340 v. Chr., zur farblichen Gestaltung seiner Plastiken bevorzugte er den Maler Nikias von Athen. Die antiken Marmorfiguren waren bemalt und machten auf die Zeitgenossen der Künstler einen anderen Eindruck als auf heutige Museumsbesucher.

Propheten Israels: In einer Zeit militärischer und politischer Schwäche entwickelten die Propheten zwischen 750 und 600 v. Chr. eine Neuinterpretation religiöser Grundsätze. Ihr Gott kontrollierte nunmehr die Geschicke *aller* Völker, damit bereiteten sie die Entstehung des Christentums vor. Ihre Warnungen sollten das Bemühen um Gerechtigkeit, Barmherzigkeit und Liebe stärken. Amos predigte von 760 bis 750 v. Chr., Hosea zwischen 755 und 725 v. Chr., Jeremias hielt seine wichtigste Predigt im Jahre 609/08 v. Chr.

Protagoras aus Abdera hielt als erster Sophist Vorträge in ganz Griechenland. Wegen seines skeptischen Buches über die Götter, in dem er erklärte, er wisse nicht, ob es sie gäbe und wie sie seien, wurde er aus Athen vertrieben. Er hatte einen großen Einfluß auf Perikles, Euripides und wahrscheinlich auf Demokrit.

Sarapis (veraltete Schreibweise Serapis): Von Ptolemaios I. eingeführter Staatsgott, eine Verschmelzung von Osiris und Apis mit Eigenschaften der griechischen Götter Zeus, Helios und Pluton, dargestellt mit einem Getreidescheffel auf dem Kopf, Hauptgott des griechisch-römischen Ägypten. Sein Kult wurde zusammen mit dem der Isis im Römischen Reich weit verbreitet. Das Sarapeion in Alexandria wurde 391 n. Chr. von den Christen zerstört.

Stoa: Gebäudetyp mit einer Kolonnade, an der Rückseite Läden oder Büros, es gab auch Stoas mit Seitenflügeln.

Stoa poikile: »Bunte Säulenhalle«, um 450 v. Chr. in Athen errichtet und mit Gemälden ausgeschmückt, später Tagungsort der Stoiker. Gemälde der Stoa poikile: Keine der Holztafeln, die als Träger griechischer Monumentalgemälde bezeugt sind, blieb erhalten, wir kennen die Themen nur aus Beschreibungen und von Vasenmalereien, die diese Bilder in kleinerem Format übernahmen. Polygnots Gemälde kennen wir z. B. durch den »Niobidenmaler«.

Theseion: Unter Kimon um 475 v. Chr. erbauter Tempel für die angeblichen Gebeine des Theseus. Heute wird häufig der Hephaistos-Tempel in Athen fälschlich als Theseion bezeichnet, ein Marmorbau aus dem 5. Jahrhundert v. Chr., am besten erhaltener Tempel Athens.

Tyrannen: Griechische Stadtherrscher mit absoluter Machtbefugnis, die nicht verfassungsgemäß an die Macht gelangten und die Polisverfassung z. T. außer Kraft setzten, sie lösten die Adelsherrschaft ab und bahnten der Demokratie den Weg, in der klassischen Überlieferung einseitig negativ dargestellt. Das Wort ist vermutlich verwandt mit dem etruskischen »turan« (Herr, Herrin).

Zarathustra, griech. Zoroaster oder Zoroastros, nach einer glaubwürdigen Angabe in einer arabischen Übersetzung von Porphyrios Chronik gestorben im Jahre 522/21 v. Chr., daraus errechnet man als Geburtsjahr 599/98 v. Chr. Er war der einflußreichste Religionslehrer Persiens und verkündete einen einzigen wahren Gott als Schöpfer aller Dinge. Die Welt teilte er in Gut und Böse, Wahrheit und Lüge, zwischen denen der Mensch wählen müsse. Die frühe Geschichte dieser aus der Avesta bekannten Lehre ist umstritten, insbesondere die Entstehung der Priesterkaste der Magier und die Haltung der ersten persischen Könige zur zarathustrischen Lehre und zu den Magiern. G. St.

Übersicht identischer Personen- und Ortsnamen

Achill	Achilles
Aigina	Ägina
Aioler	Äoler
Akragas	Agrigent
Alexandria	Alexandreia
	Alexandrien
Anaximander	Anaximandros
Aristides	Aristeides
Athenaios	Athenäus
Bisutun	Behistun
	Bagastana
	Bisitun
	Bisitum
Dareios	Darius
Delphi	Delphoi
Dorier	Dorer
Euboia	Euböa
Gurnia	Gournia
	Gurniá
Hagia Triada	Ajía Triadha
Hammurabi	Hammurapi
Heraklit	Herakleitos
Ionier	Ioner
Klytämnestra	Klytaimestra
Kroisos	Krösus
Laó Zi	Laozi
Leukipp	Leukippos
Meder	Medai
Mykene	Mykenai
	Mykenä
Naram-Sin	Naramsin
Pandschab	Punjab
Parsa	Persis
	Fars
Periander	Periandros
Perser	Parsua
Phaistos	Festós
Phidias	Pheidias
Pindar	Pindaros
Piräus	Peiraieus
Plataiai	Plataä
Polygnot	Polygnotos
Polykleitos	Polyklet
Pontus	Pontos
Sagros	Zagros
Sarapis	Sarapeion
Theokrit	Theokritos
Zakro	Zákros
Zarathustra	Zoroaster
	Zoroastres

Sach- und Namensregister

Kursiv gesetzte Ziffern verweisen auf Abbildungen bzw. Bildunterschriften, **halbfette** auf ausführliche Behandlung.

Abbildungsnachweis

Alinari, Florenz – Berger, Köln (13); Antikenmuseum, Basel (1); Archiv für Kunst und Geschichte, Berlin (1); Archives Photographiques, Paris (1); BBC, London (2); Dr. Kurt Benesch, Wien (2); Bertelsmann Lexikon Verlag GmbH, Gütersloh (11); Florian Bethke, Verl (4); Bildarchiv Preußischer Kulturbesitz, Berlin (10); British Museum, London (3); Deutsches Archäologisches Institut, Athen (2); Deutsches Archäologisches Institut, Rom (1); Dr. Gisela Dohle, Münster (1); Editura Stintifica si Enciclopedica, Bukarest (1); Ekdotike Athenon S.A., Athen (4); Gabinetto Fotografico Nazionale, Rom (1); Dr. Georg Gerster, Zumikon (1); Giraudon, Paris (1); Dr. German Hafner, Mainz (1); Kulturhistorisches Archiv Claus & Liselotte Hansmann, Stockdorf (19); Hirmer Bildarchiv, München (36); Historische Museen der Pfalz, Speyer (1); Dr. Sigmar Hohl, München (1); Holle-Bildarchiv (1); Interfoto, München (4); Istituto Geografico de Agostini, Novara, Mailand (2); Kestner-Museum, Hannover (1); Kunsthistorisches Museum, Wien (1); laenderpress, Düsseldorf – Lessing (3); H. Luschey (1); Mainbild, Frankfurt (3) – Helbig (10); Bildarchiv Foto Marburg, Marburg (4); Enrico Mariani, Como (1); Museo Gregoriano Etrusco, Rom (1); Museum of Fine Arts, Boston (1); Nationalmuseum, Athen (1); Pinguin-Verlag, Innsbruck (1); Roger-Viollet, Paris (7) – Anderson (1); Hans Roßdeutscher, Bielefeld (8); Scala, Antella (7); Peter Schäfer, Gütersloh (1); Gerhard Schatt, Erlangen (1); Staatliche Antikensammlung, München – Moessner (2); Staatliche Museen zu Berlin – Preußischer Kulturbesitz (4); Victoria & Albert Museum, London (1); Martin von Wagner-Museum, Würzburg (1); Dr. Paul Wolff & Trischler, Frankfurt (1); ZEFA, Düsseldorf-Damm (1) – Helbig (1) – Kerth (1).